SABORES DO VINHO

SABORES DO VINHO

DA UVA À TAÇA

MARNIE OLD

GLOBOLIVROS

SUMÁRIO

NAVEGANDO PELOS ESTILOS DE VINHO

DOMINANDO AS VARIÁVEIS DO VINHO

EXPLORANDO UVAS E REGIÕES

PREFÁCIO

QUE BOM SERIA SE ESTE LIVRO EXISTISSE quando comecei a me interessar por vinhos, porque esta é uma maravilhosa introdução ao mundo dos vinhos. Teria sido perfeito! Não faltam livros para "aprender sobre vinhos", mas *Sabores do vinho* é diferente. A abordagem é original e única e posso dizer que foi o primeiro livro do gênero que realmente me prendeu.

O VINHO É UM TEMA COMPLEXO e é exatamente o que atrai muitas pessoas. Cada região vinícola tem a própria personalidade, cada uma das 1.400 castas de uvas cultivadas comercialmente tem suas características, e vinicultores e enólogos deixam suas marcas nas garrafas que produzem. Profissionais do vinho como eu sempre têm o que aprender, e é quase impossível se entediar com o assunto se você for curioso e interessado. Mas a complexidade que confere ao vinho seu grande apelo intelectual também pode intimidar quem se propõe a entrar nesta jornada. É justamente isso que faz do livro de Marnie Old ser tão especial, porque ela consegue a difícil tarefa de explicar este tema apaixonante sem simplificar demais, mas preservando o fascínio.

E EU ADORO COMO ESTE LIVRO É TÃO VISUAL. Os infográficos são incríveis e apresentam as informações de um jeito maravilhoso, como nunca vi antes em um livro. Isso faz toda a diferença e diferencia este livro de todos os outros. Um dos talentos de Marnie é sua capacidade de ancorar as informações na experiência concreta de tomar um vinho, e cada tópico é explicado com muita clareza. A ideia deste livro não é apresentar uma montanha de informações, mas capacitar o leitor a escolher, comprar, armazenar, servir e saborear vinhos. Tudo isso pontuado com dicas sobre quais vinhos provar para entender o que está sendo explicado.

O FOCO NA DEGUSTAÇÃO É TÃO IMPORTANTE porque nem sempre sabemos quais palavras usar para descrever sabores e aromas. É muito difícil traduzir em palavras a experiência de degustar algo. É por isso que a apresentação visual dos sabores dos diferentes vinhos, em uma espécie de "espaço de sabores", é tão revolucionária. E Marnie sabe do que está falando. Entrei no mundo dos vinhos com uma formação bastante técnica, como um cientista, e tenho muito interesse pela ciência do vinho. Quando Marnie aborda algumas das áreas mais complexas e controversas da ciência do vinho — e são várias —, ela acerta em cheio. Marnie, uma sommelière dedicada a esclarecer o mundo dos vinhos às pessoas, sabe como pode ser complicado aprender sobre o tema e nos deu este livro, que considero uma introdução ao vinho absolutamente necessária e imensamente útil.

Dr Jamie Goode

INTRODUÇÃO

Se você gosta de vinho, mas acha o mundo dos vinhos confuso, este livro é para você.

Você não precisa decorar um monte de informações para escolher um vinho com confiança em lojas ou restaurantes. Basta aprender alguns conceitos que ajudam a explicar as maiores variações de estilo dos vinhos. Quando você entender por que os vinhos têm o sabor que têm e *como* identificar os estilos que mais lhe agradam, será mais fácil decidir o que comprar.

O mundo dos vinhos pode parecer terrivelmente complexo e impenetrável para iniciantes, mas se torna muito menos frustrante quando nos distanciamos para ver o panorama geral. A maioria dos livros se perde em detalhes sobre os vinhos sem abordar o lado prático da brincadeira. *Sabores do vinho* é diferente. Este guia visual explica o vinho com conceitos amplos para ajudar qualquer pessoa a navegar pelo mundo dos vinhos com segurança.

Em vez de se perder em um labirinto de rótulos de vinho, *Sabores do vinho* combina imagens e infográficos para comunicar com rapidez generalizações práticas que os profissionais usam para inferir o sabor de qualquer vinho. Este livro usa o que você já sabe para ajudá-lo a resolver o quebra-cabeça do vinho. Se você consegue imaginar como o sabor dos pêssegos muda à medida que as frutas amadurecem, vai ser fácil entender por que os vinhos de regiões mais frias têm um sabor delicado e ácido e os de regiões mais quentes têm um sabor mais marcante e até doce e rico, remetendo a uma sobremesa.

Isso não quer dizer que o livro tradicional de vinhos está obsoleto. Nenhum produto agrícola é tão diverso e sofisticado quanto o vinho, e nenhum produto comercial tem um sistema de nomenclatura mais hermético. Sempre haverá a necessidade de consultar volumosos livros de referência. Mas *Sabores do vinho* segue um caminho novo e original. Em vez de se concentrar no que diferencia cada vinho — catalogando uvas e regiões, safras e produtores —, explica o que todos os vinhos têm em comum e sugere maneiras práticas de classificá-los em grupos com base no sabor, não no local onde foram produzidos.

O vinho tem a má fama de esnobismo e pedantismo, mas os melhores profissionais quase nunca são esnobes. Adoramos vinhos "sérios", é claro, mas sabemos que o mundo também precisa de vinhos "descontraídos". Os melhores experts transcenderam o conhecimento sobre vinhos e são capazes de fazer suposições baseadas em alguns conceitos centrais, podendo relaxar e saborear o que está na taça, independentemente de sua origem. A ideia deste livro é oferecer a todos um nível similar de confiança e destreza, apresentando conceitos especializados para retirar o véu que encobre os vinhos e revelar seu lado divertido. Ao ensiná-lo a confiar nos seus próprios sentidos, *Sabores do vinho* o colocará na sua própria jornada para a iluminação e independência.

COMO USAR ESTE LIVRO

Sabores do vinho é um livro diferente sobre vinhos, com insights profissionais apresentados em termos diretos e originais. Não requer conhecimento prévio sobre vinhos, favorece de linguagem cotidiana a jargões e oferece degustações comparativas guiadas para reforçar os conceitos. Você encontrará versões simplificadas de generalizações e habilidades práticas usadas por sommeliers e enólogos do mundo todo. Como o objetivo é facilitar o caminho para entender os vinhos e fornecer ao leitor informações relevantes para o mundo real, não vamos entrar em algumas complexidades do mundo dos vinhos. A ideia é ensiná-lo a andar para que possa correr.

Neste livro, veja os capítulos como lições individuais — e, se der, use as seções "Degustação" ao tomar seus vinhos. Não tenha pressa e divirta-se com essas seções.

- As "Degustações" são degustações autoguiadas de dois a quatro vinhos, pensadas para serem feitas em casa. Se você for abrir mais de um vinho, por que não aproveitar e chamar os amigos? Crie seu próprio grupo de degustação com por volta de 4 a 10 amigos que também gostem de vinho. Se preferir degustar sozinho, tudo bem também, e não se preocupe com o desperdício; para aprender a preservar vinhos abertos para beber depois, veja "Congelando o vinho", p.63.
- Para maximizar a relevância, as recomendações de vinhos são amplas e baseiam-se em estilos com grande distribuição global, mas pode ser difícil encontrar alguns deles no seu país. Por sorte, muitos vinhos têm características em comum. Explique a situação na loja de vinhos e peça ao vendedor para indicar um substituto.
- Se não for possível degustar em casa, vá a um wine bar. Muitas degustações deste livro podem ser feitas com vinhos servidos em taça.
- Dos vinhos disponíveis nas categorias especificadas aqui, 80% ou mais devem se enquadrar nas descrições sensoriais para ilustrar cada lição. Mas nem todos os vinhos têm o mesmo sabor. Sempre haverá alguns que desafiam as expectativas até de um sommelier, e tudo bem. Trate quaisquer exceções que encontrar como deliciosos desvios do caminho e tente de novo.

APRENDENDO SOBRE O VINHO

VOCÊ QUER SABER MAIS SOBRE VINHOS, mas se vê perdido no corredor de vinhos? Se você nem sabe explicar direito o que gostaria de beber, não vai ajudar muito decorar nomes de uvas e regiões vinícolas. É mais ou menos como aprender a dirigir: o primeiro passo é estudar a parte prática, como as regras de trânsito e como acelerar, não a teoria, como o funcionamento do motor de combustão interna. O que você precisa é ter confiança no dia a dia. Descobrir o que o mundo dos vinhos tem a oferecer deve ser uma diversão deliciosa. Algumas poucas lições vão fazer toda a diferença, começando pelos temas mais relevantes: como degustar e descrever vinhos, como comprar vinhos e como usufruir ao máximo cada garrafa. Quando ficar mais à vontade no dia a dia, poderá assumir o comando e explorar o país das maravilhas dos vinhos como quiser.

DESCREVENDO A SUA EXPERIÊNCIA

UM TOUR SENSORIAL O vinho é uma bebida incrível — mas também deixa muitas pessoas literalmente sem palavras. É muito mais fácil saber o que estamos bebendo quando sabemos o que sentir e como traduzir em palavras os diferentes estilos de vinho. Não é preciso usar uma prosa descritiva pretensiosa nem se perder em percepções subjetivas. As qualidades mais básicas podem ser identificadas analisando uma sensação de cada vez. Basta um simples checklist sensorial para avaliar novos vinhos e descrever com precisão o que nos agrada ou não.

GÍRIAS E JARGÕES DO MUNDO DOS VINHOS

Qualquer um pode tomar um vinho, mas não é fácil falar sobre vinhos. As pessoas querem saber o sabor dos vinhos e como eles diferem uns dos outros. O problema é que o nosso vocabulário do dia a dia não é muito bom para descrever aromas e sabores — as áreas nas quais o vinho se destaca.

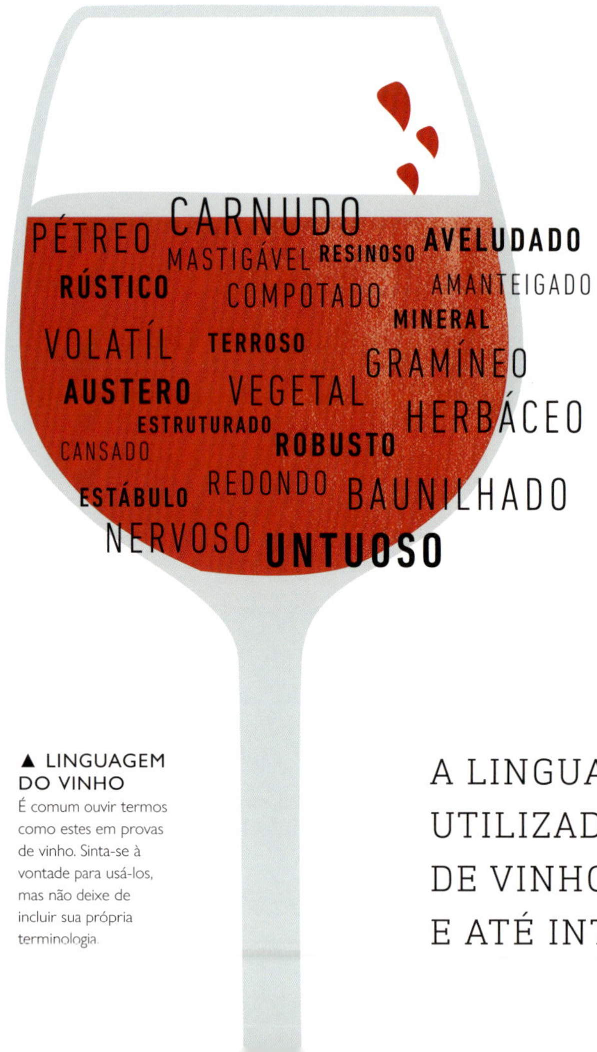

▲ LINGUAGEM DO VINHO
É comum ouvir termos como estes em provas de vinho. Sinta-se à vontade para usá-los, mas não deixe de incluir sua própria terminologia.

ENTENDA O JARGÃO

Rótulos e cartas de vinhos em restaurantes raramente expõem o sabor do vinho, dando foco a uvas e regiões vinícolas. O primeiro passo para entrar no mundo dos vinhos é aprender a falar sobre a experiência de degustar a bebida e entender o que é dito. Para iniciantes, basta aprender alguns termos que descrevam as características do vinho. O segredo é ser sistemático, usando um checklist sensorial que contenha qualidades relativamente objetivas.

A LINGUAGEM POÉTICA UTILIZADA NAS AVALIAÇÕES DE VINHOS PODE SER CONFUSA E ATÉ INTIMIDAR UM POUCO.

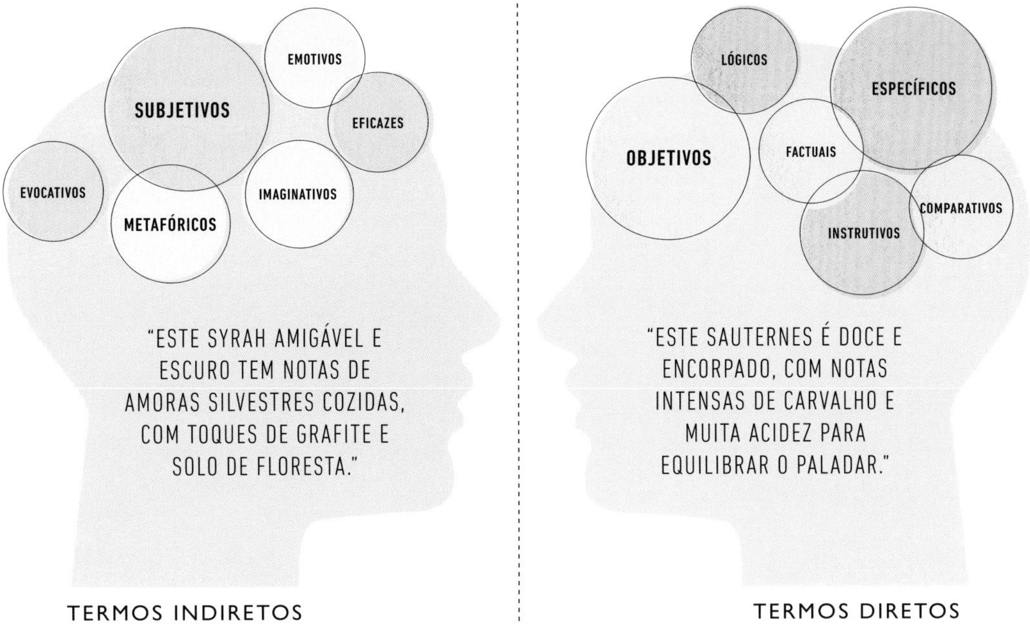

DOMINE OS DESCRITORES

Quando pensamos na linguagem do vinho, tendemos a pensar nos rótulos: nomes de uvas como Chardonnay ou denominações como Bordeaux. Mas os melhores termos para os iniciantes são os descritores — palavras que nos ajudam a descrever as qualidades do vinho de que mais gostamos e evitar os que não gostamos. Há dois tipos principais de descritores de vinhos, que chamaremos de indiretos e diretos. Evite pensar nos termos como certos ou errados. São apenas maneiras diferentes de falar sobre os vinhos.

TERMOS INDIRETOS

Os especialistas tendem a criar uma "imagem verbal" poética do sabor de um vinho para comunicar rapidamente ideias complexas. Esses termos:

- descrevem o vinho metaforicamente, comparando-o a outras experiências;
- descrevem características subjetivas que dependem da percepção de cada um;
- são infinitos e podem incluir palavras que transmitem emoções e preferências individuais;
- tentam transmitir com uma linguagem evocativa aromas e sabores de difícil definição;
- quando utilizados em anúncios e na mídia, são muito eficazes para gerar vendas;
- são mais adequados para a comunicação unidirecional de um especialista.

TERMOS DIRETOS

Para uma avaliação imparcial, os profissionais usam uma terminologia específica para as características sensoriais mais importantes do vinho. Esses termos:

- descrevem as características primárias — como cor, doçura e teor alcoólico —, normalmente em uma escala de intensidade;
- referem-se a características objetivas que a maioria das pessoas percebe da mesma forma;
- são finitos, tendendo a ser termos concretos que transmitem menos preferências pessoais;
- identificam qualidades sensoriais reais, como aparência, sabor, cheiro e percepção tátil;
- são eficazes para análises comparativas e utilizados na vinificação e na educação;
- facilitam o diálogo.

DEGUSTANDO VINHOS COMO UM PROFISSIONAL

Como nossa percepção do vinho é muito influenciada pelo ambiente da degustação, os profissionais buscam ser muito objetivos. Uma rotina de degustação ajuda a criar uma base de comparação. A ideia é isolar e amplificar o impacto das características sensoriais do vinho — cores, aromas, sabores — para distinguir um vinho do outro. A melhor maneira de fazer isso é servir uma taça de vinho em uma sala bem iluminada e livre de odores e seguir os passos abaixo.

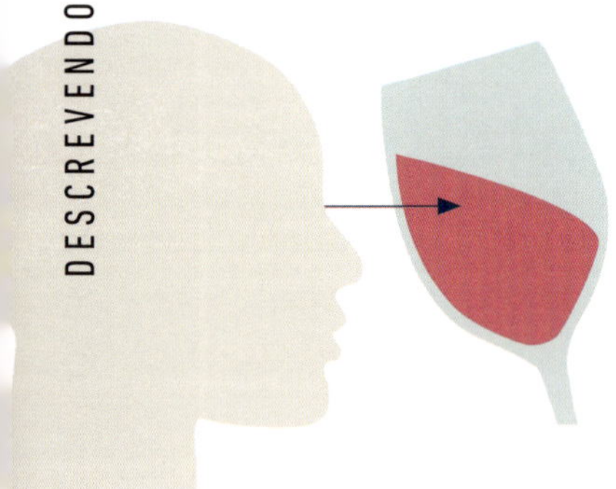

1

OLHE O VINHO

O vinho é branco, rosé (rosado) ou tinto? Se o ambiente for bem iluminado, incline a taça contra uma superfície branca, como uma folha de papel, e procure indicações de estilo do vinho. A cor é intensa ou pálida? Tem se tornado acastanhado com o tempo?

Veja as pp.20–3 para saber o que procurar.

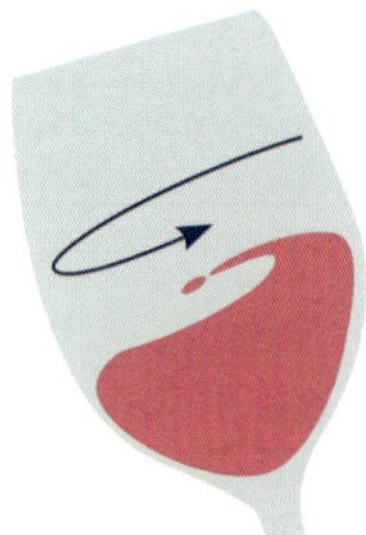

2

GIRE O VINHO NA TAÇA

Giramos o vinho para sentir melhor os aromas — quase como aumentar o volume do som. Os aromas do vinho ficam mais intensos quando seus compostos aromáticos estão concentrados no bojo da taça. O giro aumenta a área de superfície do vinho, ampliando sua taxa de evaporação e intensidade aromática.

3

CHEIRE O VINHO

O olfato é o principal sentido utilizado na degustação, e cheirar o vinho é uma etapa essencial. Mergulhe o nariz na taça e cheire profundamente duas ou três vezes. Pense no que está sentindo. O aroma é intenso? Lembra alguma coisa? Frutas ou hortaliças? Ervas ou especiarias? Você sente o cheiro de carvalho tostado?

Veja as pp.24–5 para saber o que procurar.

O OBJETIVO É ISOLAR E AMPLIFICAR O IMPACTO DAS CARACTERÍSTICAS SENSORIAIS DO VINHO.

CUSPIR OU NÃO CUSPIR? EIS A QUESTÃO

Os profissionais costumam cuspir a bebida em provas de vinho, o que não parece natural, já que isso seria grosseiro em qualquer outro contexto. Mas, para quem vive de degustar e avaliar vinhos, é necessário cuspir para minimizar a absorção de álcool e evitar intoxicações. Cuspideiras são disponibilizadas em grandes eventos de degustação, salas de prova em vinícolas e cursos de enologia.

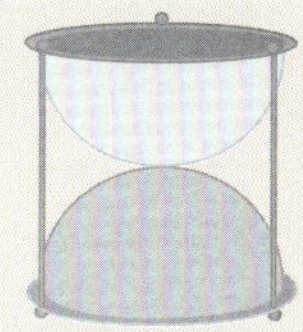

CUSPIDEIRA MODERNA PARA DEGUSTAÇÃO DE VINHOS

4

DÊ UM GOLE

Tome um gole um pouco maior do que o normal. Em vez de engolir imediatamente, mantenha o vinho na boca de 3 a 5 segundos, deixando-o preencher todos os espaços: língua, bochechas, palato.

5

AGITE O VINHO NA BOCA

Ao agitar o vinho como se fosse um enxaguante bucal, você intensifica as percepções sensoriais de sabor, aroma e sensação de boca. Ampliar a área de contato aumenta a vividez dos sabores e sensações táteis. Também aquece o vinho; o calor do corpo aumenta a taxa de evaporação do vinho, concentrando seus aromas para os nervos olfatórios.

6

SABOREIE O VINHO

O sabor do vinho não desaparece ao engolir. O retrogosto perdura por um minuto ou mais, dando tempo para que você reflita sobre suas características sensoriais percorrendo o checklist de degustação. É nesta etapa que a qualidade do vinho pode ser avaliada. Decida se você gosta do vinho. É melhor ser ingerido sozinho ou com algum acompanhamento? Você o compraria de novo?

Veja o checklist de degustação na p.20.

CHECKLIST DE DEGUSTAÇÃO

Pense em cada novo vinho como uma entrada no seu banco de dados mental. Analise como ele se compara com outros vinhos que você conhece. A última etapa da degustação é saborear, avaliando as principais qualidades objetivas enquanto guardamos o vinho na memória. Nesta etapa, usaremos um checklist de características sensoriais para não perder nada importante.

USE SEUS SENTIDOS... PELO MENOS A MAIORIA!

Quatro sentidos nos ajudam a avaliar os diferentes atributos do vinho; o único sentido que não entra é a audição.

Na tabela abaixo, avalie os atributos em termos de baixo, médio ou alto e encontre os termos para descrever como o atributo se manifesta no estilo de um vinho.

GUARDE NA MEMÓRIA

Descrever um vinho em palavras, mesmo se for só para si mesmo, é a chave para lembrar suas características e compará-las com os próximos vinhos.

SENTIDO	ATRIBUTO	BAIXO	MÉDIO	ALTO
Visão	**Cor**	Branco	Rosé	Tinto
	Intensidade da Cor	Pálida	Média	Intensa
Paladar	**Teor de açúcar**	Seco	Meio-seco	Doce
	Acidez	Baixa	Acidulado	Marcante
Olfato	**Intensidade de Fruta**	Baixa	Média	Marcante
	Madeira	Sem madeira	Carvalho médio	Carvalho intenso
Tato (sensação de boca)	**Corpo**	Leve	Médio	Encorpado
	Tanino (somente tinto)	Sedoso	Aveludado	Áspero
	Carbonatação	Tranquilo	Frisante	Espumante

A APARÊNCIA DO VINHO

As diferenças mais notórias entre os vinhos são as que podemos ver. Somos tão naturalmente focados na percepção visual que os vinhos nas cartas de vinhos e nas lojas são classificados pela cor.

VOCÊ SABIA...?

Os vinhos brancos podem ser produzidos com uvas brancas ou tintas. Isso porque as cascas das uvas são descartadas logo no início do processo. Os vinhos tintos e rosés são feitos com uvas tintas e sua cor é determinada pelo tempo de contato com a casca da uva.

DESCUBRA AS CORES

As cores do vinho variam do quase transparente ao roxo quase preto, mas o primeiro passo é identificar a categoria: branco, rosa (rosé) ou vermelho (tinto). Alguns vinhos raros são produzidos de maneira a ocultar sua cor original, sobretudo vinhos doces de tom dourado ou âmbar feitos com uvas passificadas ou "vinhos alaranjados", que são deliberadamente oxidados na vinificação. Mas, em 99,9% dos casos vai ser claro quais vinhos são brancos, quais são tintos e quais ficam em algum ponto entre os dois.

ROSÉS RAROS

Apenas uma pequena parcela de vinhos se enquadra na cor rosa intermediária. Eles são chamados de rosés, do francês para "rosado".

AVALIANDO A INTENSIDADE DA COR

A intensidade da cor em cada categoria, branco, tinto (vermelho) e rosé (rosa), pode indicar o sabor do vinho. Em geral, a saturação da cor corresponde à intensidade do sabor e também pode indicar outras qualidades. Os vinhos brancos dourados, por exemplo, têm mais chances de ser amadeirados do que os quase incolores como água; e os vinhos tintos pálidos e translúcidos costumam ter um corpo mais leve e ser menos secos do que os tintos mais escuros.

BRANCOS: O QUE AFETA SUA COR?

A principal fonte de cor nos vinhos brancos é a oxidação: a exposição ao ar aprofunda a cor dos vinhos brancos, do amarelo mais pálido ao âmbar. A fonte mais comum de oxidação é o amadurecimento em barrica; o Chardonnay amadurecido em carvalho tende a ser mais escuro e dourado do que o Sauvignon Blanc crocante, fermentado em aço inoxidável. Vinhos brancos de sabor muito intenso têm a cor mais saturada, como é o caso dos vinhos doces de sobremesa.

TINTOS: O QUE AFETA SUA COR?

Os vinhos tintos, assim como os brancos, são mais escuros quando são mais concentrados. Mas a cor se comporta de modo bem diferente devido à sua origem: cascas de uvas tintas. Enquanto os brancos escurecem com o tempo, os tintos fazem o contrário, empalidecendo conforme seus compostos de cor sucumbem à gravidade, depositando-se como sedimentos.

O tipo de uva, o grau de amadurecimento e as técnicas de extração da cor da casca afetam a intensidade da cor do vinho tinto. Uvas de casca fina como a Pinot Noir produzem vinhos mais claros do que castas como a Syrah, de casca mais grossa; e uvas de regiões ensolaradas levam a cores mais profundas do que as de clima mais frio.

Os vinicultores extraem mais cor das cascas das uvas para tintos premium com potencial de guarda, enquanto a tonalidade dos rosés é determinada ao restringir o tempo de contato com as cascas.

GOSTO OU CHEIRO?

No dia a dia, usamos a palavra "gosto" para todas as sensações que ocorrem na boca. No mundo dos vinhos, "gosto" também é usado nesse contexto generalizado. Mas, ao analisar um vinho, fazemos distinções entre as características do vinho com base no sentido que usamos.

CHEIRE O VINHO

Os especialistas passam tanto tempo cheirando o vinho quanto bebendo-o. O aroma de um vinho é um indicativo quase perfeito de seu sabor, que podemos apreciar sem esvaziar a taça.

O QUE É O GOSTO?

Ao separar os três canais sensoriais, olfato, paladar, sensação de boca, que ocorrem quase simultaneamente quando damos um gole, podemos distinguir os gostos básicos dos aromas que constituem o "sabor" e as sensações táteis conhecidas como "sensação de boca". Por exemplo, poderíamos dizer que o crème brûlée tem um gosto doce e cremoso, ou de baunilha e caramelo. Mas, na ciência sensorial, apenas a doçura seria considerada um gosto básico porque só ela é detectada pelas papilas gustativas da língua. Os "sabores" de baunilha e caramelo na verdade são sensações olfativas, ou aromas, enquanto a cremosidade é uma sensação tátil na boca.

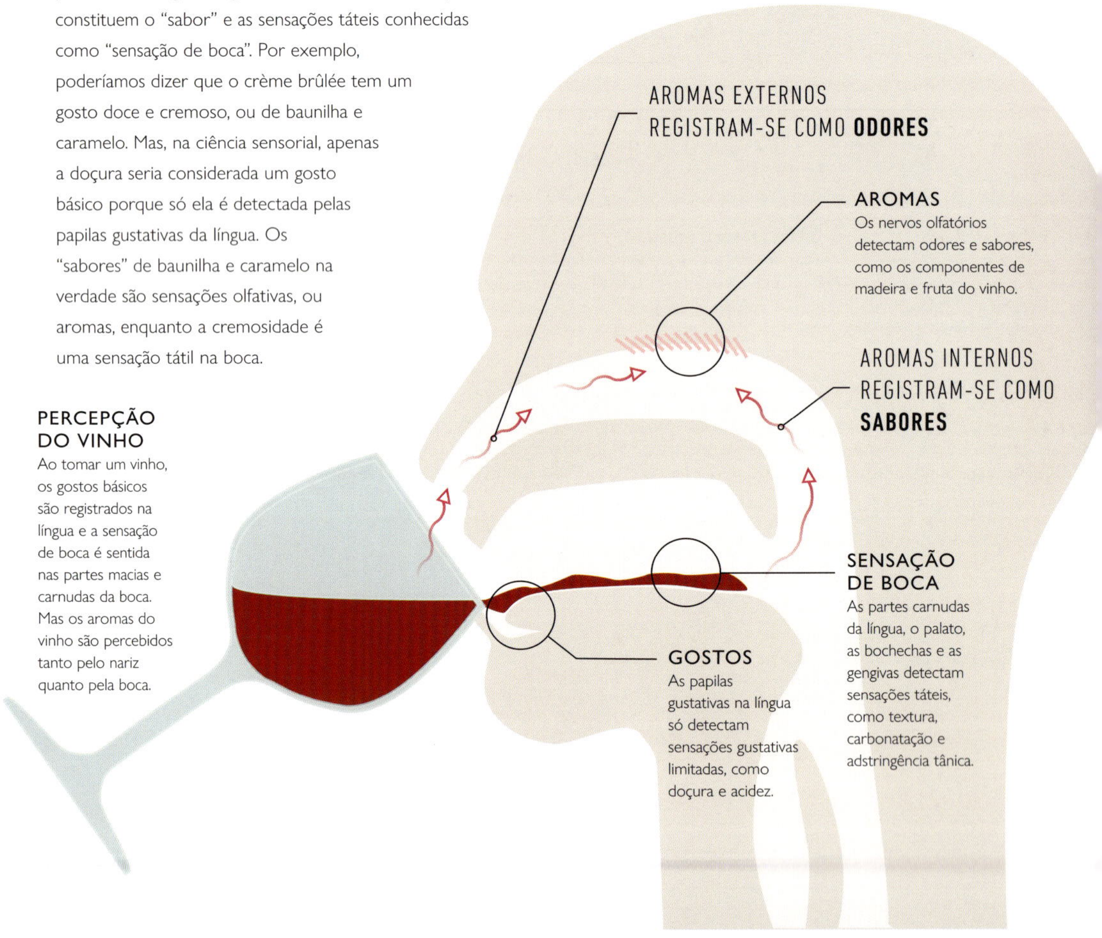

ENTENDA OS AROMAS

De todos os sentidos, o olfato é o mais importante na degustação de vinhos. Quando tomamos um gole, sentimos uma intensa explosão de aromas. Pensamos nisso como sabor, como parte do gosto do vinho, mas a maior parte do que percebemos como sabor é, na verdade, estímulo olfatório — ou cheiros.

Tecnicamente, não há diferença entre odores e sabores, exceto a direção de onde chegam. Os nervos olfatórios da cavidade nasal superior reconhecem cheiros como odores quando estes são inspirados pelo nariz, vindos de uma fonte externa. Mas, quando esses mesmos cheiros chegam ao nariz pela passagem interna que liga o nariz, à boca, eles são registrados como sabores, como parte do gosto da comida ou da bebida.

Os descritores de vinhos fazem muito mais sentido quando entendemos a diferença entre as sensações gustativas transmitidas pelas papilas gustativas e as sensações olfatórias propagadas pelos nervos olfatórios. Algumas qualidades rudimentares do vinho, como doçura e acidez, são sentidas no contato com a língua. Mas muitas características mais complexas do vinho são percebidas, na forma de aromas e sabores, quando os compostos aromáticos voláteis do vinho atingem nossos nervos olfatórios.

OS HUMANOS PODEM DISCERNIR PELO MENOS 10 MIL AROMAS DIFERENTES...

...MAS APENAS SEIS SENSAÇÕES SÃO DETECTADAS PELA LÍNGUA.

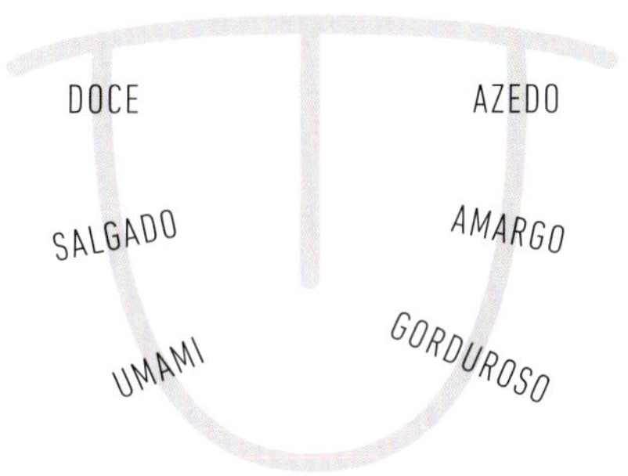

PASSE NO TESTE DO CHEIRO

Para ver a diferença entre paladar e olfato, faça este pequeno experimento.

- Tape bem o nariz e tome um gole de suco de laranja. Mantenha o nariz tapado o tempo todo e não solte por pelo menos 5 segundos depois de engolir.
- Note como, enquanto a passagem nasal está bloqueada, você só é capaz de discernir o que sua língua consegue sentir sozinha — no caso, doçura e acidez.
- Agora, destape o nariz. Assim que o ar fluir livremente do seu palato aos nervos olfatórios, você sentirá uma onda do "sabor" cítrico da laranja.

O SABOR DO VINHO

Sabendo que há apenas seis sensações gustativas detectáveis, como isso afeta a experiência de degustar um vinho? Por incrível que pareça, provavelmente apenas dois gostos básicos são relevantes.

APENAS DUAS SENSAÇÕES GUSTATIVAS SÃO IMPORTANTES NA DEGUSTAÇÃO DE VINHOS: DOÇURA E ACIDEZ.

CONHEÇA AS SENSAÇÕES

Quatro das seis sensações gustativas conhecidas foram identificadas há séculos: doce, azedo, salgado e amargo. As outras duas são muito menos perceptíveis e só foram descobertas em testes laboratoriais mais recentes. O umami, a característica "deliciosa" desencadeada por glutamatos e aminoácidos, foi identificado por pesquisadores japoneses curiosos para saber por que as algas marinhas e o missô eram tão satisfatórios. Agora também sabemos que outro sabor quase imperceptível está associado a gordura nos alimentos.

O QUE PROCURAR

Doçura e acidez são os dois gostos básicos que procuramos e avaliamos sempre que provamos um vinho, e ambos são importantes para categorizar o vinho por estilo. Não procuramos outros sabores porque o vinho não tem sal, nem gordura, nem amargor, pelo menos não o amargor na língua, como a cerveja ou o café. Muitos vinhos apresentam o umami, mas não é algo que se destaca.

MEDINDO A DOÇURA

No mundo dos vinhos, a doçura é medida em gramas de açúcar por litro de vinho (g/L). Este diagrama mostra como os vinhos se comparam a algumas outras bebidas.

MERLOT SECO 2g/L

RIESLING LIGEIRAMENTE DOCE 15g/L

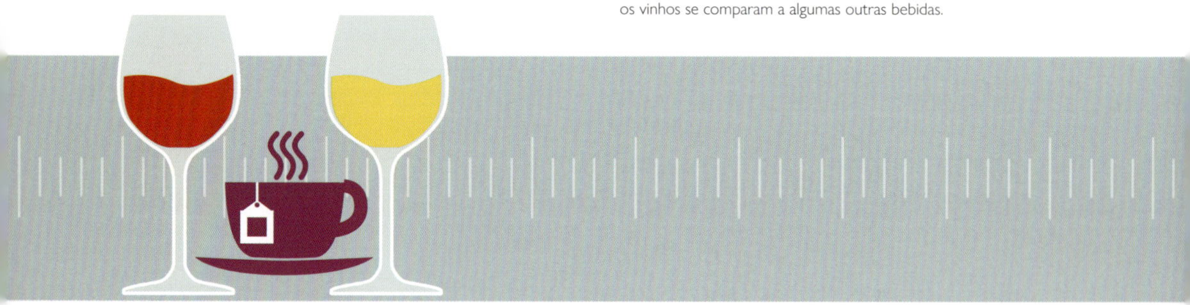

CHÁ COM 1 CUBO DE AÇÚCAR 12g/L

DOCE OU SECO?

A doçura é percebida como uma sensação açucarada em contato com a língua, mais vividamente na ponta, onde os receptores gustativos ficam mais concentrados. A maioria dos vinhos não tem doçura perceptível e são descritos como "secos". "Seco" é um descritor confuso para iniciantes, porque o termo tem um significado diferente no uso cotidiano. Vinicultores dizem que os vinhos são "secos" quando o açúcar natural da uva é totalmente convertido em álcool. *Sec* em francês, *trocken* em alemão e secco em italiano significam "não molhado" no dia a dia, mas "não doce" no contexto do vinho.

Um agradável toque de doçura pode ser encontrado em vários níveis no vinho, principalmente em vinhos de baixo custo. Os estilos "meio-secos", ligeiramente doces, agradam aos iniciantes, que apreciam seu sabor de suco. Vinhos totalmente doces, ou vinhos de sobremesa, são sedutores, mas raros, por serem de produção difícil e cara. A grande maioria dos vinhos é seca porque são mais simples de produzir, têm validade mais longa e combinam com alimentos.

ALTOS E BAIXOS

Esta tabela mostra termos comuns para vinhos com baixo, médio e alto teor de açúcar, detalhes de como cada um é percebido na degustação e exemplos de vinhos.

AÇÚCAR	TERMO	DESCRIÇÃO	EXEMPLOS
Baixo	Seco	Nenhuma presença perceptível de açúcar	Chardonnay australiano; Côtes du Rhône francês
Médio	Ligeiramente doce; meio-seco	Presença perceptível de açúcar	Riesling alemão; blends à base de Zinfandel da Califórnia
Alto	Totalmente doce; sobremesa	Presença intensa e nítida de açúcar	Porto português; Moscatel italiano

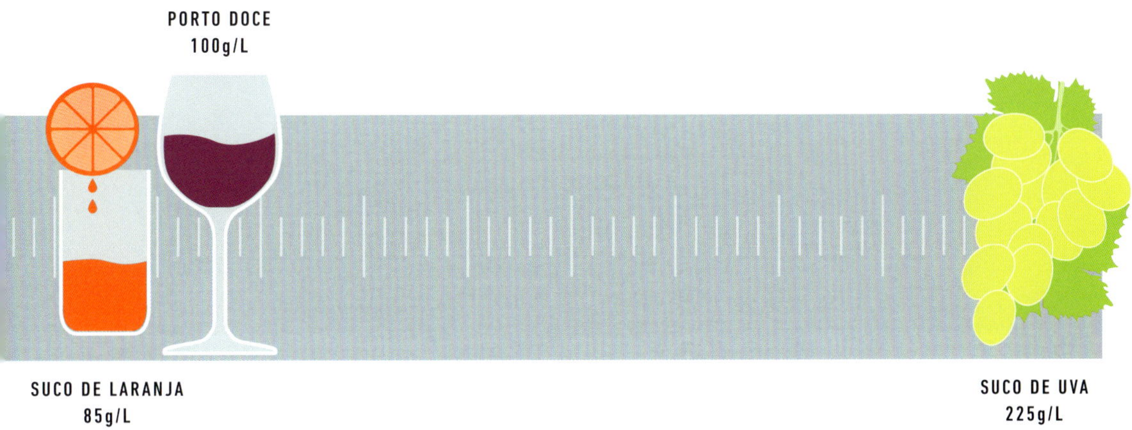

ACIDEZ DE FRUTAS FRESCAS

A acidez é percebida como uma sensação azeda ao contato, levando a boca a salivar quase imediatamente — pense em limão ou vinagre. O vinho é mais ácido que muitas bebidas devido à elevada acidez das uvas frescas.

Os iniciantes tendem a achar os vinhos ácidos demais, em parte porque a acidez sempre parece mais forte no primeiro gole. Mas o toque ácido do vinho desaparece conforme você continua a beber, especialmente se também estiver comendo. Como altos níveis de acidez podem desencorajar os iniciantes, o mercado é cauteloso ao descrevê-los. Palavras como "azedo" e "acre" têm conotações negativas, e termos mais apetitosos são preferidos: acidulado ou aciduloso, bom ou refrescante, vibrante ou fresco.

UM SEGREDO DOS CHEFS

A acidez melhora o sabor de tudo. Os chefs sabem disso, e é por isso que tantos pratos são preparados com um pouco de vinho, limão ou vinagre.

ALTOS E BAIXOS

Esta tabela mostra termos comuns para vinhos com baixa, média e alta acidez, detalhes de como cada um é percebido na degustação e exemplos de vinhos.

ACIDEZ	TERMO	DESCRIÇÃO	EXEMPLOS
Baixa	Baixa acidez; sápido	Acidez perceptível porém modesta, como em maçãs assadas	Chardonnay amadeirado; Jerez Cream
Média	Acidulado; bom	Acidez refrescante padrão, como em maçãs frescas	Pinot Grigio italiano; Merlot chileno
Alta	Aciduloso; nítido	Acidez proeminente e agressiva, como em maçãs não maduras	Sancerre francês; Chianti italiano

ESCALA DE PH DE ACIDEZ

A escala de pH mede a acidez, mas não da maneira como você esperaria. Quanto menor o número, mais ácida é a amostra. A água, um ponto neutro entre o ácido e o alcalino, tem um pH de 7.

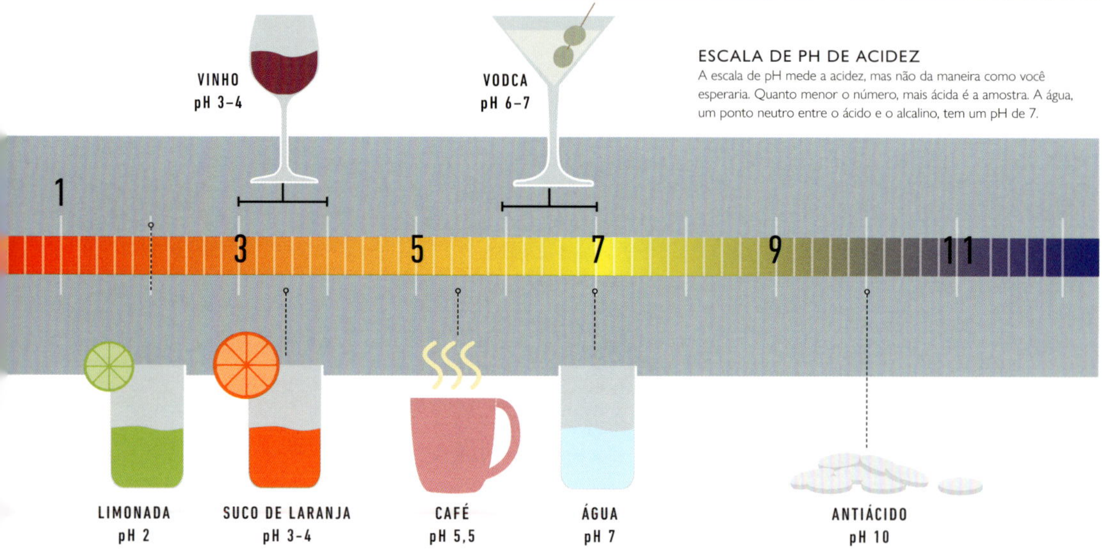

DEGUSTAÇÃO

Doçura e acidez

COMPARE QUATRO VINHOS EM CASA

Prove os quatro estilos de vinho branco abaixo.

1 Preste atenção às sensações ao contato inicial com a língua.

2 Avalie os níveis de doçura e acidez em uma escala de baixo a alto.

3 Veja qual vinho você prefere, sozinho ou com uma refeição.

NÃO DESPERDICE

Se preferir degustar sozinho, não se preocupe com o desperdício; para aprender a preservar vinhos abertos para beber depois, veja "Congelando o vinho", p.63.

SAUVIGNON BLANC FRANCÊS

Exemplos... Sancerre, Pouilly-Fumé, Bordeaux Blanc ou Touraine Sauvignon Blanc

Dá para sentir...?
Muito seco: clara ausência de açúcar

Aciduloso: grau de acidez incomumente alto

CHARDONNAY DA CALIFÓRNIA

Exemplos... Estilos fermentados em barricas de Sonoma, Monterey ou da Costa Central

Dá para sentir...?
Seco: ausência de açúcar

Acidez boa: grau padrão de acidez

RIESLING DE WASHINGTON

Exemplos... Estilos com pouco álcool de Columbia Valley (sobretudo em garrafas de estilo alemão)

Dá para sentir...?
Ligeiramente doce ou meio-seco: presença perceptível de açúcar

Aciduloso: alto grau de acidez

MOSCATEL VIN DOUX NATUREL FRANCÊS

Exemplos... Vinhos de sobremesa, como Muscat de Minervois ou Muscat de Beaumes-de-Venise

Dá para sentir...?
Doce: presença clara de açúcar

Baixa acidez: grau de acidez incomumente baixo

O AROMA DO VINHO

Na degustação de vinhos, "do fruto" refere-se aos aromas e sabores olfativos provenientes das uvas usadas para fazer o vinho. Como todos os vinhos são feitos com 100% de fruta, quase todos os sabores do vinho se enquadram nessa descrição.

DISTINGUINDO A FRUTA DO CARVALHO

Ajuda categorizar os aromas e sabores do vinho para avaliar sua intensidade.

Na degustação de vinhos, as duas categorias principais de sensações olfatórias do vinho são os aromas "frutados" e os aromas "amadeirados", advindos do carvalho.

A MAIORIA DOS AROMAS DO VINHO PROVÉM DAS UVAS.

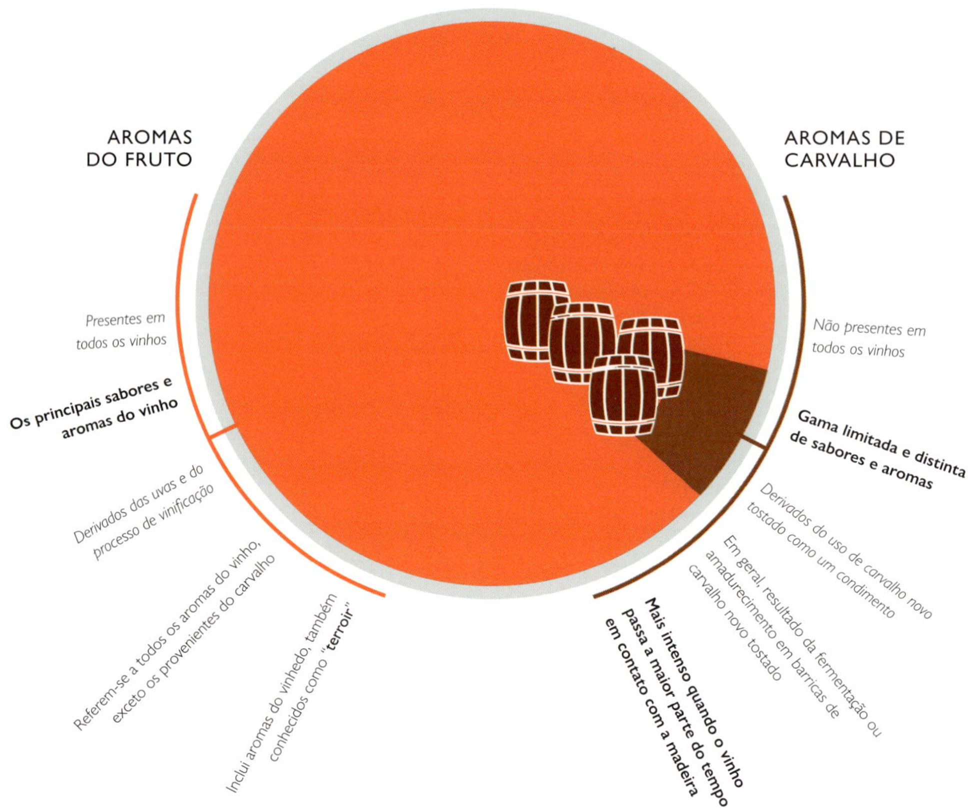

ALTOS E BAIXOS

Esta tabela mostra termos comuns para vinhos com baixa, média e alta intensidade de frutos, detalhes de como cada um é percebido na degustação e exemplos de vinhos.

AROMA	TERMO	DESCRIÇÃO	EXEMPLO
Baixa intensidade	Leve; sutil	Discreto, como no chá de camomila	Prosecco italiano; Chablis francês — raro, uma exceção nos vinhos brancos
Média intensidade	Moderado; média intensidade de fruta	Potência padrão, como no café ou chá pretos	Sauvignon Blanc neozelandês; Garnacha espanhol
Alta intensidade	Intenso; concentrado	Intenso e potente, como no café expresso	Cabernet Sauvignon de Napa Valley, *Eiswein* alemão — raro, uma exceção nos tintos e vinhos de sobremesa

ENTENDENDO O TERMO "FRUTOS"

Profissionais identificam aspectos específicos dos frutos de um vinho com termos comparativos como amora ou limão. Mas, para os iniciantes, convém começar avaliando a intensidade do fruto do vinho em uma escala simples. Pense no componente do fruto como a intensidade do sabor do vinho: é sutil e discreto ou pronunciado e exagerado?

Os enólogos estendem a palavra "fruto" para além de seu significado cotidiano. Pode incluir muitos aromas claramente frutados, como as notas de abacaxi do Chardonnay ou o aroma de groselha-preta do Bordeaux. Mas, no jargão enológico, "fruto" também inclui sabores que não são de frutos. Quer seja o aroma picante do Syrah, o sabor herbáceo do Sauvignon Blanc ou o aroma floral do Moscatel, todos seriam descritos como parte do componente do fruto do vinho. Mas, quando um vinho é descrito como "frutado", significa que sua fragrância é intensa e dominada por aromas adocicados de frutas maduras.

Além dos aromas naturais das uvas cruas, o componente do fruto incorpora aromas gerados durante a vinificação. Reações químicas complexas criam compostos aromáticos voláteis que podem ter todo tipo de cheiro, como massa de pão, couro, cedro e asfalto.

A TERRA VIRA "FRUTA"

O ambiente do vinhedo pode contribuir com aromas terrosos, chamados de *terroir*, considerados dimensões do componente do fruto de um vinho.

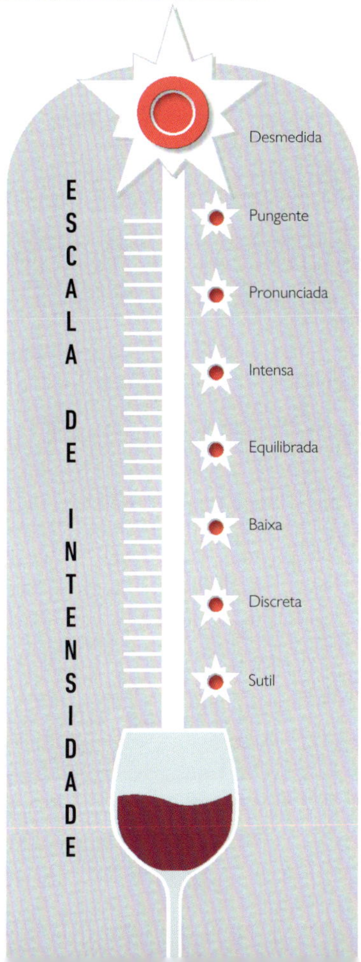

ESCALA DE INTENSIDADE DOS FRUTOS
Os vinhos variam muito em intensidade de sabor. Ao provar cada vinho, tente pontuá-lo em termos de sabor por cm^2.

POR QUE CARVALHO?

Barricas e cubas de carvalho são usadas há séculos para fermentar e armazenar vinho porque o carvalho é uma madeira densa e capaz de reter líquidos, além de transmitir sabores desejáveis de baunilha.

O QUE É "CARVALHO"?

O termo "carvalho" descreve uma gama estreita de aromas e sabores de vinho advindos do contato com o carvalho, em geral barricas de carvalho tostado. Mas muitos vinhos são produzidos sem tratamento de carvalho, então esses aromas e sabores nem sempre estão presentes.

Os aromas advindos do carvalho são mais encontrados em vinhos tintos e brancos encorpados, e estão muito associados a estilos amadurecidos premium. As barricas transmitem mais sabor quando são mais novas, assim, vinhos amadurecidos em barricas mais velhas podem não ter notas de madeira.

CARVALHO NOVO: REMETENDO A DESTILADOS

O carvalho novo tostado transmite ao vinho sabores semelhantes aos de destilados amadurecidos em carvalho, como conhaque e bourbon. O carvalho novo é rico em compostos aromáticos que lembram baunilha e especiarias de sobremesa. O processo de tostagem usado para curvar a madeira produz lactonas com aroma de nozes e carameliza sua superfície. Os produtores usam o carvalho como um condimento para o vinho e selecionam o tipo de carvalho e a maneira como é tostado.

Para os enólogos, o carvalho francês e o americano são tão distintos quanto o café etíope e o colombiano. O grau de "tostagem" da madeira tem um efeito semelhante ao tipo de torra dos grãos de café. Barris menores também intensificam as notas amadeiradas no vinho, da mesma forma como uma moagem mais fina do café aumenta a intensidade do espresso: mais contato do vinho com a madeira aumenta a transferência de sabor.

Sabor intenso de carvalho francês tostado

Sabor intenso de carvalho americano tostado

Sabor sutil de carvalho tostado

ALTOS E BAIXOS

Esta tabela mostra termos comuns para vinhos com baixa, média e alta intensidade de madeira, detalhes de como cada um é percebido na degustação e exemplos de vinhos.

MADEIRA	TERMO	DESCRIÇÃO	EXEMPLO
Baixa	Sem carvalho	Ausência de aromas e sabores de madeira, como na vodca	Riesling alemão; Valpolicella italiano
Média	Notas leves de carvalho	Aromas e sabores leves de madeira, como no uísque irlandês jovem	Bordeaux francês; Pinot Noir de Oregon
Alta	Amadeirado; tostado	Aromas e sabores intensos de madeira, como no conhaque amadurecido premium	Chardonnay Prestige; Rioja espanhol

DEGUSTAÇÃO

Fruto e carvalho

COMPARE QUATRO VINHOS EM CASA

Prove os quatro estilos de vinho abaixo.

1 Preste atenção especial aos aromas e sabores antes e depois de tomar um gole.
2 Tente distinguir o aroma do vinho, ou "fruto", do aroma da madeira.
3 Avalie a intensidade de cada um em uma escala de baixa a alta.

NÃO DESPERDICE

Se preferir degustar sozinho, não se preocupe com o desperdício; para aprender a preservar vinhos abertos para beber depois, veja "Congelando o vinho", na p.63

CHARDONNAY FRANCÊS SEM CARVALHO

Exemplos...
Mâcon-Villages, Chablis, St-Véran, Bourgogne Blanc ou Viré-Clessé

Dá para sentir...?
Fruto sutil; aroma de baixa intensidade
Sem carvalho: nenhum aroma detectável das barricas de carvalho

CHARDONNAY DA CALIFÓRNIA FERMENTADO EM BARRICA

Exemplos...
Estilos de Sonoma, Costa Central, Monterey, Santa Barbara ou Carneros

Dá para sentir...?
Fruto moderado; aroma de intensidade média
Carvalho leve: aroma perceptível das barricas de carvalho

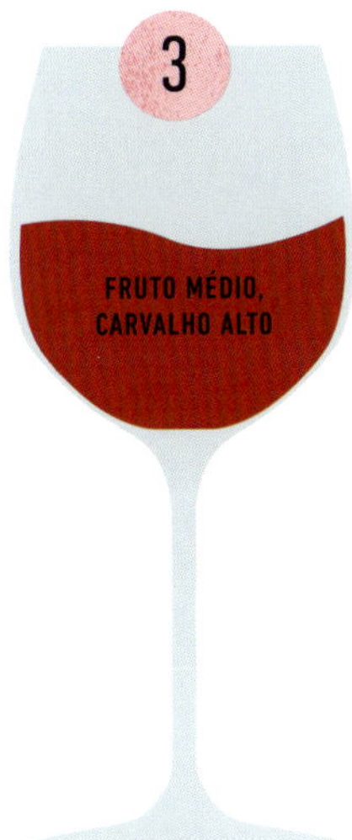

TEMPRANILLO ESPANHOL AMADURECIDO EM BARRICA

Exemplos...
Rioja, Toro ou Ribera del Duero das classificações *crianza* ou *reserva*

Dá para sentir...?
Fruto moderado; aroma de intensidade média
Carvalho intenso: aroma marcante das barricas de carvalho

SHIRAZ AUSTRALIANO AMADURECIDO EM BARRICA

Exemplos...
Estilos premium de Barossa, McLaren Vale ou Austrália Meridional

Dá para sentir...?
Fruto intenso; aroma de alta intensidade
Carvalho intenso: aroma marcante das barricas de carvalho

A SENSAÇÃO DO VINHO

Alguns aspectos sensoriais não envolvem gostos nem aromas, mas a "sensação de boca" — sensações táteis que discernimos com língua, palato, lábios e gengivas. A sensação de boca inclui alguns prazeres gastronômicos, como a crocância das batatas fritas e a cremosidade da mousse de chocolate.

NO VINHO, PROCURAMOS TRÊS TIPOS DE SENSAÇÕES FÍSICAS:

1. CARBONATAÇÃO, OU BOLHAS
2. CORPO, OU PESO
3. TANINO, OU ADSTRINGÊNCIA

BORBULHAS E ESPUMA

A sensação tátil mais nítida e imediata do vinho é a carbonatação, já que as bolhas são sentidas imediatamente após o contato. Como o dióxido de carbono é um subproduto natural da fermentação, todos os vinhos ficam borbulhantes em algum momento da vinificação. Em geral, os vinicultores deixam essa efervescência escapar e a grande maioria dos vinhos é "tranquila", ou sem gás. Mas as bolhas podem ser retidas e preservadas para produzir um vinho carbonatado, ou "espumante".

Os vinhos espumantes efervescem na boca como refrigerante e produzem um arrepio de refrescância no palato. Requerem garrafas e rolhas especiais para manter o conteúdo carbonatado sob pressão. Uma leve carbonatação, conhecida como *spritz*, pode estar presente em vinhos que não chegam a ser espumantes e tendem a ser brancos ou rosés muito jovens. Suas bolhas se dissipam rapidamente na taça.

ALTOS E BAIXOS

Esta tabela mostra termos comuns para vinhos com baixa, média e alta carbonatação, detalhes de como cada uma é percebida na degustação e exemplos de vinhos.

CARBONATAÇÃO	TERMO	DESCRIÇÃO	EXEMPLOS
Baixa	Tranquilo; padrão	Ausência total de bolhas ou efervescência	Pinot Gris; Sauvignon Blanc
Média	Levemente frisante	Ligeira presença de bolhas ou efervescência	Vinho Verde; Txakolina basco
Alta	Espumante; frisante	Presença marcante de bolhas ou efervescência	Champagne; Prosecco

AVALIANDO O CORPO

Na enologia, o corpo refere-se à textura ou à espessura, uma sensação física de viscosidade no palato também conhecida como "peso". Da mesma forma que o creme é mais espesso que o leite porque contém mais gordura, os vinhos encorpados são mais pesados que os vinhos leves porque contêm mais álcool. A maioria dos vinhos de corpo médio contém cerca de 13,5% de álcool. Quanto mais baixo o teor alcoólico, mais leve é a sensação no palato.

Os vinhos de sobremesa são uma exceção, já que o açúcar dissolvido aumenta a viscosidade. Vinhos doces e fortes, como o Porto, são muito encorpados e espessos. Outros fatores, como o amadurecimento em carvalho ou o contato com leveduras, podem aumentar o corpo, mas não tanto quanto o teor alcoólico e o açúcar.

AS LÁGRIMAS DO VINHO

O corpo de um vinho é visível quando o líquido desliza pela lateral do bojo após ser girado. Conhecidas como "lágrimas" (ou "pernas"), essas gotas escorrem mais lentamente nos vinhos encorpados.

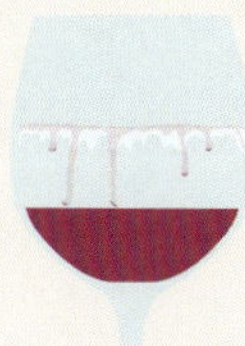

ALTOS E BAIXOS

Esta tabela mostra termos comuns para vinhos de textura baixa, média e alta, detalhes de como cada uma é percebida na degustação e exemplos de vinhos.

TEXTURA	TERMO	DESCRIÇÃO	EXEMPLOS
Baixa	Leve; pouco encorpado	Textura delicada, como no leite desnatado	Riesling alemão, Moscatel italiano — raro, uma exceção nos espumantes, brancos e rosés
Média	Peso médio; corpo médio	Textura média padrão, como no leite com chocolate	Bordeaux Blanc francês, Merlot chileno
Alta	Pesado; encorpado	Textura rica e viscosa, como no milkshake de chocolate	Zinfandel de vinhas velhas da Califórnia, Porto português — raro fora do grupo dos tintos, de sobremesa e fortificados

DESCOBRINDO O TANINO

Os vinhos tintos tendem a secar a boca logo após a degustação, bloqueando a salivação e deixando uma sensação áspera no palato. Isso se deve à presença do tanino, um composto fenólico adstringente encontrado nas cascas, sementes e engaços das uvas e nas barricas de carvalho novo.

- Só os tintos têm taninos expressivos porque são fermentados em contato com esses sólidos, enquanto os vinhos brancos não são.
- Os taninos intensificam a cor dos tintos e tendem a coincidir com a intensidade do sabor.
- O tanino é um forte antioxidante e conservante natural que ajuda os vinhos a amadurecer, mas se decompõe com o tempo.
- Os tintos mais jovens, escuros e intensos, feitos para amadurecer, costumam ser os mais tânicos.
- O efeito de ressecamento do tanino na boca nem sempre é imediato, mas se intensifica de 30 a 60 segundos após a degustação.
- Vinhos com pouco tanino podem ser aveludados, enquanto os com muito tanino podem ser mais ásperos, como a camurça.

RESSECAMENTO DE BOCA

É comum o tanino ser confundido com secura porque faz a língua ficar seca. Na linguagem dos vinhos, "seco" refere-se a vinhos não doces, enquanto os vinhos que secam a boca são descritos como tânicos.

OS VINHOS TINTOS OBTÊM O TANINO PRINCIPALMENTE DAS CASCAS DE UVA. ESSES ANTIOXIDANTES DÃO COR E SABOR AO VINHO TINTO, BEM COMO ADSTRINGÊNCIA.

ALTOS E BAIXOS

Esta tabela mostra termos comuns para vinhos com baixo, médio e alto tanino, detalhes de como cada um é percebido na degustação e exemplos de vinhos.

TANINO	TERMO	DESCRIÇÃO	EXEMPLOS
Baixo	Sem tanino	Nenhum ressecamento de boca detectável	Beaujolais francês; rosé seco
Médio	Aveludado; tanino leve	Ressecamento de boca detectável e leve	Merlot da Califórnia; Borgonha tinto francês
Alto	Áspero; muito tânico	Ressecamento de boca evidente e agressivo	Barolo italiano; Cabernet Sauvignon australiano

DEGUSTAÇÃO

Corpo, tanino e carbonatação

COMPARE QUATRO VINHOS EM CASA

Prove os quatro estilos de vinho abaixo.

1 Preste atenção à sensação do vinho na boca.

2 Procure o corpo, ou espessura da textura, e a sensação de carbonatação.

3 Depois de beber os tintos, avalie o efeito de ressecamento de boca do tanino.

NÃO DESPERDICE

Se preferir degustar sozinho, não se preocupe com o desperdício; para aprender a preservar vinhos abertos para beber depois, veja "Congelando o vinho", p.63.

PROSECCO ITALIANO

Exemplos... Marcas simples e baratas

Dá para notar...? Leve: textura delicada

Espumante: vigorosamente carbonatado

VINHO VERDE PORTUGUÊS

Exemplos... Marcas simples e baratas

Dá para notar...? Leve: textura delicada

Levemente frisante: ligeiramente carbonatado

PINOT NOIR NEOZELANDÊS

Exemplos... Marcas com preços moderados

Dá para notar...? Corpo médio: textura média padrão

Tanino leve: ligeiro ressecamento de boca

Tranquilo: não carbonatado

CABERNET SAUVIGNON CHILENO

Exemplos... Marcas premium ou de preço moderado

Dá para notar...? Encorpado: textura densa e rica

Tanino forte: alto ressecamento de boca

Tranquilo: não carbonatado

AVALIANDO A QUALIDADE DO VINHO

Uma das maiores dificuldades dos iniciantes é avaliar a qualidade técnica de um vinho, em vez de apenas decidir se ele está ou não de acordo com suas preferências pessoais.

ANALISE A PERSISTÊNCIA

De todos os indicadores de qualidade, o "retrogosto" de um vinho é o mais importante e o mais fácil de discernir. O termo refere-se ao tempo depois de tomar um vinho durante o qual suas sensações gustativas permanecem na boca; é uma palavra chique para "persistência". As impressões sensoriais persistentes podem durar de 30 segundos a 5 minutos, e sua duração reflete a qualidade do vinho.

Vinhos feitos com maestria e ingredientes impecáveis sempre apresentam uma persistência mais longa, intensa e agradável do que os vinhos menos ambiciosos. Também é na persistência de um vinho que os efeitos de armazenamento inadequado, rolhas defeituosas ou erros de vinificação se evidenciam.

A persistência de um vinho premium é percebida não apenas como sabores, aromas e sensação de boca duradouros, mas como uma energia quase palpável vibrando na boca após a degustação. A persistência de vinhos baratos e casuais desaparecerá mais rápido; vinhos com padrões de qualidade mais elevados permanecerão na boca por pelo menos 1–2 minutos; e vinhos excepcionais podem dominar o paladar por muito mais tempo. Durante esse tempo, os enólogos ficam atentos, pois o "final de boca" de cada vinho oscila de uma forma única.

A QUALIDADE DE UM VINHO PODE SER MEDIDA PELO TEMPO QUE REPERCUTE NA BOCA.

CONTAMINAÇÃO POR CORTIÇA

É tradição usar rolhas de cortiça para fechar as garrafas, mas muitos vinicultores estão substituindo as rolhas naturais, que podem degradar o sabor do vinho. Cerca de 5% dos vinhos vedados com cortiça são perceptivelmente contaminados por ela, mas o grau de dano varia muito. O chamado vinho "bouchonné" tem um cheiro característico de fungo. Nos piores casos, pode ter um cheiro desagradável, com odores que lembram papelão mofado ou lã bolorenta. Em casos leves, pode se evidenciar mais pela ausência de bons aromas do vinho do que pela presença de maus odores. Às vezes esse problema só é reconhecido ao comparar mais de uma garrafa do mesmo vinho. O comércio sabe desse problema e, em caso de dúvida, não deixe de reclamar. Restaurantes e lojas vão substituir garrafas suspeitas na maioria dos casos.

DANOS PELO CALOR

Assim como as frutas, o vinho dura mais quando refrigerado. Todos os vinhos acabam se deteriorando, mas, quanto mais frios, mais lenta é a mudança. O calor acelera as reações químicas do envelhecimento do vinho, sobretudo a oxidação. O vinho envelhece prematuramente quando mantido em ambiente muito quente, ficando com uma aparência cozida — acastanhado e de sabor cansado. O calor extremo pode alterar a pressão interna das garrafas, comprometendo sua vedação, o que acelera ainda mais a oxidação. Isso pode ser visto em garrafas vazando ou rolhas levantadas, mas em geral os danos do calor são menos visíveis. Breves picos de calor ou mais tempo de armazenamento em temperatura ambiente podem abreviar a vida potencial de um vinho, sem que haja sinais óbvios até a degustação, apresentando um retrogosto curto, opaco e sem vida. A temperatura ideal de armazenamento para reduzir a deterioração é na faixa de 10 a 15°C.

MEDINDO A QUALIDADE
Os vinhos de luxo apresentam uma persistência excepcional. Esse é um dos importantes elementos ausentes nos vinhos baratos.

RESUMO DO CAPÍTULO

Veja abaixo alguns pontos importantes abordados neste capítulo

- Os **descritores** nos ajudam a explicar as características do vinho. Podem ser **indiretos** e evocativos, ou **diretos** e objetivos.
- Avaliamos os atributos do vinho usando todos os nossos **sentidos** menos a audição.
- A maior parte da cor do vinho provém das **cascas de uva**. Os vinhos brancos não adquirem cor, mas a cor dos rosés e dos tintos depende do tempo de contato com cascas de uvas tintas.
- A **intensidade** da cor tende a corresponder à do sabor e pode indicar a presença de **madeira** ou à (o grau) **adstringência**.
- A língua detecta **seis sensações gustativas**, das quais apenas a **doçura** e a **acidez** são relevantes na degustação de vinhos.
- Na enologia, "**seco**" significa "não doce", em vez de "não molhado".
- A **elevada acidez** das uvas frescas torna o vinho mais ácido que a maioria das bebidas. Ajuda a realçar alimentos, refrescar o palato e amadurecer com elegância.
- "**Do fruto**" é o termo dado a todos os sabores e aromas provenientes das uvas que compõem o vinho.
- "**Madeira**" descreve uma gama estreita de aromas e sabores provenientes do contato do vinho com o carvalho.
- "**Sensação de boca**" descreve as sensações táteis que sentimos na língua, no palato, nos lábios e nas gengivas.
- Quanto menor o **teor alcoólico**, mais leve o vinho parecerá; quanto maior o teor, mais peso aparentará.
- **Tanino** é um composto fenólico adstringente presente na casca, nas sementes e nos engaços das uvas. Resseca a boca e é encontrado apenas em **vinhos tintos**.

ESCOLHENDO E COMPRANDO

SEGREDOS DO OFÍCIO O vinho é um dos produtos mais difíceis de comprar. São tantas as opções em lojas e restaurantes que até o consumidor mais experiente pode hesitar. Mas algumas estratégias dos profissionais podem ajudar a eliminar dúvidas e ganhar confiança. Os rótulos podem não dizer qual será o sabor do vinho, mas há muito a aprender nas entrelinhas. A garrafa diz muito sobre o conteúdo, e três números importantes podem simplificar a decisão de compra. Você também pode seguir algumas regras em restaurantes, com base em dicas de especialistas, para não gastar muito.

OLHE A EMBALAGEM

Podemos aprender muito sobre um vinho sem sequer ler o rótulo — cores, fontes e arte dizem muito. Como os termos e regulamentos dos rótulos dos vinhos podem ser muito confusos, os produtores tentam comunicar o estilo pelo design da garrafa.

MENSAGENS SUBLIMINARES

O design da embalagem reflete o estilo e a filosofia do produtor e muitas vezes indica o sabor do vinho.

JULGANDO SEM PROVAR

Sabendo que muitas vezes o próprio consumidor escolhe o vinho, os produtores querem garantir que as embalagens evoquem o perfil sensorial do vinho e atraiam o público apropriado.

DIVERTIDO E MODERNO

Cores chamativas, designs modernos e nomes despretensiosos sugerem vinhos maduros com aromas de sobremesa para consumo imediato.

CLÁSSICO SOFISTICADO

Cores sóbrias, designs tradicionais e nomes de família sugerem vinhos menos despojados, mais secos e ácidos para harmonizar com a comida.

TRANSPARENTE E LEVE

Para os brancos, vidro transparente e cores azul-esverdeadas sugerem vinhos de corpo mais leve e sem madeira. Vidro mais escuro e cores outonais sugerem mais corpo ou mais madeira.

IDENTIFICANDO O VINHO PELA GARRAFA

Algumas regiões vinícolas utilizam garrafas com formatos distintos que compõem sua identidade — um indicador do estilo do vinho.

BURGUNDY

As garrafas de Borgonha com ombros inclinados são mais comuns em vinhos Chardonnay, Pinot Noir, Syrah e os do Rhône.

BORDEAUX

As garrafas de Bordeaux com ombros quadrados são usadas na maioria dos outros estilos, sobretudo Cabernet Sauvignon, Merlot e Sauvignon Blanc.

ALSACE

As garrafas altas e afiladas da Alsácia são associadas a vinhos brancos de tradição alemã, como Riesling e Gewürztraminer, que podem ser doces ou secos.

INOVAÇÕES EM EMBALAGENS

Alguns vinhos podem passar décadas amadurecendo e os produtores são cautelosos em inovar nas embalagens. Mas as garrafas com rolhas de cortiça não são as mais eficientes, e novas opções estão sendo exploradas.

VEDANTES ALTERNATIVOS — COMO TAMPAS DE ROSCA

As rolhas naturais ainda são a norma para vinhos premium, mas podem causar uma deterioração detectável em uma pequena percentagem dos vinhos. Tampas de rosca, que oferecem mais consistência e menos defeitos, estão se popularizando, sobretudo em vinhos feitos para ser consumidos jovens.

RECIPIENTES ALTERNATIVOS — COMO CAIXAS

As garrafas já não são a única opção para preservar o vinho. Melhorias na tecnologia de embalagens viabilizaram caixas e latas. Essas inovações reduzem o peso no transporte e protegem o vinho da luz. Formatos maiores, do tipo "bag in box", também prolongam a validade do vinho depois de abertos; o saco interno retrátil protege o vinho do ar, preservando seu sabor por até seis semanas.

ANALISE OS NÚMEROS

Mesmo quando sabemos o estilo que queremos — um tinto italiano ou um branco californiano —, são tantas as opções que pode ser complicado decidir o que comprar. Diante de tantas opções desconhecidas e vinhos semelhantes, os profissionais comparam três números que dão pistas sobre o sabor esperado.

VERIFIQUE A SAFRA

O ano impresso no rótulo é muito mais útil para saber a idade de um vinho do que se foi feito em um ano "bom" ou "ruim".

Quanto mais jovem for um vinho, mais frutado ele tende a ser. Os vinhos jovens têm sabores de frutas frescas, e os mais jovens de todos em geral não são amadurecidos em madeira. Também tendem a ser mais leves, refrescantes e baratos.

Vinhos com mais de dois anos tendem a ser vinhos premium muitas vezes amadurecidos em barricas de carvalho. Esses vinhos têm sabores menos vívidos e frescos, porém mais complexos, muitas vezes com uma nota de carvalho tostado. Costumam ser mais encorpados, opulentos e caros.

ANALISE O TEOR ALCOÓLICO

A graduação alcoólica de um vinho (seu álcool por volume, ou ABV) pode ser um indicador aproximado de muitos parâmetros de estilo, sobretudo o corpo e a intensidade de sabor. Veremos esse conceito na próxima seção, mas uma análise superficial já pode fornecer insights importantes para a escolha de um vinho. Generalizando, faz sentido esperar que algumas características do vinho variem de acordo com o teor alcoólico.

MENOS DE 13,5%

QUANTO MENOS ÁLCOOL, MAIS O VINHO PODERÁ TER...

- mais leveza ou textura mais delicada;
- cor mais pálida;
- sabor menos intenso de fruta e madeira;
- mais acidez refrescante;
- sabor mais jovem e fresco.

13,5 a 14%

VINHOS PADRÃO DE CORPO MÉDIO

MAIS DE 14%

QUANTO MAIS ÁLCOOL, MAIS O VINHO PODERÁ TER...

- mais corpo ou textura mais intensa;
- cor mais intensa;
- sabor mais intenso de fruta e madeira;
- menos acidez refrescante;
- sabor amadurecido e mais rico.

ANALISE O PREÇO

O número mais importante ao decidir o que comprar é sempre o preço. É comum achar que é preciso gastar muito em um vinho para comprar uma garrafa "decente". Os profissionais sabem que as maiores diferenças de qualidade estão entre os vinhos mais baratos e que a qualidade nem sempre é o principal fator.

No mundo dos vinhos, como em todos os produtos, preços mais altos são associados a mais qualidade. Vinhos feitos com maestria e ingredientes melhores têm características mais desejáveis, como estética, personalidade e durabilidade. Mas também há um ponto de retornos decrescentes. (Veja a próxima página para mais informações sobre compras pelo preço.)

POR QUE TÃO CARO?!

Estamos acostumados a pagar mais pela qualidade em tudo, mas os altos preços do vinho podem nos pegar de surpresa. Em alguns casos, talvez não faça sentido. Um Rioja simples pode custar R$40; um gran reserva pode chegar a R$400; e um vinho maturado pode ser vendido por R$4 mil ou mais em um leilão. O que explica essa diferença? Sai mais caro produzir um vinho premium, pois menos garrafas são feitas a custos superiores, às vezes com uma década ou mais de maturação antes da venda. O resto se resume à oferta e à demanda.

UM VINHO DE R$400 SEM DÚVIDA É SUPERIOR A UM DE R$40, MAS ISSO NÃO SIGNIFICA QUE SERÁ 10 VEZES MELHOR OU QUE VOCÊ VAI GOSTAR 10 VEZES MAIS.

O MELHOR CUSTO-BENEFÍCIO

O vinho é considerado um produto de luxo, mas você não precisa estourar seu orçamento para ter uma boa experiência. Os profissionais não tomam vinhos caros todos os dias porque sabem obter o melhor custo-benefício. Considere as dicas a seguir da próxima vez que for comprar vinho.

PEÇA AJUDA

Ao comprar vinhos, é sempre bom pedir orientação. Os vendedores terão informações mais específicas do que os rótulos das garrafas. No mínimo, eles poderão sugerir opções de acordo com as suas preferências.

Deixe claro desde o começo o quanto você pretende gastar. E, se não souber exatamente o que quer, basta dizer o que pretende servir no jantar ou mencionar alguns vinhos que você gosta.

TENTE UM NOVO PATAMAR DE PREÇO

Você não precisa gastar muito mais para tomar um vinho bem melhor. Por exemplo, se o preço de um vinho do dia a dia no seu país for R$40, vinhos um pouco mais caros, na faixa de R$50 a R$70, costumam fornecer um custo-benefício melhor. Se não valessem mais, não conseguiriam cobrar esses preços. A partir dos R$100, podemos esperar que os vinhos continuem melhorando, mas teremos de pagar bem mais a cada salto de qualidade.

SEJA UM EXPLORADOR

Vinhos de regiões famosas, como Napa Valley, serão mais caros que regiões obscuras, como Paso Robles, e o mesmo se aplica a uvas famosas, marcas confiáveis e embalagens luxuosas. Esses fatores aumentam a demanda e as chances de encontrar vinhos de melhor qualidade, pois sinalizam que o vinicultor tem recursos para buscar metas ambiciosas. Mas você pode encontrar muitos vinhos excelentes fora dos caminhos mais trilhados. Pode parecer arriscado provar vinhos desconhecidos, mas não tenha medo. É raro encontrar um vinho péssimo, e o único jeito de descobrir do que você gosta é explorando.

NÃO LEVE AS AVALIAÇÕES TÃO A SÉRIO

É recomendável aos iniciantes evitar comprar de acordo com pontuações, que muitas vezes aumentam os preços. Como as avaliações de revistas não levam os preços em conta, há uma grande relação entre notas mais altas e vinhos de produção mais cara. Boas notas também aumentam a demanda, incentivando vinícolas, intermediários e varejistas a aumentarem os preços, ou, pelo menos, não darem descontos.

ENCHER O CARRINHO?

Muitos varejistas dão descontos a compras de vinho a granel, mas há outras maneiras de conseguir bons preços. Procure os itens que a loja compra em maior quantidade. Displays em destaque em ilhas e gôndolas na loja mostram confiança no produto, que tende a ser vendido com uma margem de lucro menor.

RÓTULOS DO NOVO MUNDO

Todos os rótulos incluem o vinicultor ou a marca ao lado da denominação formal ou da região de origem. As denominações mais famosas tendem a ser pequenas regiões vinícolas. Mas distritos administrativos também podem ser denominações de vinho em muitos países, desde grandes províncias a condados e municípios. Vamos começar com os rótulos dos vinhos do Novo Mundo — Américas e hemisfério sul —, que costumam ser mais fáceis de entender.

DESTAQUE PARA AS UVAS

A maioria dos rótulos modernos anuncia a uva e a safra, apesar de essas informações não serem exigidas por lei.

O QUE TEM NO RÓTULO?

1 DENOMINAÇÃO OU REGIÃO DE ORIGEM – *OBRIGATÓRIO*

O rótulo sempre deve incluir a região de origem, indicando onde as uvas foram cultivadas, que pode não ser o local onde o vinho foi produzido.

2 MARCA OU PRODUTOR DO VINHO – *OBRIGATÓRIO*

Em geral, os vinhos são vendidos sob o nome da vinícola ou o nome do produtor.

3 VINTAGE DATE – *OPCIONAL*

O ano em que as uvas foram colhidas.

4 GRAPE VARIETY – *OPCIONAL*

A casta de uva utilizada. No caso, na maioria dos países do novo do mundo, o vinho deve conter pelo menos 75% da casta especificada.

5 LETRAS MIÚDAS

Os requisitos legais variam conforme o país, mas todas as garrafas devem indicar (no rótulo frontal ou traseiro): volume do conteúdo, teor alcoólico e país de origem. Também deve incluir a empresa produtora do vinho, bem como sua localização.

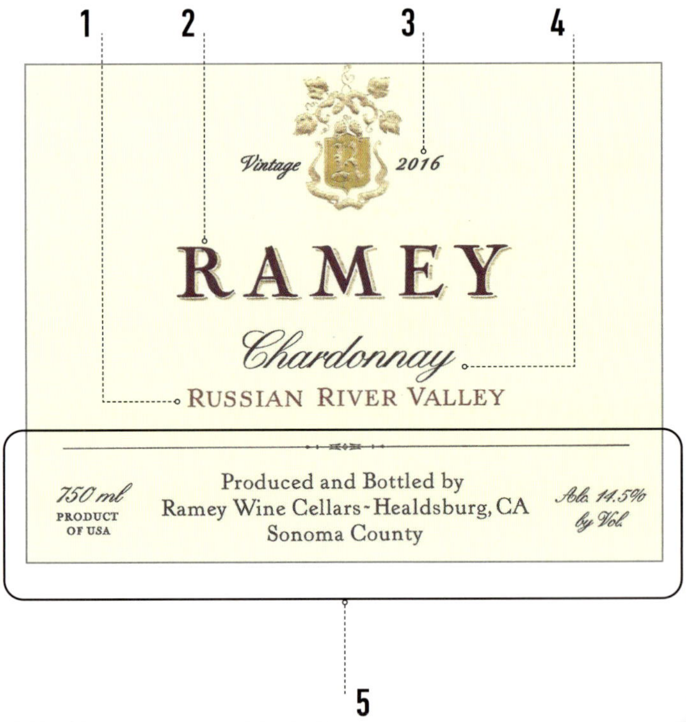

DECIFRANDO O RÓTULO

Seja na Europa ou no Novo Mundo, é comum os produtores fazerem mais de um vinho com as mesmas uva e região — uma versão básica e uma premium, por exemplo, ou uma versão doce e uma seca. Para distingui-los, recebem nomes *cuvée* que tornam o rótulo mais específico. (*Cuvée*, "cuba" em francês, seria algo como lote ou blend neste contexto.) Outras informações podem incluir:

1 NOME DO VINHEDO
como Dutton Ranch ou Ornellaia.

2 TERMOS OU CERTIFICAÇÕES DE QUALIDADE
como "reserva" ou "orgânico" (alguns regulamentados, outros não).

3 LINHA OU IDENTIDADE DO PRODUTO
como Penfolds Grange ou Insignia by Joseph Phelps.

4 NOME DA MARCA
como Rothschild's Mouton Cadet ou Coppola's Diamond Label.

5 REFERÊNCIAS AO ESTILO
como "espumante", "rosé" ou de "colheita tardia".

RÓTULOS DO VELHO MUNDO

Seguindo séculos de tradição, os melhores vinhos europeus são nomeados conforme as regiões, como Chablis e Chianti, não de acordo com as uvas. Assim, a União Europeia tem as próprias leis para os rótulos. Na Europa do "Velho Mundo", as denominações orientam os padrões de qualidade e a fiscalização; em outros lugares, elas apenas certificam onde as uvas foram cultivadas.

DESTAQUE PARA A REGIÃO

Os vinicultores das principais denominações europeias podem cultivar apenas uvas específicas. Também devem cumprir rigorosos requisitos de vinificação para poderem usar o nome de uma região no rótulo. As denominações formalizam as tradições locais e costumam ser organizadas como hierarquias, com denominações menores e premium nas melhores áreas dentro de regiões maiores e de menor prestígio.

Em algumas poucas regiões da Europa, é tradição listar as uvas, como a Alemanha e o norte da Itália. Muitas novas denominações também listam uvas para atrair os mercados internacionais. Mas, no sistema francês usado como modelo para a regulamentação da União Europeia, a região do vinho, não a uva, é a característica distintiva e o motivo de orgulho. Por exemplo, por lei, o Chablis francês abaixo é feito apenas com Chardonnay, mas o rótulo não faz qualquer menção à uva. Esse padrão é mais comum nos vinhos mais tradicionais e ambiciosos.

ESCONDENDO A UVA

Há séculos, os vinhos das prestigiadas regiões da Europa recebem o nome de sua origem — seja uma grande região ou uma pequena vila. A uva dominante raramente é mencionada no rótulo.

DENOMINAÇÃO DE VINHO EUROPEU

MOTIVO DE ORGULHO

As declarações de região de origem seguem regras diferentes na Europa e são classificadas conforme seus padrões de qualidade. As denominações premium entram em destaque no rótulo e outros dados são incluídos em letras miúdas.

RANKING DE QUALIDADE

Algumas regiões vinícolas europeias incluem nos rótulos os próprios termos especiais, que são rigorosamente controlados, muitas vezes indicando variados patamares de qualidade. Cada região usa o próprio sistema, baseado em um ou mais fatores de qualidade do vinho.

LEIS E MAIS LEIS

Cada país produtor da Europa tem as próprias leis sobre o vinho, o que pode confundir os iniciantes, especialmente os que desconhecem os termos.

1

2

3

1 VINHEDO SUPERIOR
Em algumas regiões francesas, os melhores vinhedos ou propriedades vinícolas recebem o status de *grand cru* (elite) ou *premier cru* (um patamar baixo). Na Itália, *classico* indica um subdistrito superior.

2 EVOLUÇÃO ESTENDIDA EM BARRICA
Na Itália e na Espanha, termos como *riserva* e *crianza*, respectivamente, distinguem vinhos que passam mais tempo amadurecendo em barricas de carvalho.

3 GRAUS DE MATURAÇÃO DA UVA
Na Alemanha e na Áustria, onde a maturação completa não é garantida, um sistema complexo de termos como *Kabinett* e *Spätlese* classifica os vinhos pelo teor de açúcar das uvas na colheita.

PRÓS E CONTRAS

A vantagem dos rótulos europeus é que tendem a incluir informações importantes e rigorosamente controladas. Mas a maior parte só interessa aos especialistas. Por exemplo, a identidade oficial deste Champagne inclui seis tipos de informação.

NO RESTAURANTE

Restaurantes nos dão a chance de provar vários vinhos, sozinhos ou com comida, oferecendo uma seleção criteriosa para complementar os pratos (veja como combinar vinhos e comida no capítulo "Harmonizando o vinho com a comida"). Mas os restaurantes também podem dificultar a vida dos apreciadores de vinho com mau atendimento ou margens de lucro absurdas.

DÁ PARA CONFIAR NO LUGAR?

Restaurantes e bares podem oferecer excelentes experiências para saborear vinhos com amigos e família, mas apenas se prezarem por seus vinhos e seus clientes. Dê uma olhadinha ao redor. Se o local se orgulhar de seu serviço de vinhos, você verá os sinais antes de fazer o pedido. Se a carta de vinhos parecer desleixada ou se ficar claro que eles preferem vender cerveja ou drinks, tome cuidado.

BONS SINAIS

- Taças de vinho já postas nas mesas
- Grandes taças de vinho servidas com menos da metade
- Cartas de vinhos bem organizadas
- Muitos vinhos oferecidos em taça
- Detalhes sobre os vinhos na carta de vinhos, como descrições de estilo

MAUS SINAIS

- Nenhuma taça de vinho visível
- Taças de vinho pequenas cheias quase até a borda
- Cartas de vinhos desleixadas e mal organizadas
- Poucos vinhos oferecidos em taça
- Cartas de vinhos incompletas — sem safras, por exemplo

PEÇA ORIENTAÇÃO

Nem todos os restaurantes têm uma equipe treinada para orientar os clientes, então aproveite quando encontrar um. Quer seja um sommelier certificado ou um bartender qualificado, esses profissionais podem dar excelentes recomendações. Não se limite a pedir sugestões, a menos que queira provar os vinhos que eles mais gostam. Se quiser um vinho mais próximo do seu gosto pessoal, dê mais informações. Por exemplo, diga algo como: "Eu gosto de Pinot Grigio, mas queria provar algo diferente hoje. O que você recomendaria?"

O CLIENTE É QUEM MANDA!

Como os restaurantes querem vender vinhos, sommeliers e garçons vão sugerir vinhos premium e garrafas a mais, a menos que você peça outra coisa. Muitos clientes se intimidam e aceitam as sugestões para não passar vergonha. Mas não se esqueça de que você é o cliente que está pagando pela experiência.

NINGUÉM PODE FORÇÁ-LO A GASTAR MAIS DO QUE QUER EM UM RESTAURANTE.

DÊ UM TETO DE PREÇO AO PEDIR RECOMENDAÇÕES

Indique discretamente seu orçamento apontando um preço na carta de vinhos. Sem isso, o garçom não tem como saber o quanto você pensa em gastar. Com isso, você o direciona a opções de sabor em vez de patamares de qualidade.

NÃO PEÇA UMA GARRAFA SE PUDER PEDIR UMA TAÇA

Vinhos em taça e meia garrafa são ideais como um aperitivo para limpar o paladar enquanto lê o cardápio ou como um último drink após o prato principal ou a seleção de queijos. As garrafas podem sair mais baratas, mas só serão um bom negócio se você as terminar.

NÃO APROVE VINHO ILIMITADO EM GRANDES GRUPOS

É tentador instruir os garçons a continuar servindo vinho para você poder relaxar. Isso dá carta branca para o estabelecimento decidir o quanto você vai gastar. Calcule cerca de uma garrafa para cada duas pessoas no jantar; e menos em almoços e brunches. Se for chato ficar pedindo garrafas, autorize um número definido.

RESUMO DO CAPÍTULO

Veja abaixo alguns pontos importantes abordados neste capítulo.

- Como as informações impressas nos **rótulos de vinho** podem ser confusas, muitos produtores tentam comunicar o **estilo do vinho** na **embalagem**.
- As **rolhas de cortiça**, embora tradicionais, não são as mais eficientes. **Tampas de rosca** estão substituindo as rolhas e **caixas** estão substituindo as garrafas para vinhos do dia a dia.
- Ao comprar vinho, oriente-se por três **números** importantes: safra, teor alcoólico e preço.
- Nem os profissionais do vinho tomam vinhos caros todos os dias. Aprenda a obter o **melhor custo-benefício** mesmo com um orçamento limitado e não ceda à pressão de **gastar demais**.
- **Rótulos de vinho** raramente fazem referência ao **sabor**. A maioria fornece detalhes mais relevantes para os profissionais do que para os leigos, como o **tipo de uva** e onde as uvas foram cultivadas.
- Para ler um rótulo, é importante saber as distinções entre os principais tipos de informações e a diferenciação entre rótulos centrados nas **uvas** e rótulos europeus centrados em **regiões**.
- Em restaurantes e bares, veja se o estabelecimento é confiável com base no empenho e no orgulho em relação aos **vinhos servidos**.
- Se o estabelecimento tiver um **sommelier** ou um bartender com experiência em vinhos, aproveite para pedir **orientação**.
- Deixe claro para o garçom o quanto você pretende gastar em vinho e **não se sinta intimidado** para gastar mais, seja pedindo uma garrafa mais cara do que você escolheria ou pedindo mais vinho do que o necessário.

COMO SERVIR E ARMAZENAR

O QUE, QUANDO E COMO BEBER O vinho é um prazer que podemos usufruir em casa e compartilhar com os amigos e a família. Mas, ao contrário da cerveja e dos destilados, nem sempre sabemos a melhor maneira de servir e armazenar. O vinho muda com a temperatura, o que afeta seu sabor e sua conservação. Entender o como e o porquê facilita usufruir o vinho ao máximo e maximizar sua vida útil, mesmo depois de abrir a garrafa. Vai ser mais fácil receber visitas em casa se você souber o quanto servir em cada tipo de taça e de quantas garrafas vai precisar.

RECEBENDO CONVIDADOS

Seja em um restaurante ou em casa, é sempre bom saber quanto vinho será necessário e como servi-lo. Veja algumas dicas.

QUANTO VINHO NA TAÇA?

Internacionalmente, uma taça de vinho serve em média cerca de 150ml e uma garrafa padrão contém cinco doses. Mas certas situações requerem servir cerca de metade dessa quantidade:

- Quando uma garrafa é compartilhada na mesa, especialmente em restaurantes finos ou em refeições com vários pratos e mais de um vinho;
- Quando a principal finalidade do vinho é fazer um brinde;
- Quando o vinho é muito doce ou muito forte, como os vinhos de sobremesa e os vinhos fortificados;
- Em provas de vinho nas quais são degustados vários vinhos.

DOSAGEM CORRETA

TAÇA INTEIRA (150ML)

Essa é a dose correta para:

- coquetéis;
- antes do jantar;
- refeições casuais (um prato e um vinho);
- vinhos em taça em restaurantes.

MEIA TAÇA (75ML)

Esta é a dose correta para:

- brindes e provas de vinhos;
- vinhos após o jantar;
- refeições sofisticadas (vários pratos, vários vinhos);
- vinhos em garrafa em restaurantes.

DE QUANTO VINHO VOCÊ PRECISA?

É interessante providenciar 1 garrafa por pessoa ao receber convidados, para não faltar, mas em média consome-se cerca de metade disso.

- Em eventos sociais: 1,5 taça por pessoa na primeira hora e depois 1 taça por pessoa por hora.
- Em restaurantes: 2,5 taças por pessoa, ou 1 garrafa para cada 2 pessoas.
- Em jantares em casa: 2 garrafas de vinho na recepção e 1 garrafa por prato para cada 6–8 pessoas.
- Para provas de vinho (com 6–10 vinhos): 1 garrafa de cada vinho para 10–12 convidados.

QUANTO VINHO TEM UMA GARRAFA OU UMA CAIXA?

Garrafas de vinho parecem grandes e tendemos a superestimar quanto vinho elas contêm. As garrafas padrão contêm 750ml de vinho. O volume padrão de vinho premium em caixa é 3 litros, o equivalente a quatro garrafas padrão, mas uma caixa ocupa menos espaço.

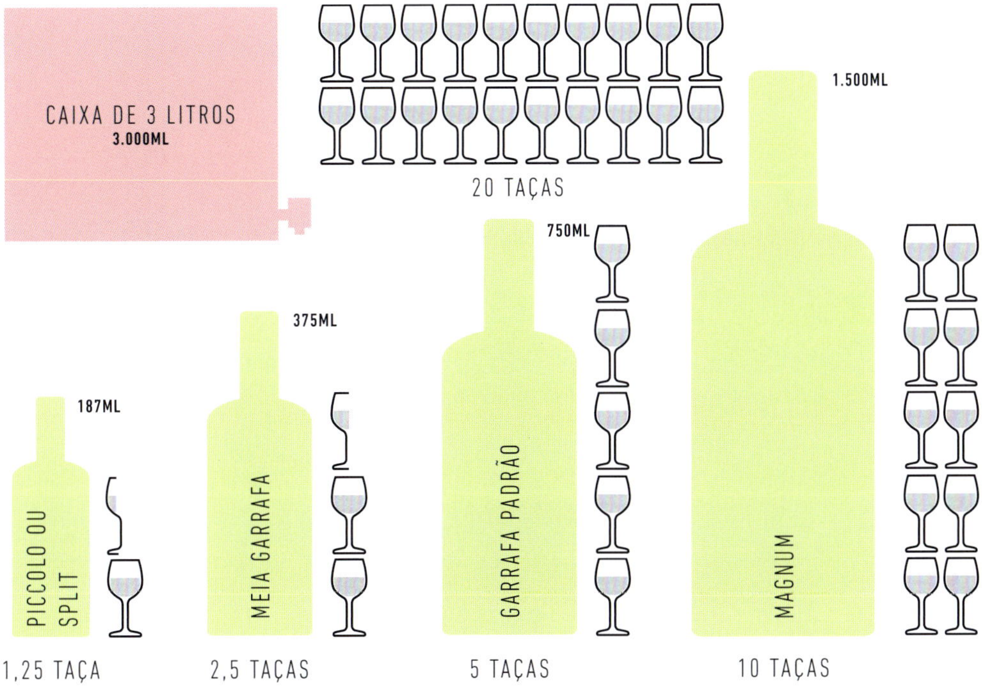

O QUE SERVIR E QUANDO

Ao receber convidados, pode ser difícil saber o que as pessoas esperam beber. Veja algumas dicas:

- O vinho na recepção, servido aos convidados na chegada, costuma ser o espumante, por ser leve e abrir o apetite.
- As preferências entre branco e tinto tendem a ser equilibradas e os convidados esperam que os dois tipos estejam disponíveis. [No Brasil, apesar de a preferência ser pelo tinto, os convidados esperam que os dois tipos estejam disponíveis.] Escolha estilos populares: vinhos de corpo médio têm o apelo mais amplo.
- Ofereça uma opção ligeiramente doce em eventos maiores, sobretudo se incluírem convidados de várias gerações. Nem todos gostam de vinhos secos e preferem estilos mais doces.
- Eventos diurnos pedem vinhos mais leves. Procure estilos mais jovens e com menos álcool e espere um consumo menor do que em eventos noturnos.
- Para jantares com vários pratos e vários vinhos:
  1 Sirva um espumante como aperitivo e/ou com os primeiros pratos.
  2 Sirva os vinhos brancos antes dos tintos — mais leves antes dos mais pesados, caso sirva mais de um.
  3 Encerre com vinhos de sobremesa ou vinhos fortificados.

TIPOS DE TAÇA

O vinho pode ser apreciado em qualquer recipiente, até diretamente da garrafa, mas em geral é servido em taças. Assim como o escuro do cinema concentra nossa atenção nos filmes, taças com haste e bojo grandes aumentam o apelo do vinho e concentram nossa atenção em seus aromas.

ANATOMIA DA TAÇA DE VINHO

A maioria dos copos e xícaras foi pensada para a eficácia e a praticidade, como canecas de chopp cheias até a borda. Já as taças de vinho foram feitas para agradar ao nariz. Cada detalhe é feito para girar, cheirar e manter a temperatura do vinho — tudo para realçar o aroma. Há vários tipos de taça, e alguns são feitos para estilos específicos de vinho. Mas basta um único tipo de taça multiuso para desfrutar todos os estilos, do Prosecco ao Porto.

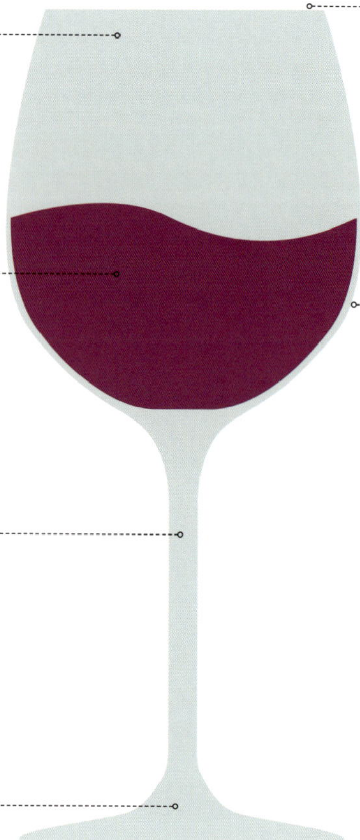

CÂMARA DE AROMAS OU BOJO

Esta parte da taça fica vazia para permitir que o vinho seja girado vigorosamente sem derramar, aumentando sua superfície e taxa de evaporação; e para reter e concentrar os compostos aromáticos resultantes.

BORDA

As taças de vinho são mais frágeis na borda, que é mais resistente nas taças do dia a dia. Já as taças de luxo têm bordas mais finas, quase imperceptíveis nos lábios, mas fáceis de quebrar.

VINHO

As taças são feitas para conter 150–180ml de vinho. Em geral, não devem ser enchidas mais do que a metade ou acima do ponto mais largo do bojo para maximizar o impacto do aroma do vinho. Assim, taças de 300–350ml são as ideais.

BOJO

As taças de vinho devem ter bojos amplos que se estreitam em cima para concentrar os aromas do vinho. As mais versáteis se alargam embaixo e têm uma capacidade total de aproximadamente 300–350ml.

HASTE

A haste de uma taça de vinho serve para pegar a taça, mantendo os dedos longe do bojo. O calor do corpo é facilmente transferido e o sabor do vinho muda com as menores alterações de temperatura. A haste deve acomodar confortavelmente a largura da mão na altura das articulações.

BASE

Bem, pode ser que você queira largar a taça em algum momento…

A SOMA DAS PARTES

As taças de vinho são diferentes porque são feitas mais para cheirar do que para beber.

ESCOLHA O TAMANHO CERTO

Os vinhos brancos são servidos em taças menores do que os tintos devido a seu aroma mais sutil; seu aroma agradável pode ser fraco em uma câmara de aromas grande. Já os tintos podem ter aromas fortes demais em uma taça pequena, pois contêm mais compostos aromáticos. Ao usar uma taça multiuso, compense enchendo-a mais com brancos e menos com tintos.

Em bares, o vinho pode ser servido em pequenas "taças Paris" de 180–240ml cheias quase até a borda, o que dificulta sentir seus aromas. Em restaurantes sofisticados, vinhos caros podem ser servidos em enormes taças de cristal nas quais podem caber uma garrafa inteira de 750ml. Taças especiais para castas ou estilos de uva específicos podem melhorar um pouco a experiência, mas não são práticas nem necessárias.

PARA VINHO BRANCO

PARA VINHO TINTO

EM BARES

DE LUXO

TAÇAS ESPECIAIS

Dois estilos de vinho beneficiam-se de taças diferentes: vinhos espumantes e vinhos altamente concentrados. Como os espumantes perdem as bolhas com mais rapidez em uma área de superfície maior, são servidos em taças altas e finas. Já os vinhos fortificados e de sobremesa pedem doses menores, de 70–90ml. Seus aromas intensos podem ser apreciados em uma taça de vinho padrão, mas são mais agradáveis em taças menores.

TAÇA DE JEREZ E FLUTE DE CHAMPAGNE

VINHO E TEMPERATURA

Como o sabor do vinho depende de componentes voláteis sensíveis à temperatura, a ideia é servi-lo na temperatura mais favorável e manter esse ideal servindo aos poucos, mantendo as garrafas no gelo e segurando a taça pela haste. Temos fácil acesso à temperatura ambiente e à temperatura de uma geladeira, mas a maioria das pessoas prefere o vinho em algum ponto entre as duas: um pouco mais frio do que o ambiente para os tintos e um pouco mais quente do que a geladeira para todos os outros.

POR QUE NÃO RESFRIAR OS TINTOS?

Os tintos são os únicos vinhos que em geral não costumam ser resfriados, porque os taninos e outros compostos da casca da uva que lhes conferem cor são mais adstringentes e amargos em baixas temperaturas.

SEU VINHO, SUAS REGRAS!

Como tudo na vida, as preferências pessoais quanto à temperatura do vinho podem variar muito, e o mais importante é beber o vinho como você gosta. Se você preferir gelar os tintos ou tomar os brancos em temperatura ambiente, ignore os esnobes e vá em frente!

Mas, se o seu vinho estiver insosso, talvez seja necessário resfriá-lo menos; e, se estiver um pouco alcoólico demais ou sem frescor, pode ser preciso resfriá-lo mais.

COMO A TEMPERATURA MUDA O SABOR DO VINHO

Abra duas garrafas de vinho — um branco gelado e um tinto em temperatura ambiente.

- Sirva duas taças de cada vinho e coloque uma de cada na geladeira.
- Após 10 minutos, prove cada par e observe as diferenças de sabor.

Os vinhos da geladeira serão menos aromáticos e menos saborosos do que os vinhos em temperatura ambiente — mas também mais refrescantes e menos alcoólicos. O tanino do tinto mais frio parecerá mais áspero e agressivo. Já os vinhos mais quentes serão mais saborosos e fragrantes, além de mais alcoólicos e menos refrescantes. E os taninos do tinto serão mais aveludados. A maioria das pessoas não gostará do tinto frio e preferirá o branco depois de um tempinho fora da geladeira.

TEMPERATURAS IDEAIS

Não há problema algum em tomar vinho na temperatura que preferir — inclusive resfriando seus tintos, por exemplo. Mas pode ser interessante seguir a prática padrão para receber convidados.

DICAS PARA SERVIR TINTOS

- O melhor sabor dos tintos é entre 15–21°C.
- Sirva os tintos mais leves mais frios e os tintos mais encorpados mais quentes.
- Mantenha os tintos em temperatura ambiente e leve à geladeira logo antes de servir: 5–15 minutos na geladeira. Por exemplo, resfrie o Beaujolais francês, mais leve, por 15 minutos antes de servir, mas o Malbec argentino, mais pesado, por apenas 5 minutos.
- Os vinhos do Porto são uma exceção: embora sejam tintos e intensos, têm um sabor mais equilibrado quando resfriados.

DICAS PARA SERVIR OUTROS VINHOS

- Vinhos brancos, rosés, espumantes, fortificados e de sobremesa têm o melhor sabor entre 4–10°C.
- Sirva os mais leves mais frios e os mais encorpados mais quentes.
- Mantenha-os refrigerados e "aqueça-os" logo antes de servir: 5–15 minutos em temperatura ambiente. Por exemplo, deixe o Chardonnay australiano, mais pesado, em temperatura ambiente por 15 minutos antes de servir, mas por apenas 5 minutos o Pinot Grigio italiano, mais leve. Sirva os vinhos mais leves, como o Cava espanhol, direto da geladeira.
- Os vinhos doces de sobremesa são uma exceção a esta regra, pois ficam melhor quando gelados, seja qual for seu teor alcoólico.

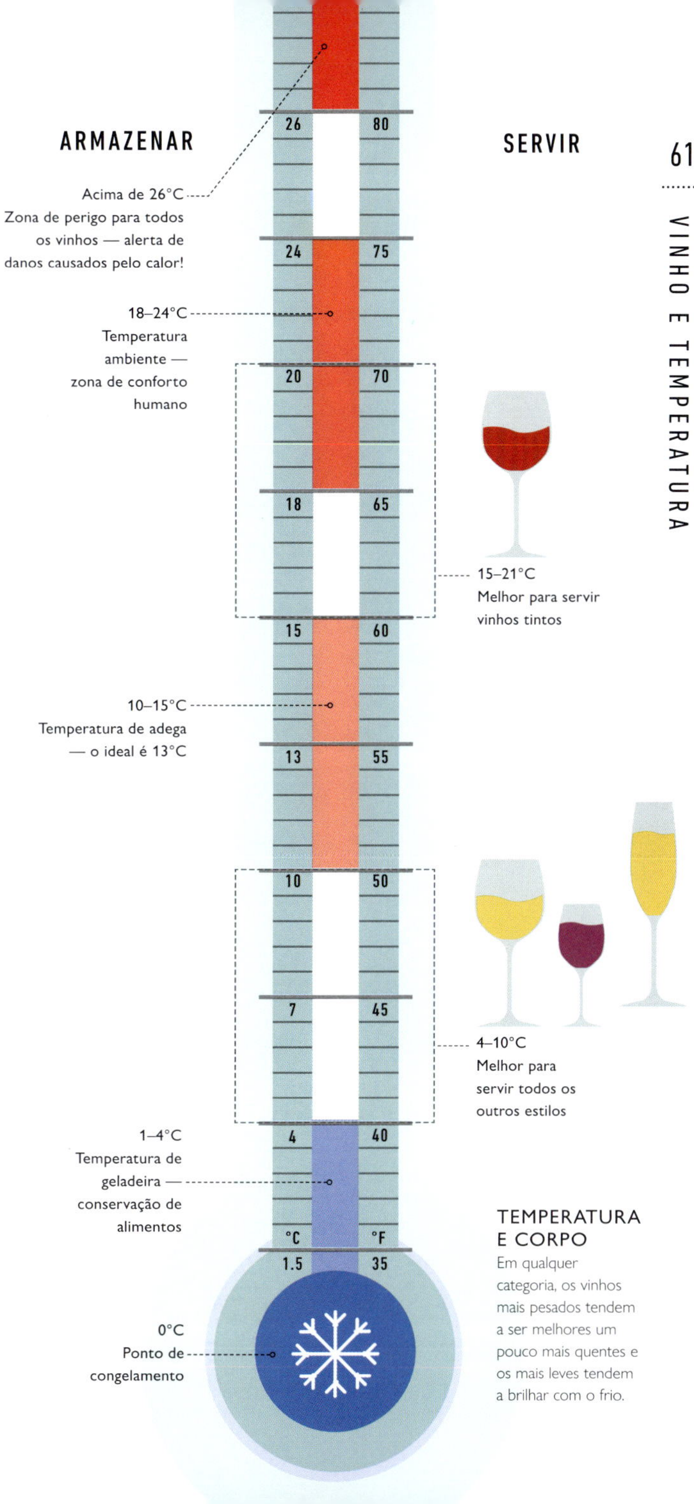

TEMPERATURA E CORPO

Em qualquer categoria, os vinhos mais pesados tendem a ser melhores um pouco mais quentes e os mais leves tendem a brilhar com o frio.

COMO CONSERVAR E DECANTAR

INSPECIONE SEUS ACESSÓRIOS

Acessórios para conservar o vinho que usam de gás inerte podem ser razoavelmente eficazes, ao contrário dos dispositivos a vácuo. Estes de fato retardam a oxidação, mas aceleram a perda de sabor.

A diversão começa assim que o vinho é aberto. No passado, recipientes para servir eram usados apenas por uma questão de praticidade, mas os decanters modernos foram criados para realçar o apelo estético do vinho. Bons vinhos ainda não maduros podem melhorar com a aeração, enquanto os sedimentos dos vinhos mais velhos são evitados. Infelizmente, é complicado conservar os vinhos depois de abrir a garrafa.

OXIGÊNIO: AMIGO E INIMIGO

O vinho não é inerte; seus sabores mudam aos poucos conforme amadurece em barricas e continuam evoluindo na garrafa. Esses dois processos positivos resultam da interação do vinho com o oxigênio do ar, mas levam muito tempo. Quando a garrafa é aberta e o vinho é servido, o ar rico em oxigênio acarreta mudanças rápidas que alteram o sabor do vinho na taça, mesmo enquanto o bebemos. Em vinhos premium ainda não maduros, o sabor pode até melhorar por um ou dois dias depois de aberto. Mas vinhos mais baratos e mais velhos sucumbirão rapidamente ao declínio oxidativo, ficando acastanhados e perdendo o frescor.

DOIS TIPOS DE DEGRADAÇÃO

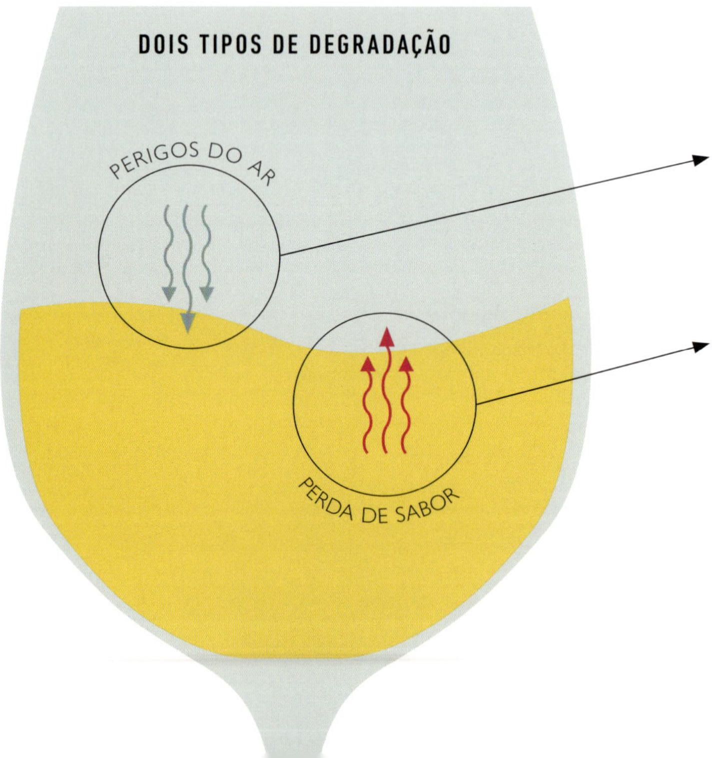

EXPOSIÇÃO AO AR E MICRORGANISMOS

A oxidação e suas reações químicas causam mais danos ao vinho depois de aberto, mas o ar também introduz micróbios como o *Acetobacter*, que transforma o vinho em vinagre.

EVAPORAÇÃO DE COMPOSTOS DE AROMA E SABOR

Grande parte do apelo do vinho provém de compostos aromáticos voláteis como os ésteres, que evaporam quando o vinho é aberto, servido e agitado. Com o tempo, sua ausência enfraquece aos poucos o sabor do vinho.

DECANTERS E JARRAS

Recipientes para servir vinho ficaram mais especializados agora que as garrafas modernas cumprem sua função original.

EXCESSO DE CAPACIDADE
Muitos decanters modernos comportam duas ou mais garrafas, mas são feitos para dar a uma única garrafa amplo espaço para girar e aerar o vinho.

BASE AMPLA
Os decanters modernos fornecem uma ampla área de superfície para maximizar a aeração, beneficiando vinhos mais jovens, mas representando um perigo para vinhos maduros.

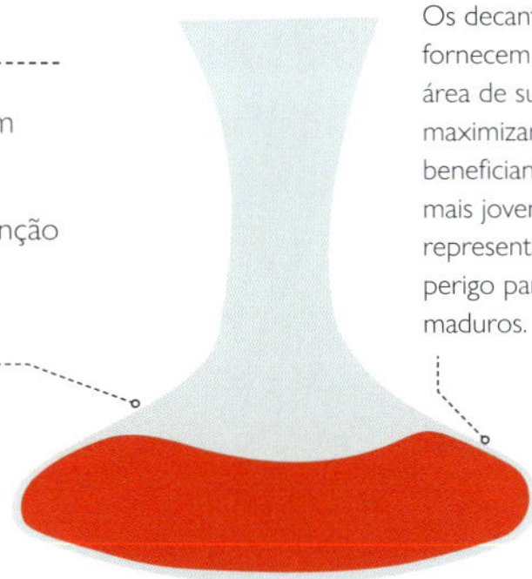

***DECANTER* DE LUXO**

CONTROLE DE DOSAGEM
Em restaurantes, jarras controlam a dosagem de vinho proveniente de garrafas, caixas ou barricas.

BASE ESTREITA
A base menor poupa espaço na mesa e em armários e facilita servir o vinho.

JARRAS EM RESTAURANTES

POR QUE DECANTAR O VINHO?

Decanters são usados tradicionalmente para melhorar a aparência do vinho e só recentemente para melhorar o sabor. Na maior parte do século 20, a decantação era feita para separar os tintos maduros dos sedimentos formados depois de 10 ou mais anos de evolução. Mas, como os vinhos premium são consumidos cada vez mais cedo em seu processo de evolução, a decantação passou a ajudar os vinhos mais jovens a terem um sabor mais maduro, ajudando-os a "respirar" ou aerar. Como a aeração só melhora vinhos de alta qualidade que ainda não atingiram seu auge, é mais comum decantar vinhos tintos premium e vinhos de sobremesa do que outros estilos. O tempo que um vinho deve ser mantido respirando depende da resiliência do vinho e é tema de discussões acaloradas, inclusive entre especialistas. Na prática, contudo, poucos vinhos são concentrados a ponto de ter um sabor muito melhor depois de mais de uma ou duas horas.

COMO CONSERVAR UM VINHO ABERTO? CONGELANDO!

Pode parecer um sacrilégio, mas a maneira mais simples e eficaz de conservar um vinho aberto é congelá-lo.

O congelamento não tem como salvar todo o sabor de um vinho fresco — nada salva —, mas retém grande parte de seu apelo. E nenhum outro método tem o mesmo poder de permanência. Um vinho congelado terá o mesmo sabor quer seja descongelado após um dia, uma semana, um mês ou um ano.

Os vinhos congelados produzirão um sedimento inofensivo depois de descongelados. Os vinhos jovens e de sabor pronunciado são mais resilientes do que os maduros ou de sabor delicado. Descongelar uma garrafa congelada leva algumas horas em temperatura ambiente, mas o processo pode ser acelerado com água corrente morna. Veja algumas limitações à direita.

VINHO E AMADURECIMENTO

Se você for consumir um vinho em alguns meses, pode guardá-lo na geladeira ou em temperatura ambiente, mas o armazenamento prolongado requer condições mais favoráveis ao vinho: temperatura fresca e proteção da luz. O vinho é um produto perecível que muda aos poucos com o tempo até se deteriorar. Pode demorar mais que as uvas frescas, mas todos os vinhos sucumbirão à oxidação, ficarão amarronzados e morrerão.

NEM TODO VINHO ENVELHECE BEM

Ao contrário da crença popular, a maioria dos vinhos não melhora com o tempo. Muitos podem ser guardados por um bom tempo antes de se deteriorarem, mas perderão suas qualidades de fruta fresca, e raros vinhos são concentrados a ponto de desenvolverem novos sabores e aromas.

Os aromas distintos e complexos dos vinhos maduros resultam de reações químicas que ocorrem na garrafa entre componentes como fenóis e ésteres. Vinhos que não têm essa complexidade desde o início vão ficar "cansados" e perder intensidade em vez de se tornarem mais interessantes com o tempo. E os vinhos que não conseguem resistir à oxidação com componentes conservantes como taninos antioxidantes ou altos níveis de acidez não têm a menor chance. Apenas vinhos excepcionalmente concentrados compensam o envelhecimento em adega e tendem a ser muito caros.

AMADURECIMENTO DOS VINHOS EM NÚMEROS

MAIS DE 90% DOS VINHOS SÃO FEITOS PARA CONSUMO IMEDIATO.

OS FATOS:

- Principalmente no caso de vinhos brancos, rosés e espumantes.
- Qualquer amadurecimento é feito na vinícola antes do lançamento.
- Vinhos premium não degradam imediatamente, mas raramente melhoram.
- Vinhos baratos deterioram mais rápido.
- Vinhos rosés e os tintos estilo nouveau são os menos estáveis e devem ser consumidos em 6 meses.

MENOS DE 10% DOS VINHOS MELHORAM APÓS 5 ANOS.

OS FATOS:

- Devem ter uma concentração alta a ponto de desenvolver novos sabores.
- A maioria são vinhos tintos ou de sobremesa, já que altos níveis de tanino e açúcar podem atuar como conservantes.
- Em geral, são vinhos premium e de luxo produzidos em um estilo tradicional.

MENOS DE 1% DOS VINHOS MELHORAM APÓS 10 ANOS.

OS FATOS:

- Os melhores tintos com muito tanino podem não ter um sabor agradável quando são muito jovens, pois precisam de alguns anos para "amansar".
- Esses vinhos excepcionais em geral são raros, caros e colecionáveis.

SOBRE O AMADURECIMENTO

Décadas atrás, era mais fácil prever quais vinhos precisavam amadurecer: bastava decorar algumas uvas e estilos! Hoje, o mercado prefere vinhos prontos para o consumo e a maioria dos produtores faz de tudo para atender a essa demanda. Mas fazer vinhos cujo sabor melhora rapidamente implica em uma degradação mais rápida. A única maneira de saber se um vinho melhorará com o tempo é abrir a garrafa e ver o que acontece. Tome uma ou duas taças e deixe o restante em temperatura ambiente. Se o vinho melhorar no dia seguinte, pode melhorar com a idade; e, quanto mais tempo continuar agradável, maior será a chance de compensar alguns anos de guarda. Mas, se o vinho ficar cansado ou menos agradável, consuma-o em poucos meses.

COMO ARMAZENAR O VINHO

As condições ideais de armazenamento do vinho são as de uma adega natural: escura e úmida, tranquila e fria. A faixa de temperatura entre 10–15°C é ideal para a evolução do vinho, mas, como nem todo mundo tem uma adega, pode ser necessário fazer concessões. Despensas e armários secos que não esquentam muito podem servir para guardar os vinhos — de preferência, em caixas lacradas e deitados no chão. Rolhas de cortiça encolhem quando secam, permitindo a entrada do ar. Armazenar as garrafas deitadas mantém as rolhas úmidas e roliças, sem prejudicar sua vedação.

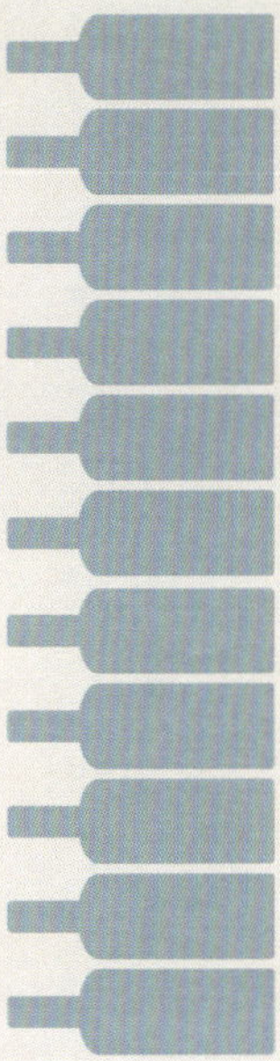

RESUMO DO CAPÍTULO

Veja abaixo alguns pontos importantes abordados neste capítulo.

- Uma **taça de vinho** tem em média 150ml e uma garrafa padrão contém cerca de **cinco taças**.
- Garrafas padrão contêm **750ml**. Já as caixas padrão contêm **3 litros**, o que equivale a quatro garrafas padrão.
- O vinho pode ser bebido em qualquer recipiente, mas é melhor quando servido em **taças de vinho**.
- As taças de vinho são feitas para agradar ao nariz, seu formato é feito para **girar, cheirar e manter** a temperatura do vinho — tudo para realçar o aroma.
- A **decantação** é feita para remover os **sedimentos** em tintos mais velhos e para **aerar** vinhos mais jovens.
- Como o sabor do vinho depende de **componentes voláteis** sensíveis à temperatura, é melhor servi-lo e mantê-lo na **temperatura ideal** enquanto bebe.
- **Preferências individuais** sobre a temperatura do vinho podem variar muito. Beba na temperatura que preferir.
- Os tintos são os únicos vinhos que em geral não são servidos frios, porque os taninos e outros compostos da casca da uva são mais **adstringentes e amargos** em baixas temperaturas.
- O **vinho tinto** é melhor a 15–21°C. Todos os outros vinhos — **brancos, rosés, espumantes, fortificados e de sobremesa** — são melhores a 4–10°C.
- Muitos vinhos podem ser guardados por um bom tempo antes de se deteriorar, mas são raros os vinhos **concentrados** a ponto de desenvolver novos sabores e aromas.

NAVEGANDO PELOS ESTILOS DE VINHO

O NÚMERO ENORME DE OPÇÕES DE VINHO e as informações complexas nos rótulos podem confundir qualquer um. Em vez de nos perder nos detalhes de cada vinho específico, faz mais sentido aprender o que todos os vinhos têm em comum. Entender alguns conceitos sobre o vinho pode ajudar os iniciantes a ver como eles se comparam em termos sensoriais. Por exemplo, as uvas passam por etapas de desenvolvimento e nem todos os vinhos são feitos com uvas no mesmo estágio de maturação. Os graus de maturação se correlacionam com muitos fatores sensoriais, como teor alcoólico, notas de madeira e acidez. Com base nesse conhecimento, é possível inferir o sabor dos vinhos e prever como vão se harmonizar com pratos diferentes.

DESCOBRINDO O ESTILO DO VINHO

A MATURAÇÃO DAS UVAS Os especialistas deduzem como os vinhos se relacionam entre si em termos de sabor, não apenas com base em seus ingredientes ou procedência. A biologia das uvas e das leveduras restringe a gama de resultados possíveis na vinificação, criando padrões consistentes no perfil de sabor que qualquer pessoa pode aprender a reconhecer. Alguns fatos básicos sobre fatores como a maturação das uvas podem ajudar os iniciantes a inferir quais vinhos serão mais leves ou mais pesados, delicados ou agressivos, mais adocicados ou secos, antes mesmo de abrir a garrafa.

O ESPECTRO DE ESTILOS DE VINHO

O estilo do vinho depende de padrões claros e consistentes que podem ser usados para inferir o sabor dos vinhos antes de mesmo de abrir a garrafa. Você não precisa decorar o nome de uvas ou regiões para aplicar essas generalizações ao comprar seus vinhos.

MAPEANDO OS VINHOS POR ESTILO

Navegar pelo mundo dos vinhos requer uma noção de sua gama e de seus limites. Os vinhos podem ser classificados conforme duas escalas: corpo e intensidade de sabor. Distribuí-los em um diagrama pode fornecer insights sobre como os estilos de vinho se relacionam entre si em termos sensoriais.

Mas por que corpo e sabor? Os dois são características sensoriais básicas, relevantes para definir as preferências pessoais e de fácil identificação. Esses fatores têm uma forte correlação entre si e com outras qualidades do vinho, como acidez, aromas advindos das barricas de carvalho e taninos. Também têm relações quase diretas com características do vinho que podemos observar antes mesmo de a abertura da garrafa, como cor e teor alcoólico.

DECIFRANDO O CÓDIGO DO VINHO

Mapear os estilos de vinho por corpo e sabor revela alguns padrões. Os vinhos mais claros costumam ter corpo e sabor mais leves do que os mais escuros. Os estilos de vinho branco variam mais do que os tintos. Os rosés têm características em comum com os brancos e os tintos mais leves. Vinhos carbonatados geralmente têm baixo teor alcoólico.

Essas conclusões podem parecer óbvias, mas apenas arranham a superfície. Uma análise de como os estilos de vinho se relacionam entre si de uma perspectiva sensorial ajuda a explicar quais fatores mais afetam as qualidades relevantes. Esses princípios ajudam os profissionais do vinho a navegar pelo mundo dos vinhos e podem ajudá-lo a tomar boas decisões.

PRINCIPAIS CARACTERÍSTICAS

Para os iniciantes, ajuda muito saber onde os vinhos se enquadram em um espectro de estilos definidos pelo corpo e pela intensidade do sabor. Isso fornece um contexto para comparar vinhos e lembrar seu gosto.

CORPO

Vinhos mais encorpados são/têm:
Maior teor alcoólico • Textura mais rica
Também podem ter/ser (mas nem sempre):
Sabor mais intenso • Passagem por carvalho • Amadurecidos antes do engarrafamento • Menor acidez • De regiões mais quentes • Fortificados com um destilado

Os vinhos mais leves são/têm:
Menor teor alcoólico • Textura mais delicada
Também podem ter/ser (mas nem sempre):
Sabor mais leve • Sem passagem por carvalho • Engarrafados e vendidos jovens • Alta acidez • De regiões mais frias • Carbonatados — espumantes ou frisantes

SABOR

Vinhos mais leves são/têm:
De sabor e aroma mais sutil, muitas vezes com notas herbáceas/terrosas • Raramente com carvalho
Também podem ter/ser (mas nem sempre):
Menor teor alcoólico • Cor mais pálida • Engarrafados e vendidos jovens • Alta acidez • De regiões mais frias

Os vinhos mais intensos são/têm:
Sabor e aroma mais intensos, muitas vezes com sabores assados/de especiarias • Passagem por carvalho
Também podem ter/ser (mas nem sempre):
Maior teor alcoólico • Cor mais intensa • Amadurecidos antes do engarrafamento • Menor acidez • De regiões mais quentes

RECONHECER PADRÕES DE SABOR E COMO OS VINHOS SE RELACIONAM UNS COM OS OUTROS PODE NOS AJUDAR A TOMAR DECISÕES MELHORES, SEM NOS PERDERMOS EM DETALHES.

VINHO BRANCO
como Chardonnay e Pinot Grigio

VINHO ESPUMANTE
como Champagne e Prosecco

VINHO ROSÉ
como Anjou e Tavel

VINHO TINTO
como Shiraz e Chianti

VINHO FORTIFICADO
como Porto e Jerez

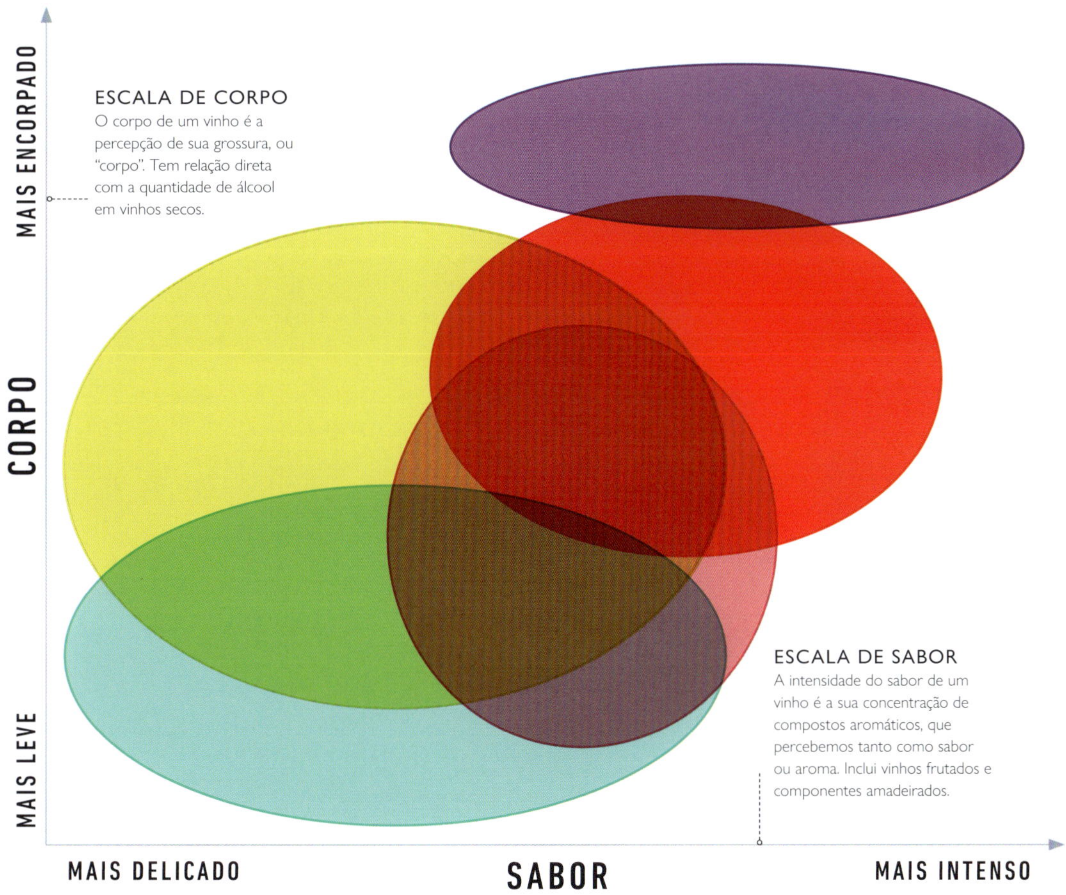

OS TRÊS FATORES DO SABOR

É comum os vinhos incluírem a casta de uva no rótulo, mas não é possível saber qual será o seu gosto só com base nos ingredientes. Dois outros fatores podem moldar o sabor e o estilo do vinho.

MESMA UVA; OUTRO SABOR

Em qualquer prova de vinho, o tipo de uva é apenas um ponto de partida que será moldado e alterado por dois fatores: o ambiente natural do vinhedo e as intervenções do viticultor. Assim, vinhos produzidos a partir da mesma casta podem ter gostos muito diferentes quando cultivados em regiões diferentes e produzidos por meio de métodos diferentes. As três variáveis que definem o gosto do vinho são:

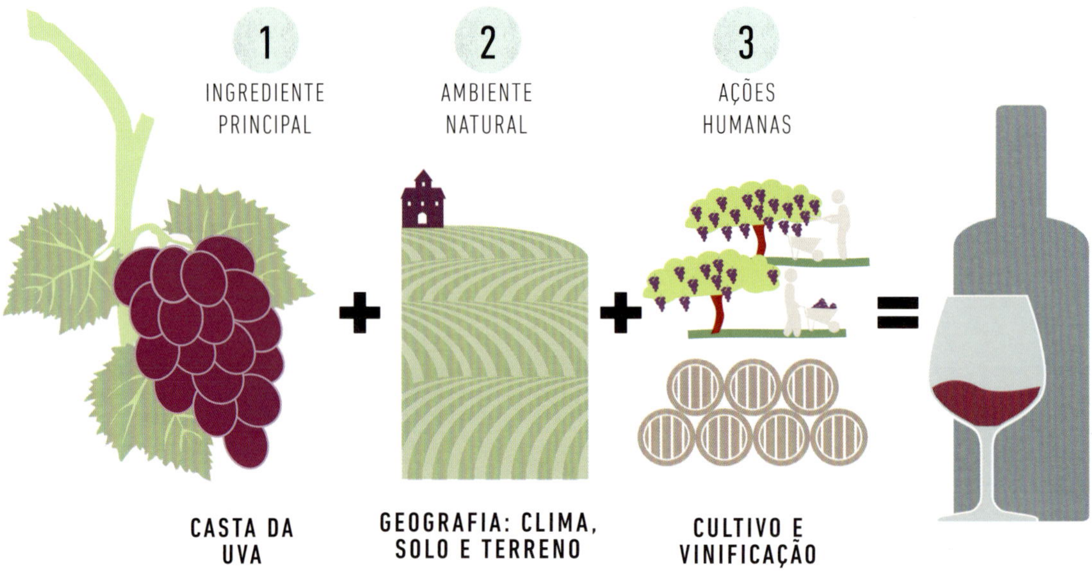

A MESMA CASTA PODE PRODUZIR VINHOS COM GOSTOS RADICALMENTE DIFERENTES, DEPENDENDO DE ONDE É CULTIVADA E COMO O VINHO É FEITO.

SEMELHANÇAS INESPERADAS

Sempre olhamos as castas de uva quando compramos vinho porque elas são exibidas com destaque no rótulo e parecem oferecer uma maneira objetiva de decodificar o vinho. Mas também é importante levar em conta os dois outros fatores do sabor. Por exemplo, as uvas Pinot Noir e Syrah produzem vinhos muito diferentes. Mas um Pinot Noir francês da Borgonha e um Syrah francês da região próxima do Rhône serão mais semelhantes do que, por exemplo, versões das distantes Califórnia e Austrália, respectivamente. As semelhanças entre os vinhos franceses em termos de cultura e clima são mais importantes que as similaridades resultantes da mesma casta.

Um Chardonnay rico da Califórnia terá um perfil de sabor mais próximo do Pinot Gris da Alsácia do que de um Chardonnay mais leve, como o Chablis francês, simplesmente porque a Alsácia e a Califórnia são ensolaradas e quentes. A região fria de Chablis produz vinhos mais semelhantes a outros brancos de clima frio, como o Pinot Grigio do norte da Itália.

PELO MUNDO

Vinhos de uvas diferentes cultivadas em regiões próximas ou climas semelhantes tendem a ter um sabor mais parecido do que vinhos da mesma uva cultivada em regiões ou climas distintos.

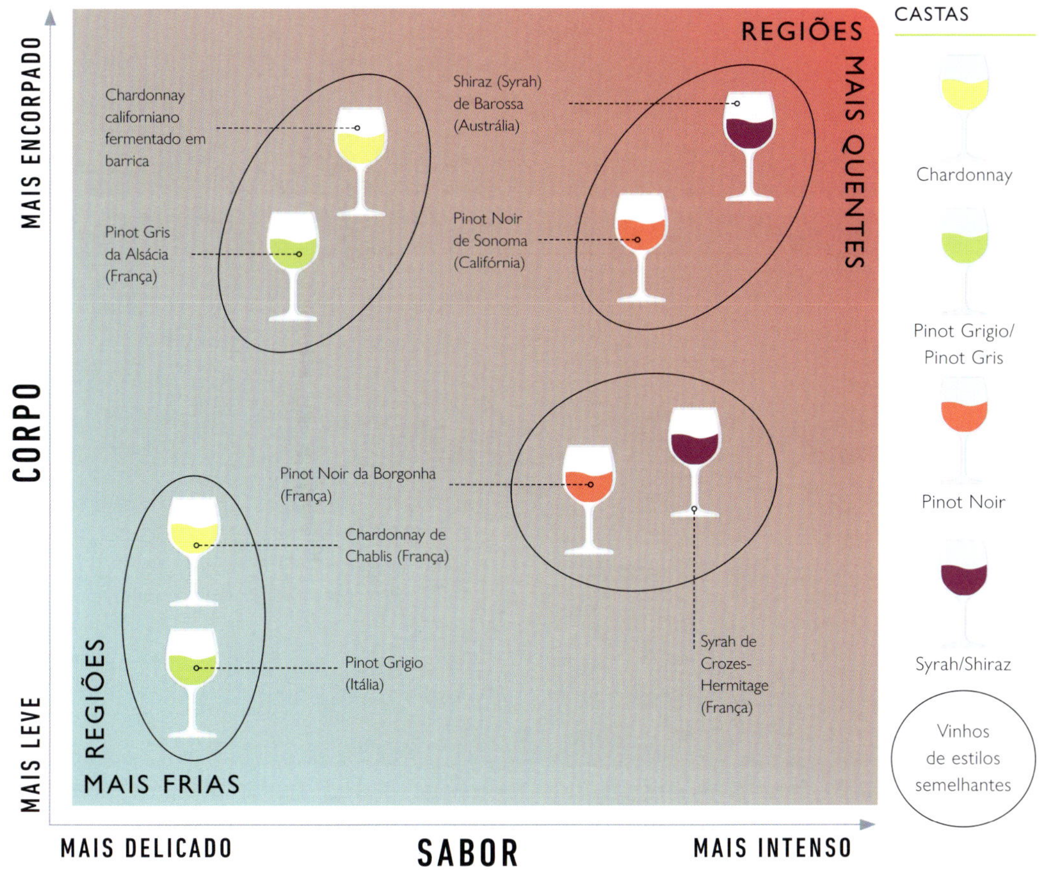

DEGUSTAÇÃO

Espectro de estilos

COMPARE OITO VINHOS EM CASA

Prove estes quatro estilos de vinho branco e quatro estilos de vinho tinto lado a lado, observando como eles se comparam em termos de corpo e intensidade de sabor. Deguste com os amigos ou congele o que sobrou para desfrutar mais tarde – veja "Congelando o vinho" na p.63. Você também pode degustar os brancos e os tintos em sessões distintas, mas vai ser mais difícil ver as relações entre as cores.

MOSCATO D'ASTI

Exemplos... Moscato italiano ou de estilo italiano da Austrália ou da Califórnia

Sobre este vinho Este ponto fora da curva no espectro é feito com uma casta incomumente aromática. A pungência incomum do Moscatel resulta em vinhos saborosos mesmo com baixo teor alcoólico.

PROSECCO

Exemplos... Estilos italianos de espumantes de Veneto (inclusive Venezie)

Sobre este vinho Um estilo delicado, de sabor sutil e de uvas mais jovens/ menos maduras — ideal para refrescar os sentidos no calor e beber de dia.

SAUVIGNON BLANC

Exemplos... Estilos da região de Marlborough, na Nova Zelândia

Sobre este vinho De textura mais rica e aroma e sabor mais intensos graças a uvas mais maduras e à casta aromática.

CHARDONNAY FERMENTADO EM BARRICA

Exemplos... Estilos premium californianos de Sonoma County, Russian River Valley, Santa Barbara ou Carneros

Sobre este vinho Sensação de boca opulenta graças ao sol abundante, e sabor reforçado com a ajuda de barricas de carvalho novo tostado.

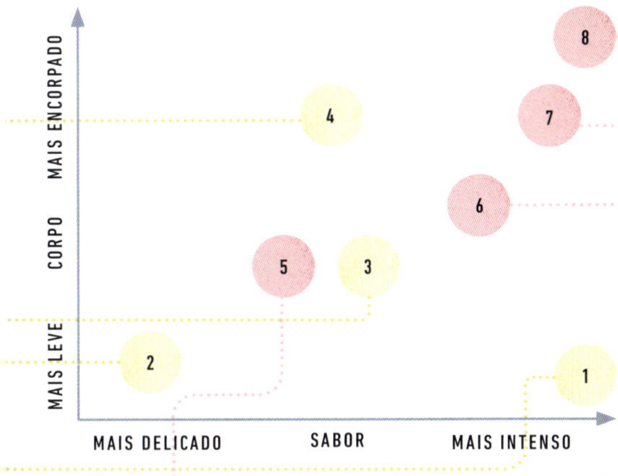

MAPA DO TESOURO

Veja alguns vinhos populares na nossa matriz de corpo e intensidade de sabor. Quais são seus favoritos: mais encorpados e intensos, no canto superior direito; ou mais delicados e refrescantes, no canto inferior esquerdo? Compare os vinhos em termos sensoriais para ver além das uvas e das regiões e explorar suas preferências.

PINOT NOIR FRANCÊS

Exemplos.... Bourgogne (Borgonha) ou estilos semelhantes, como Mercurey ou Santenay

Sobre este vinho Um estilo clássico que, embora leve e de baixa maturação de uvas, apresenta corpo médio no contexto geral, com aromas contidos, mas sedutores.

RIOJA ESPANHOL

Exemplos... Rioja Crianza, ou Rioja Reserva semelhante, mas mais forte

Sobre este vinho Mais maduro e mais forte, mas não muito mais pesado. O sabor é intensificado pela forte presença de aromas advindos de barricas de carvalho novo.

SHIRAZ PREMIUM

Exemplos... Shiraz australiano premium de Barossa ou McLaren Vale

Sobre este vinho Extrema densidade de sabor e corpo, produzindo um vinho não fortificado, graças à maturação excepcional da uva na ensolarada Austrália Meridional.

PORTO FORTIFICADO

Exemplos... Porto Late-Bottled Vintage português ou um Zinfandel tinto elaborado por fortificação na Califórnia

Sobre este vinho Este ponto fora da curva é enriquecido com destilado vínico, criando um vinho encorpado e de alta concentração de sabor.

AS REGIÕES DIZEM MAIS QUE AS UVAS

Características do vinho, como cor, sabor e teor alcoólico, são reflexos quase diretos da cor, sabor e teor de açúcar das uvas utilizadas. A geografia e o clima afetam o desenvolvimento dessas características no vinhedo conforme o fruto cresce e amadurece na videira.

ESCALA DE MATURAÇÃO DA UVA

Em geral, a maioria das características do vinho se desenvolve juntas, não importa a casta de uva utilizada para produzi-las. Algumas outras tendem a diminuir em progressão semelhante. Esse padrão tem relação direta com a exposição das uvas ao sol no vinhedo e seu efeito no processo de maturação.

EM COMPARAÇÃO COM AS CASTAS E A VINIFICAÇÃO, O SOL AFETA MAIS A MATURAÇÃO DAS UVAS E, PORTANTO, O ESTILO FINAL DO VINHO.

PARA TINTOS E VINHOS MAIS ENCORPADOS, AS UVAS DEVEM ESTAR BEM MADURAS

Como as uvas requerem muito sol e calor, os vinhos tintos e os vinhos encorpados tendem a ser de locais muito ensolarados, quentes e secos.

Para maximizar a maturação e o potencial de sabor, os viticultores deixam as frutas na videira pelo maior tempo possível.

PARA OS BRANCOS E VINHOS DE CORPO MAIS LEVE, AS UVAS NÃO DEVEM ESTAR MADURAS DEMAIS

Como suas uvas podem sofrer com sol e calor em excesso, os vinhos brancos e outros vinhos de corpo leve tendem a vir de locais mais frios, nublados e úmidos.

Para evitar a maturação excessiva e reter o frescor, os viticultores colhem as frutas antes.

A IMPORTÂNCIA DA MATURAÇÃO DAS UVAS

A maturação é o conceito mais importante para explicar como o mundo dos vinhos funciona e ajudar a inferir o sabor dos diferentes vinhos.

DO GOSTO DE "VERDE" AO DELICIOSO

A maturação é a fase final do desenvolvimento da fruta, quando está pronta para ser colhida, com o equilíbrio certo de sabores frescos e deliciosos. Nesse processo, a fruta deixa de ser imatura, dura e azeda e fica doce e suculenta, além de mudar de verde para a cor correta. Usa-se a palavra "verde" para descrever os sabores associados à baixa maturação — azedume, amargor e o sabor folhoso de hortaliças — embora algumas frutas, como maçãs verdes ou uvas brancas, mantenham a cor verde quando maduras e doces. Como as plantas obtêm energia da luz solar por meio da fotossíntese, o grau de maturação alcançado por qualquer fruta dependerá da quantidade de sol recebida nas últimas semanas antes da colheita.

NA FASE FINAL DE DESENVOLVIMENTO, A FRUTA FICA MADURA, DOCE, E PRONTA PARA O CONSUMO.

VÁRIOS TONS DE MATURAÇÃO DA UVA

Para os viticultores, é crucial colher as uvas no momento certo, pois isso fixa o perfil de sabor da matéria-prima. O teor de açúcar é o principal fator na decisão de quando colher, pois determina o teor alcoólico potencial do vinho. Mas muitos outros fatores também são avaliados, como os níveis de acidez da fruta, compostos de sabor e taninos.

Tecnicamente, não há uma definição universal de "maturação perfeita", já que cada componente da uva reage de maneira um pouco diferente às mudanças na geografia, no clima e nas técnicas agrícolas. Uvas com apenas 18% de açúcar são consideradas totalmente maduras para a Riesling cultivada na região fria de Mosel, na Alemanha, mas não para a Cabernet Sauvignon da Califórnia, onde uvas com menos de 24% de açúcar não são consideradas maduras. Os viticultores colhem antes ou depois dependendo do estilo de vinho desejado: antes para fazer vinho branco ou espumante, a fim de reter a acidez refrescante; depois para que a cor e o sabor se desenvolvam nas cascas, a fim de fazer vinhos tintos.

Mas, para apreciar o vinho, não é preciso ser um expert em maturação de uvas. Para navegar pelos estilos de vinho, pense nos seguintes termos: as uvas que fazem estilos de vinho mais leves e de clima mais frio, como Riesling ou Prosecco, são menos maduras, e as uvas que geram vinhos mais encorpados e de clima mais quente, como Cabernet Sauvignon ou Porto, são mais maduras.

ALVOS EM MOVIMENTO

Muitas mudanças ocorrem conforme as uvas amadurecem. Seus frutos ficam maiores, mais macios e suculentos, mais doces e menos ácidos; seus sabores passam de leves e folhosos a intensos e frutados; e, se forem tintas, a cor das cascas fica mais intensa.

DEDUZINDO A MATURAÇÃO DAS UVAS

EXCEÇÕES À REGRA

O teor alcoólico não se correlaciona com características relacionadas à maturação das uvas se for manipulado na vinificação, como em vinhos fortificados e doces.

Costuma ser possível deduzir a maturação das uvas de um vinho com base em informações do rótulo, como o teor alcoólico.

INTENSIFICANDO O SABOR

As uvas mais expostas ao sol amadurecem mais, o que aumenta o impacto sensorial do vinho em vários níveis. Uvas mais doces aumentam o teor alcoólico quando são inteiramente fermentadas até produzir um vinho completamente seco. Esses vinhos são mais encorpados, mas também têm sabor mais amplo. Vinhos produzidos com uvas mais maduras tendem a ter um gosto mais intenso por possuir mais compostos de sabor, como ésteres aromáticos, e mais álcool. O álcool evapora com facilidade, mesmo em baixas temperaturas, e atua como um intensificador de aromas e sabores no vinho, como em perfumes e licores.

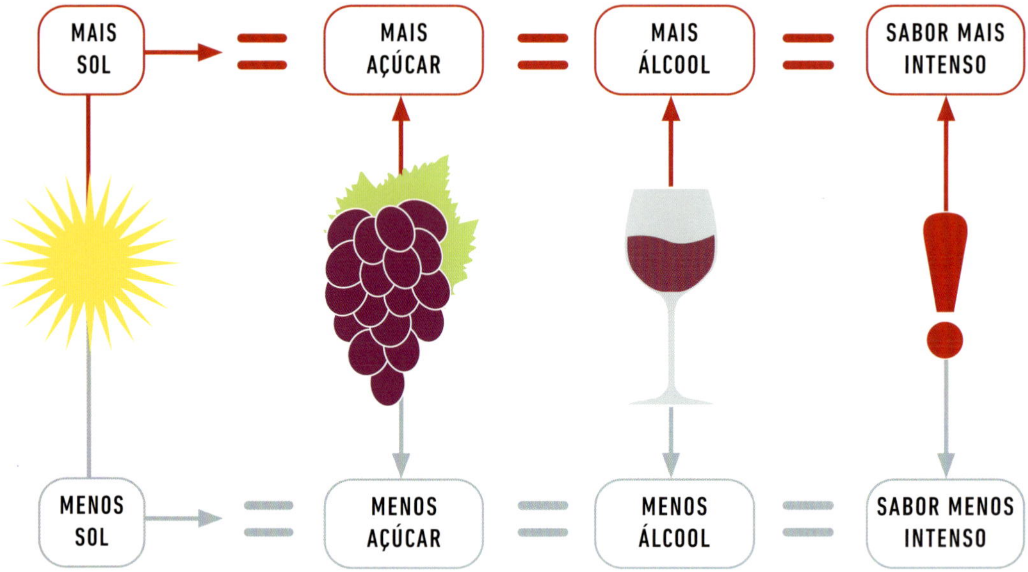

▲ VEJA O TEOR ALCOÓLICO
Uma das informações mais úteis em qualquer rótulo de vinho é o teor alcoólico, que se correlaciona com muitas características do vinho e pode servir como um indicador aproximado do estilo.

ABAIXO DE 13%

EM GERAL, VINHOS COM CARACTERÍSTICAS DE BAIXA MATURAÇÃO:

Textura sempre mais leve
Mais acidez
Sabor mais delicado
Cor mais pálida
Raro uso de carvalho
Podem ser carbonatados

EXEMPLOS:

Champagne francês
Albariño espanhol
Chianti italiano

ENTRE 13% E 14%

EM GERAL, VINHOS COM CARACTERÍSTICAS DE MÉDIA MATURAÇÃO:

Textura de corpo médio
Acidez moderada
Intensidade moderada de sabor
Intensidade moderada de cor
Podem ter carvalho
Raramente carbonatados

EXEMPLOS:

Chardonnay australiano
Bordeaux tinto francês
Pinot Noir do Oregon

ACIMA DE 14%

EM GERAL, VINHOS COM CARACTERÍSTICAS DE ALTA MATURAÇÃO:

Textura sempre mais pesada
Menos acidez
Sabor mais intenso
Cor mais intensa
Com carvalho
Nunca carbonatados

EXEMPLOS:

Zinfandel da Califórnia
Malbec argentino
Châteauneuf-du-Pape francês

O QUE O TEOR ALCOÓLICO INDICA

Nos vinhos secos, nos quais nenhuma doçura da uva é preservada, há uma relação quase direta entre a maturação da uva e o teor alcoólico. Sabendo que 13,5% é a norma, é possível deduzir o sabor de um determinado vinho. Os vinhos com maior teor alcoólico serão, por definição, mais encorpados do que a média, mas também podemos deduzir que terão uma acidez menos marcante e um aroma mais intenso e frutado devido à maior maturação. Já os vinhos secos com baixo teor alcoólico em geral serão mais leves, de sabor mais delicado e mais herbáceos.

Além disso, algumas características que podem ser controladas pelo produtor, como mais ou menos carbonatação e aromas advindos das barricas de carvalho, estão associadas a graus mais altos ou mais baixos de maturação e, portanto, ao teor alcoólico, por razões estéticas. Um vinho com teor alcoólico acima da média tem grandes chances de ter uso de carvalho, enquanto um teor alcoólico médio aumenta as chances de o vinho ser carbonatado. Todas as regras têm exceções, e a qualidade dos vinhos é menos previsível na faixa intermediária entre 13% e 14%. Mas vale seguir esses padrões ao comprar vinho, sobretudo quando o teor alcoólico se desvia da norma.

AS UVAS E SUAS CASTAS

O tipo de uva usada na produção do vinho é um fator importante do estilo. Cada um tem as próprias características e perfil de sabor. Algumas castas são muito distintas, enquanto outras são menos reconhecíveis. Tal qual as diferentes variedades de maçã e de manga, as uvas têm aspecto e sabor diferentes quando frescas. Mas, como as videiras dependem da luz solar e da maturação para desenvolver seus frutos, as uvas nem sempre são o único fator determinante no sabor do vinho.

ORGANIZANDO AS CASTAS

Assim como a personalidade das crianças fica mais evidente com o passar do tempo, as castas de uvas tendem a ser parecidas com baixa maturação, mas se distinguem conforme amadurecem. A tradição é organizar as castas de uva conforme sua região de origem — por exemplo, a Cabernet Sauvignon e a Sauvignon Blanc vêm de Bordeaux, na França, e são geneticamente aparentadas, enquanto a Chardonnay e a Pinot Noir vêm da Borgonha, também na França.

TIPOS DE UVA BRANCA

Uvas com sabor intenso são mostradas em **NEGRITO**.

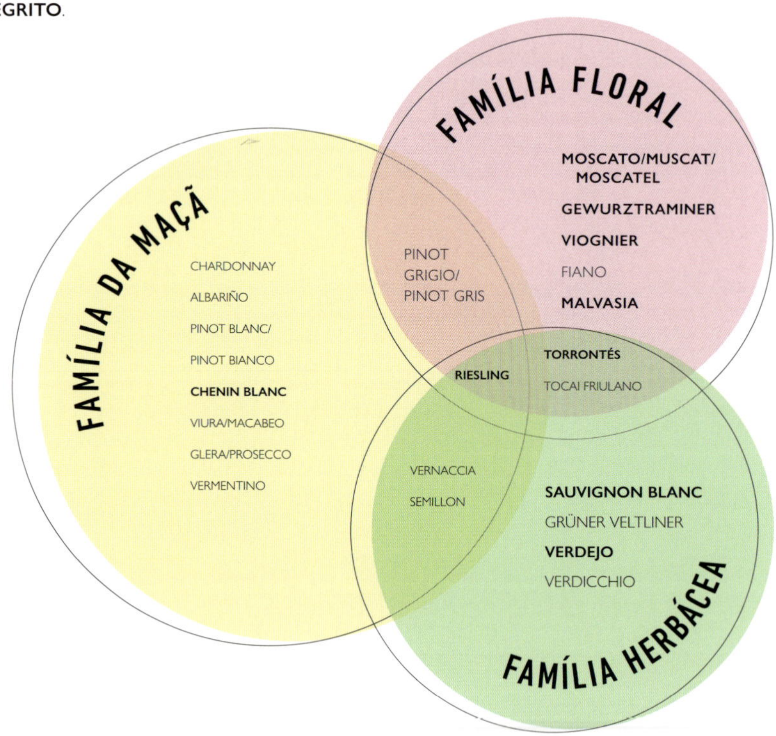

Saber o tipo de uva pode ajudar a decidir o que comprar, mas pode ser mais interessante classificar as uvas de acordo com as qualidades sensoriais, em especial as semelhanças de sabor e aroma.

FAMÍLIAS DE SABOR SOBREPOSTAS

Os vinhos brancos produzidos com as castas mais populares têm aromas e sabores que lembram maçã e pera, o que fica nítido em vinhos como Chardonnay e Pinot Grigio. Mas algumas surpreendem com aromas como a Sauvignon Blanc folhosa ou a Moscatel floral. Algumas uvas combinam elementos de mais de uma família, como a Riesling, cujos sabores de maçã parecem incorporar um toque floral e herbáceo, como chá de jasmim. Em geral, quanto mais intensos forem os aromáticos de um vinho branco, menores as chances de ele ter sido fermentado em barrica e ser amadeirado. Vinicultores usam carvalho novo como um chef usa especiarias: para dar personalidade a vinhos brancos com fragrância neutra e sutil.

A MAIORIA DAS UVAS DE VINHO BRANCO TEM UM SABOR DE MAÇÃ, MAS ALGUMAS TÊM AROMAS MAIS INTENSOS, COMO FLORES OU ERVAS.

DESCOBRINDO O ESTILO DO VINHO

Apesar do sabor mais intenso, pode ser mais difícil categorizar as uvas tintas em termos de aroma do que as brancas. Enquanto os vinhos brancos têm fragrâncias mais simples, os tintos são mais complexos e a maioria apresenta camadas de notas da barrica de carvalho. Ainda assim, as uvas tintas podem ser divididas em algumas "famílias".

O aroma da maioria dos tintos remete a frutas com cores intensas, como framboesa e cereja. Muitas uvas conhecidas têm cheiro e sabor mais parecidos com as frutas mais escuras de todas — como amora-preta ou mirtilo —, como Cabernet Sauvignon e Malbec. Algumas poucas, como Pinot Noir e Sangiovese, têm gosto de frutas vermelhas mais claras, com fragrâncias que evocam morango ou cereja. A maioria dos tintos posiciona-se entre as frutas negras e as vermelhas, mas alguns apresentam uma concentração incomum de outros aromas — aromas e sabores que não remetem a frutas, como pimenta-do-reino e anis-estrelado. Como essas uvas produzem vinhos cujo aroma lembra especiarias, como Syrah e Grenache, dizemos que são da família das especiarias-frutas.

TINTOS COM CASCA

Os vinhos tintos obtêm a maior parte de seu sabor pela maceração com a casca da uva durante a vinificação, levando a sabores e aromas mais intensos do que os dos vinhos brancos.

CASTAS DE UVAS TINTAS

Uvas com sabor intenso são mostradas em **NEGRITO**.

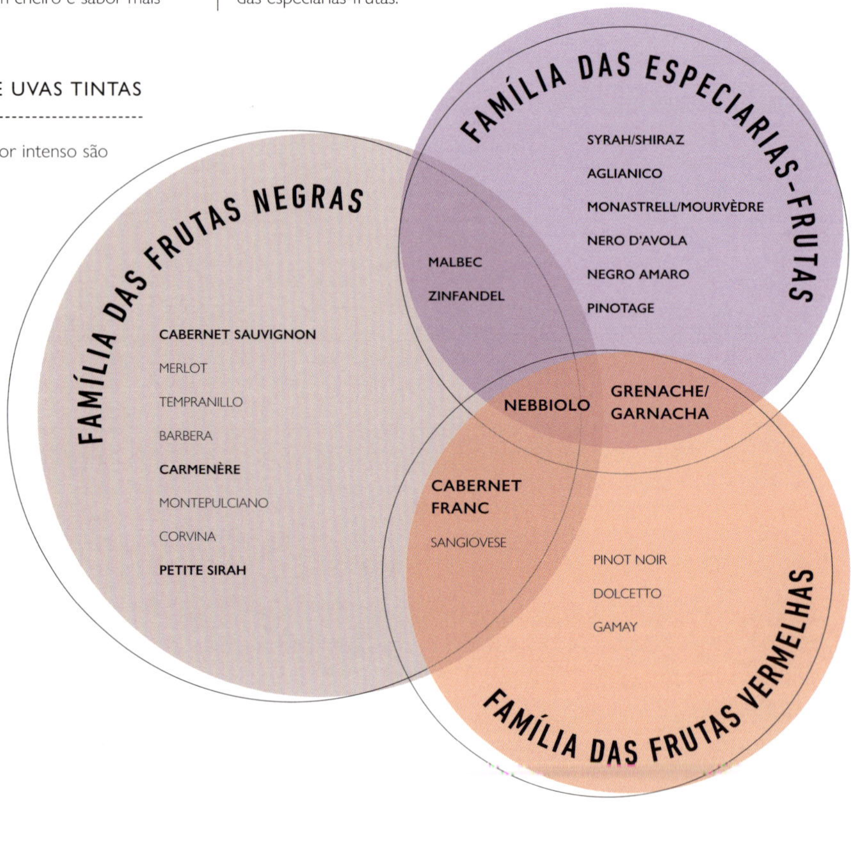

MUITAS UVAS TINTAS FAMOSAS PROJETAM SABORES DENSOS DE FRUTAS NEGRAS, MAS ALGUMAS TÊM AROMAS DE FRUTAS VERMELHAS OU UM PERFIL AROMÁTICO MAIS PROEMINENTE DE ESPECIARIAS.

RESUMO DO CAPÍTULO

Veja abaixo alguns pontos importantes abordados neste capítulo.

- Use os padrões objetivos que regem o **estilo do vinho** para inferir o **gosto** de um vinho.
- O gosto de um vinho é moldado por **três fatores principais**: a casta da uva, o ambiente do vinhedo e as escolhas do produtor.
- Vinhos de uvas diferentes cultivadas em **regiões próximas ou climas semelhantes** tendem a ter um gosto mais parecido do que vinhos da mesma uva cultivada em **regiões ou climas distintos**.
- A **maturação** é a fase final do desenvolvimento da fruta, quando está pronta para ser colhida, com o equilíbrio certo de sabores **frescos e deliciosos**.
- No processo de maturação, a fruta se transforma de dura e azeda a **doce e suculenta**. A cor e o sabor também mudam conforme as uvas são expostas ao sol antes da colheita.
- A luz solar afeta a maturação das frutas de maneiras previsíveis; algumas características do vinho **se intensificam** conforme as uvas amadurecem, enquanto outras tendem a **diminuir**.
- Para produzir tintos e **mais encorpados**, as uvas devem estar bem maduras. Para vinhos brancos e **mais leves**, as uvas não devem estar maduras demais.
- A noção de **"maturação perfeita"** varia entre os vinicultores. Cada componente da uva reage de maneira diferente às mudanças geográficas, climáticas e técnicas agrícolas.
- Vinhos produzidos com uvas mais maduras tendem a ter um gosto mais intenso por possuírem mais **compostos de sabor**, como ésteres aromáticos, e porque o **maior teor alcoólico amplifica o sabor**.
- Sabendo que o **teor alcoólico de 13,5% é a norma**, é possível inferir muito do sabor de um vinho com base em seu nível de álcool.

O ESCOPO DOS VINHOS BRANCOS

EXPLORANDO ALÉM DAS CORES Os vinhos brancos são incrivelmente diversos — vão desde o Muscadet mais sutil ao Moscatel mais pungente; do Riesling mais claro e leve ao Jerez mais encorpado e escuro como melaço. Se os classificarmos apenas por uvas e regiões, como fazem as cartas de vinhos, os brancos podem parecer uma categoria confusa e contraditória. Mas, se mudarmos a perspectiva, focando o sabor e como se relacionam uns com os outros em termos sensoriais, podemos ver padrões claros que facilitam explorar e descobrir novos vinhos para saborear.

MAPEANDO OS VINHOS BRANCOS POR ESTILO

Ao visualizar as relações entre estilos de vinho, podemos identificar padrões no sabor de qualquer subconjunto de vinhos. Juntos, fatores como a uva, a região, o clima e a abordagem de vinificação nos dão uma ideia de quais vinhos podem ter mais em comum em termos de características sensoriais e perfil de sabor.

AVALIAÇÃO POR CORPO E SABOR

O diagrama abaixo revela padrões entre vinhos brancos avaliados por corpo e sabor aproximados. Os vinhos posicionados mais abaixo ou à esquerda provêm de regiões frias, enquanto os vinhos mais pesados e intensos posicionados mais acima e à direita provêm de locais mais quentes.

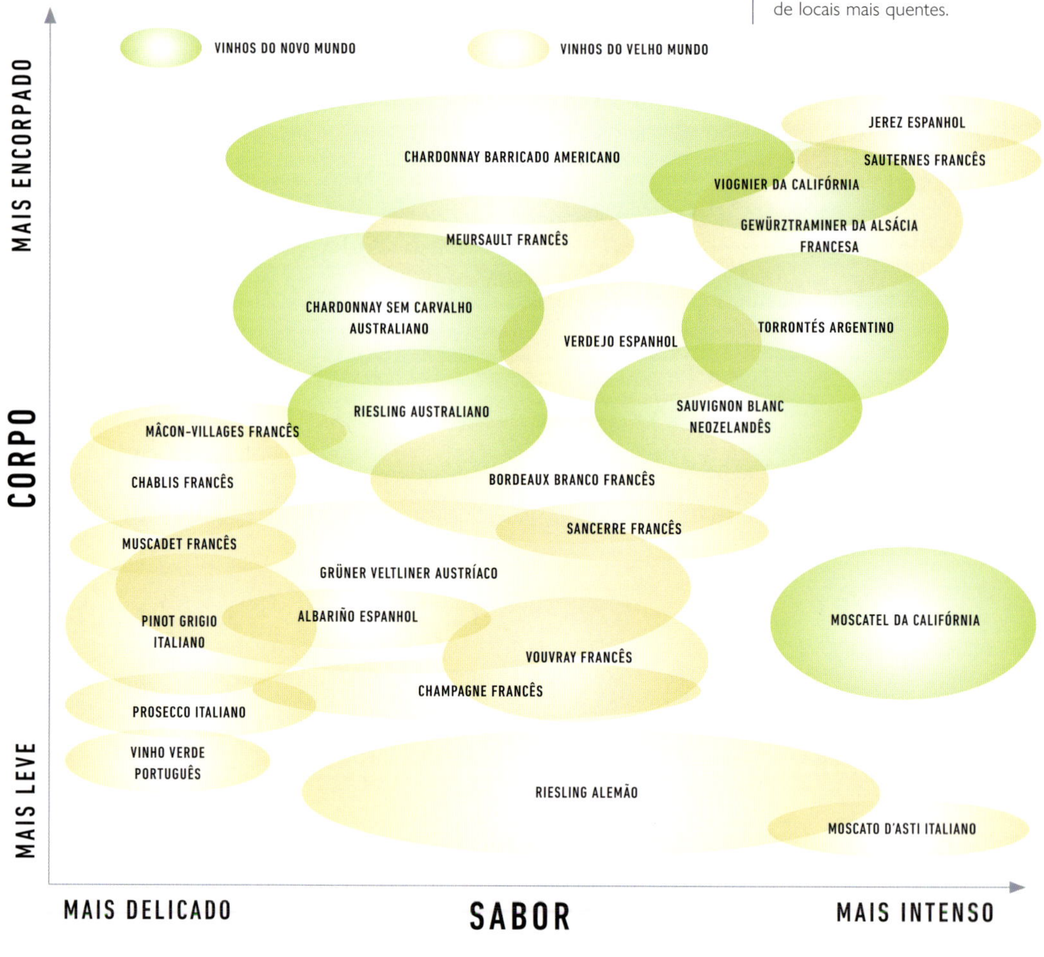

INTENSOS OU DELICADOS

Algumas uvas têm um sabor naturalmente mais intenso e distinto do que outras, mas o sol e o calor desenvolvem sabores em todas as uvas conforme elas amadurecem. Em geral, quanto menor o teor alcoólico de um vinho, mais delicado e neutro será seu sabor. Algumas uvas hiperaromáticas são a exceção, especialmente para os brancos, que podem ter um gosto bastante agradável com uvas pouco maduras.

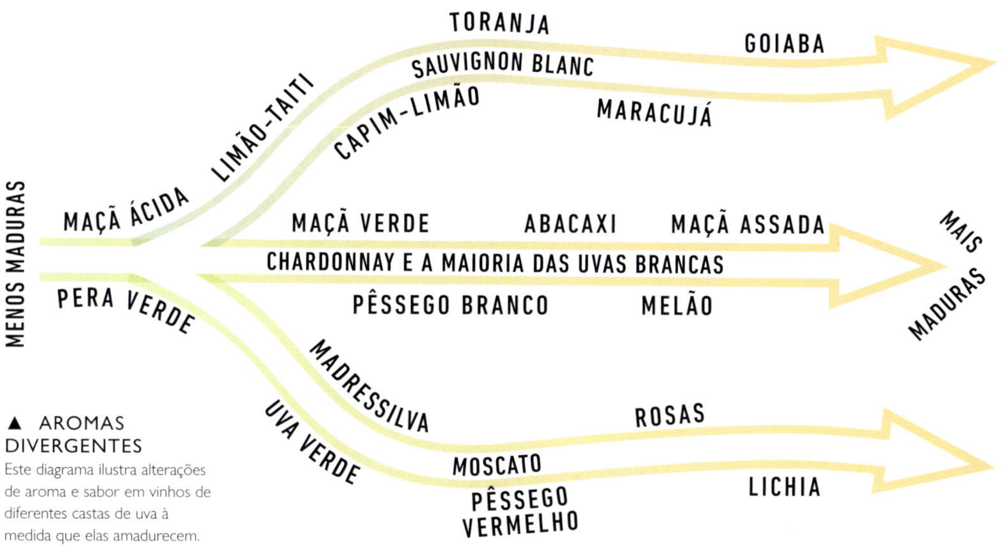

▲ AROMAS DIVERGENTES
Este diagrama ilustra alterações de aroma e sabor em vinhos de diferentes castas de uva à medida que elas amadurecem.

TODAS AS UVAS NÃO MADURAS TÊM SABORES SEMELHANTES. O SOL E A MATURAÇÃO REALÇAM O CARÁTER DISTINTIVO DE CADA CASTA.

GANHANDO PERSONALIDADE

Em regiões mais frias ou quando colhidas previamente, as uvas brancas em geral produzem vinhos com um perfil aromático semelhante de baixa maturação, com sabores discretos, delicados e simples de maçã e pera. Esses vinhos têm baixo teor alcoólico, alta acidez e ausência de notas de carvalho novo. Assim, essas qualidades tendem a caracterizar os vinhos do canto inferior esquerdo do diagrama ao lado.

Em uvas maduras, devido a um clima mais quente ou à colheita tardia, a personalidade aromática individual de cada casta fica mais evidente. A maioria das uvas brancas revela um sabor mais tropical de pêssego conforme amadurece, aproximando-se do canto superior direito do diagrama. Algumas podem chegar a ficar com gosto de cozidas ou de passas. As castas com caráter aromático mais distinto, como a Moscatel floral ou a Sauvignon Blanc herbácea, se intensificam com a maturação, mas progridem cada uma em sua própria direção.

ESTILOS DE CHARDONNAY

A Chardonnay, a uva de vinho branco mais conhecida, exemplifica como vinhos feitos com a mesma casta podem cair em zonas diferentes do diagrama de estilos. Como o principal fator determinante é o grau de maturação, a geografia e o clima são cruciais. Mas as decisões de vinificação podem diversificar ainda mais os resultados, sobretudo quando incluem técnicas de reforço de sabor.

SABORES TÍPICOS DO CHARDONNAY

CLIMA QUENTE

CHARDONNAY SEM MADEIRA AUSTRALIANO

- Uvas muito maduras (como abacaxi)
- Corpo médio, acidez moderada e sabor leve de frutas, com notas tropicais e cremosas

CLIMA FRIO

CHABLIS FRANCÊS

- Uvas pouco maduras (como maçã verde)
- Corpo leve, acidez muito alta e sabor sutil de frutas, com notas herbáceas e minerais

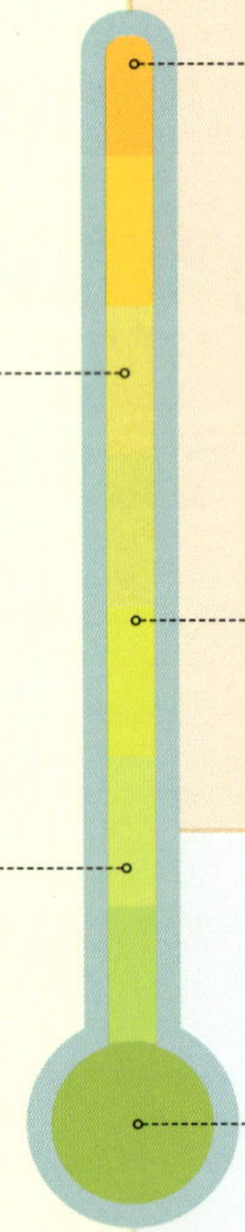

CHARDONNAY E OUTROS SABORES

SABOR POTENCIALIZADO POR BARRICAS DE CARVALHO NOVO

CLIMA QUENTE

CHARDONNAY DE NAPA VALLEY AMERICANO

- Uvas bem maduras (como torta de maçã com carvalho tostado)
- Encorpado, acidez mediana e sabor de frutas assadas, com notas de caramelo e baunilha

CLIMA FRIO

MEURSAULT FRANCÊS

- Uvas muito pouco maduras (como cajá-manga com carvalho tostado)
- Corpo médio, alta acidez e sabor frutado sutil, com notas de avelã e baunilha

SABOR POTENCIALIZADO PELAS BORRAS

CLIMA GÉLIDO

CHAMPAGNE FRANCÊS

- Uvas não maduras (como maçã silvestre com massa com levedura)
- Muito leve, acidez muito alta e sabor frutado sutil, com notas de levedura de brioche e rabanada

PRÓS E CONTRAS

Como muitas uvas de vinho branco, a Chardonnay é discreta em sabor e aroma, oferecendo sabores de maçã que variam com a maturação. Essa uva pode gerar vinhos de textura sedutora com acidez equilibrada em graus de maturação muito diferentes e produzir vinhos espetaculares tanto nas regiões vinícolas mais frias como nas mais quentes. Seu ponto fraco é um perfil de sabor relativamente neutro, e os vinicultores costumam adicionar sabor para alinhar sua intensidade aromática com sua riqueza tátil. A fermentação e o amadurecimento em barricas transmitem a vinhos tranquilos notas de especiarias de sobremesa. Para os espumantes, usa-se uma estratégia de amadurecimento semelhante, nas quais as borras conferem notas de pão assado.

DEGUSTAÇÃO

Estilos de Chardonnay

COMPARE TRÊS CHARDONNAYS EM CASA

Prove estes vinhos um após o outro, observando como as características mudam das regiões vinícolas mais frias às mais quentes e, portanto, de graus mais baixos a mais altos de maturação de uvas da mesma casta.

MATRIZ DE SABORES

Estes Chardonnays se posicionam no diagrama de acordo com seu corpo e sabor, que variam com fatores como maturação da uva, práticas de vinificação e tradições culturais.

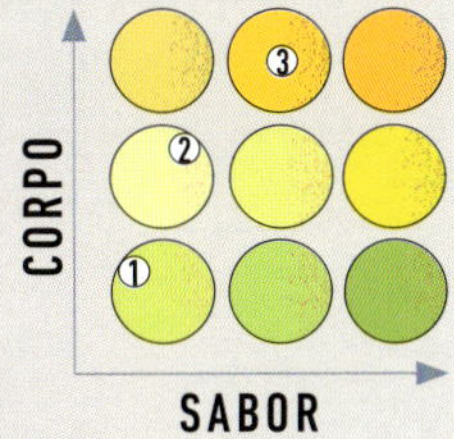

BORGONHA BRANCO FRANCÊS

Exemplos... Chablis ou outro Borgonha branco sem carvalho, como Mâcon-Villages, Rully ou Beaujolais Blanc

Dá para notar...?
Cor pálida; açúcar muito baixo/muito seco; acidez alta/aciduloso; baixa intensidade de fruta; sem carvalho; teor alcoólico de baixo a médio

CHARDONNAY SEM MADEIRA DO NOVO MUNDO

Exemplos... Vinho sem madeira australiano ou um sem carvalho do Novo Mundo (Califórnia, Chile ou África do Sul)

Dá para notar...?
Cor pálida; baixo açúcar/seco; acidez média/acidulado; baixa intensidade de fruta; sem sabores do carvalho; teor alcoólico de médio a alto

CHARDONNAY AMADEIRADO DO NOVO MUNDO

Exemplos... Chardonnay de Napa Valley ou outro do Novo Mundo (Califórnia, Washington, Chile, África do Sul ou Austrália) fermentado em barricas com mais de 14% de álcool

Dá para notar...?
Cor dourada; baixo açúcar/seco; acidez média/acidulado; intensidade média de frutas; sabores marcantes do carvalho; teor alcoólico alto

VINHOS BRANCOS MAIS LEVES

Vinhos de corpo leve têm 12,5% de álcool ou menos — são quase sempre brancos e sempre apresentam uma sensação de boca leve e delicada. Quando secos, os vinhos leves são feitos, por definição, de frutas pouco maduras, mas muitos deles são ligeiramente doces devido à interrupção da fermentação para que parte do açúcar seja retida. Os vinhos de sobremesa totalmente doces são uma exceção: muitos têm mais corpo do que seu teor alcoólico sugere.

SE VOCÊ GOSTA DE VINHOS BRANCOS MAIS LEVES...

PURO DELEITE

Os vinhos brancos mais leves tendem a apresentar alta acidez refrescante, e a categoria inclui quase todos os espumantes e frisantes.

Os mais secos de todos tendem a ter o sabor mais delicado, pois são feitos com frutas pouco maduras. Para ter sabores mais intensos, os vinhos leves devem ser feitos com uma casta de uva aromática, como Moscatel ou Riesling, ou em um estilo ligeiramente adocicado, que use uvas mais maduras, mas sem converter todo o açúcar da uva em álcool — ou os dois ao mesmo tempo.

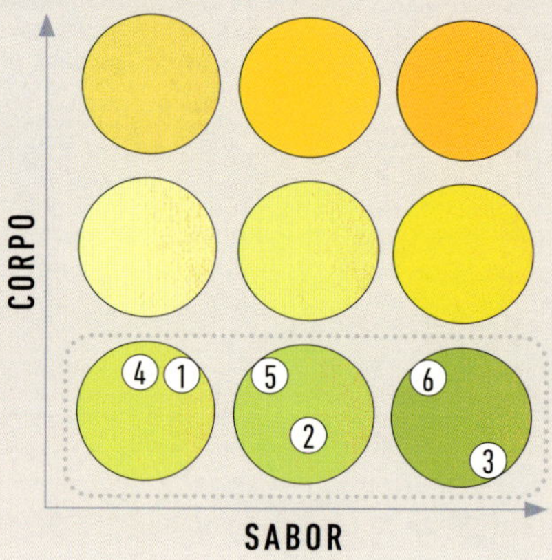

...EXPERIMENTE ESTES VINHOS COM PERFIS SENSORIAIS SEMELHANTES.

1 CHAMPAGNE BRUT FRANCÊS

Os espumantes são típicos de regiões frias, como Champagne, no norte da França. Sua efervescência e acidez refrescantes e a sutileza do sabor são características de uvas de baixa maturação, muitas vezes uma mistura de castas brancas e tintas.

2 RIESLING DO MOSELA ALEMÃO

Os Rieslings do Mosel são os vinhos nobres mais leves do mundo. A maioria apresenta baixo teor alcoólico e um perfil de sabor doce/ácido. A aromática Riesling produz vinhos com sabor mais intenso à medida que suas uvas amadurecem e ficam mais doces.

3 MOSCATO D'ASTI ITALIANO

As uvas Moscatel são caprichos da natureza que conferem uma rara intensidade de sabor fragrante, mesmo sem muita maturação. Os estilos Asti são parcialmente fermentados e o teor alcoólico é mais baixo apesar da boa maturação das uvas.

4 CAVA ESPANHOL

Os espumantes catalães são produzidos com uvas espanholas, mas usando os métodos franceses para fazer Champagne. Os vinhos resultantes em geral são menos requintados, porém ricos e distintos e têm preços mais baixos.

5 VOUVRAY FRANCÊS

A uva Chenin Blanc de Vouvray tem muitas das características da Riesling. Cultivada no frio Vale do Loire, produz vinhos menos delicados que os do Mosel, mas semelhantes no equilíbrio entre doçura e acidez e na intensidade aromática de maçã.

6 VINHO VERDE ROSADO PORTUGUÊS

Nenhum outro vinho tem o perfil de sabor da Moscatel, e estes refrescantes e efervescentes vinhos rosados do norte de Portugal são muito apreciados. De sabor mais delicado e menos doce, são feitos com uvas tintas colhidas ainda "cedo".

VINHOS BRANCOS DE CORPO MÉDIO

Sob condições adequadas de cultivo, qualquer uva branca pode produzir um vinho de corpo médio, e pelo menos três em cada quatro vinhos brancos se enquadram nesta categoria, com teor alcoólico entre 12,5% e 14%. Isso representa a gama natural de vinhos secos provenientes de uvas de maturação normal e inclui estilos muito apreciados por sua refrescância e harmonização gastronômica.

SE VOCÊ GOSTA DE VINHOS BRANCOS DE CORPO MÉDIO...

O CAMINHO DO MEIO

Por ser a mais abundante das categorias de vinhos brancos, também é a mais diversificada, na qual a casta da uva tem o papel mais decisivo.

Os vinhos de corpo médio são quase sempre secos e a acidez varia de acidulada a muito acidulosa. A intensidade do sabor do fruto depende muito do poder aromático da uva, mas alguns vinhos têm o sabor intensificado com carvalho ou amadurecimento na vinificação. Um leve toque de carvalho novo proveniente da fermentação em barrica é comum em Chardonnays de corpo médio, mas nem tanto em vinhos feitos com outras uvas.

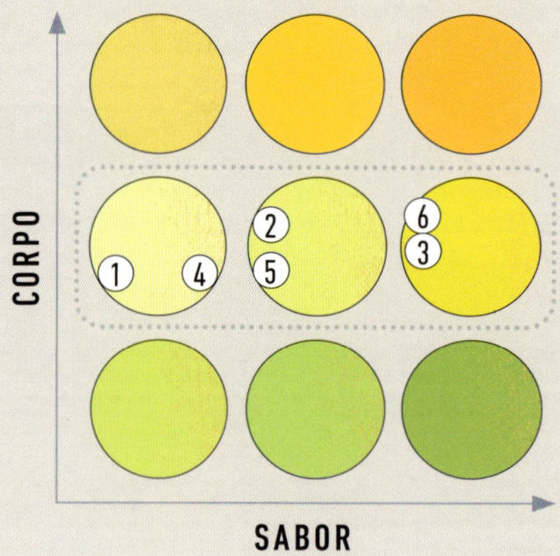

... EXPERIMENTE ESTES VINHOS COM PERFIS SENSORIAIS SEMELHANTES.

SABOR MAIS DELICADO | SABOR MÉDIO | SABOR MAIS INTENSO

1 PINOT GRIGIO DO NORTE DA ITÁLIA

Na Itália, os vinhos brancos são mais apreciados pelo frescor do que pela riqueza, e as uvas deste estilo são colhidas cedo. Os vinhos têm baixo teor alcoólico, acidez marcante e sabores delicados e discretos.

2 BORGONHA BRANCO FRANCÊS

Muitos Borgonhas brancos têm um leve toque de carvalho tostado para complementar o sabor sutil da Chardonnay, mas não todos. São mais leves e discretos que os Chardonnays do Novo Mundo e se destacam pela elegância.

3 SAUVIGNON BLANC NEOZELANDÊS

A Sauvignon Blanc é cultivada em todo o Novo Mundo, mas sobretudo na Nova Zelândia. Seu clima frio é perfeito para desenvolver intensos sabores cítricos e herbáceos nesta casta aromática.

4 ALBARIÑO ESPANHOL

Este branco sofisticado vem da Galícia, na costa atlântica da Espanha. Feito sob medida para frutos do mar, tem corpo e sutileza semelhantes ao Pinot Grigio, mas acidez mais acentuada e aromas mais fragrantes.

5 GRÜNER VELTLINER AUSTRÍACO

Esta uva austríaca é conhecida por seus aromas "verdes" e acidez vibrante. Notas de aipo e pimenta branca distinguem os vinhos, que vão desde refrescantes e frutados até complexos e ricos.

6 TORRONTÉS ARGENTINO

Raramente vista fora da Argentina, a uva Torrontés produz vinhos que combinam a intensidade de sabor e a secura do Sauvignon Blanc com os aromas florais do Moscatel.

VINHOS BRANCOS MAIS ENCORPADOS

A categoria dos vinhos encorpados, com 14% de álcool ou mais, inclui muito menos vinhos brancos do que tintos, porque para atingir este patamar devem ser feitos com uvas muito maduras ou fortificados com destilados. Os Chardonnays dominam os brancos encorpados secos, que também incluem a maioria dos vinhos doces de sobremesa e todos os brancos fortificados, que podem conter até 20% de álcool.

PESOS PESADOS

Os vinhos brancos desta categoria sempre têm uma textura densa e rica, mas variam em doçura — desde totalmente seco até doce como xarope.

A acidez raramente é marcante, com exceção dos melhores vinhos. A correlação quase direta entre o teor alcoólico e o sabor frutado direciona naturalmente os vinhos encorpados para a extremidade mais marcante do espectro aromático. A intensidade do sabor pode ser inerente à uva, mas em geral é potencializada na adega ou no vinhedo — fermentando em barricas de carvalho novo ou utilizando uvas muito maduras de colheita tardia.

SE VOCÊ GOSTA DE VINHOS BRANCOS MAIS ENCORPADOS...

... EXPERIMENTE ESTES VINHOS COM PERFIS SENSORIAIS SEMELHANTES.

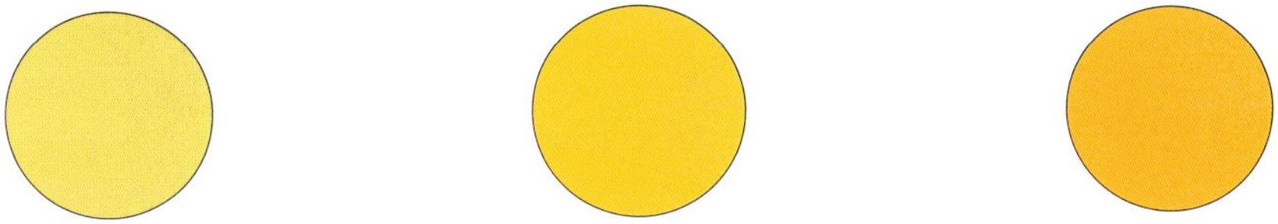

SABOR MAIS DELICADO | SABOR MÉDIO | SABOR MAIS INTENSO

1 CHARDONNAY BARRICADO AUSTRALIANO

Os Chardonnays das ensolaradas regiões do Novo Mundo, em geral, são amadurecidos em carvalho — fermentados em barricas (vinhos premium) ou com lascas de carvalho (vinhos simples), devido ao corpo mais denso e à maior maturação das uvas alcançada em lugares como a Austrália.

2 GEWÜRZTRAMINER DA ALSÁCIA FRANCESA

O vinho mais aromático da ensolarada Alsácia é o Gewürztraminer, com notas de pêssego e lichia. Esta uva produz vinhos exuberantes e surpreendentemente secos, com sabores claramente florais e níveis de acidez incomumente baixos.

3 JEREZ MEDIUM ESPANHOL

Os brancos mais fortes do mundo são os Jerez fortificados da Andaluzia espanhola. São reforçados com destilado vínico, leveduras e oxidação em um processo de amadurecimento especial. Alguns também são adoçados com xarope de passas para complementar o sabor de nozes.

4 CHENIN BLANC BARRICADO SUL-AFRICANO

Poucos vinhos têm o teor de álcool e o carvalho do Chardonnay sem perder a acidez e o equilíbrio. A Chenin Blanc realiza essa façanha em regiões quentes e secas, como na costa da África do Sul, e alguns são ligeiramente doces.

5 VIOGNIER DA CALIFÓRNIA

A Viognier é uma uva francesa da região do Rhône e hoje é mais cultivada em regiões do Novo Mundo, como a Califórnia. Parecendo um blend de Chardonnay e Gewürztraminer, produz vinhos suntuosos com efusivos aromas florais.

6 RAINWATER MADEIRA PORTUGUÊS

A ilha tropical da Madeira produz um vinho branco fortificado especial com sabores de Jerez intensificados e caramelizados pela aplicação de calor no amadurecimento. Essa técnica incomum confere ao vinho notas acentuadas de nozes.

O ESCOPO DOS VINHOS TINTOS

EXPLORANDO O LADO ESCURO Há tantos estilos distintos e deliciosos de vinhos tintos quanto de vinhos brancos. Mas a logística para dar essa coloração aos vinhos tintos reduz a gama dessa categoria em termos de teor alcoólico e intensidade de sabor em comparação aos vinhos brancos. É mais comum os vinicultores combinarem diferentes castas de uva nos vinhos tintos do que nos brancos, o que dificulta ainda mais decidir o que beber. Por sorte, alguns conceitos podem nos ajudar a inferir quais características encontraremos na taça — como um Pinot Noir puro e pálido, um Cabernet Sauvignon de corte e intensamente escuro, um Chianti de clima frio ou um Shiraz ensolarado.

MAPEANDO OS VINHOS TINTOS POR ESTILO

Os vinhos tintos têm muita personalidade e caráter individual, mas menos diversidade estilística do que os brancos em termos de corpo e intensidade de sabor. Alguns brancos são tão intensos ou encorpados quanto os tintos mais robustos, mas nenhum tinto é tão sutil quanto os brancos mais leves e delicados. Assim, ao discutir vinhos tintos, vamos focar o quadrante superior direito do nosso diagrama de estilos — os tintos com sabores mais marcantes e textura mais rica.

AS CASCAS LIMITAM A GAMA DOS TINTOS

As cascas roxas das uvas tintas dão cor aos vinhos tintos, além de ampliarem sua diversidade de aromas. Mas as condições de cultivo necessárias e a logística de transferir esses compostos da casca da uva para o vinho excluem a possibilidade de produzir uma gama de estilos de vinho tinto tão ampla quanto de vinhos brancos.

- **Intensidade do sabor** Os compostos presentes nas cascas das uvas tintas dão cor e sabor aos vinhos tintos. Como os dois provêm da mesma fonte e não podem ser separados, os vinhos tintos não podem ser tão delicados quanto os brancos.
- **Corpo** As uvas tintas precisam de mais sol para amadurecer do que as uvas brancas. Nos baixos graus de maturação, que produzem vinhos leves, as cascas das uvas tintas apresentam pouca cor, pouco sabor frutado, têm notas vegetais e alto teor de amargor. Assim, não há muita demanda por tintos com teor alcoólico inferior a 12,5%.

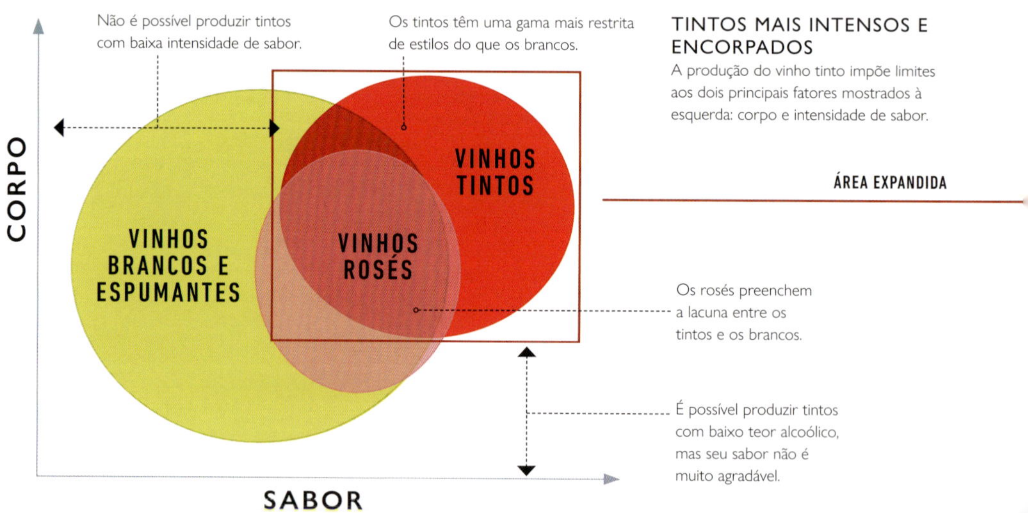

TINTOS MAIS INTENSOS E ENCORPADOS

A produção do vinho tinto impõe limites aos dois principais fatores mostrados à esquerda: corpo e intensidade de sabor.

AVALIAÇÃO POR CORPO E SABOR

O diagrama abaixo mostra as relações entre os principais estilos de vinho tinto, com os círculos representando sua gama estilística. Naturalmente, sempre há exceções, e os melhores vinhos tendem a ser mais encorpados e intensos do que as médias apresentadas.

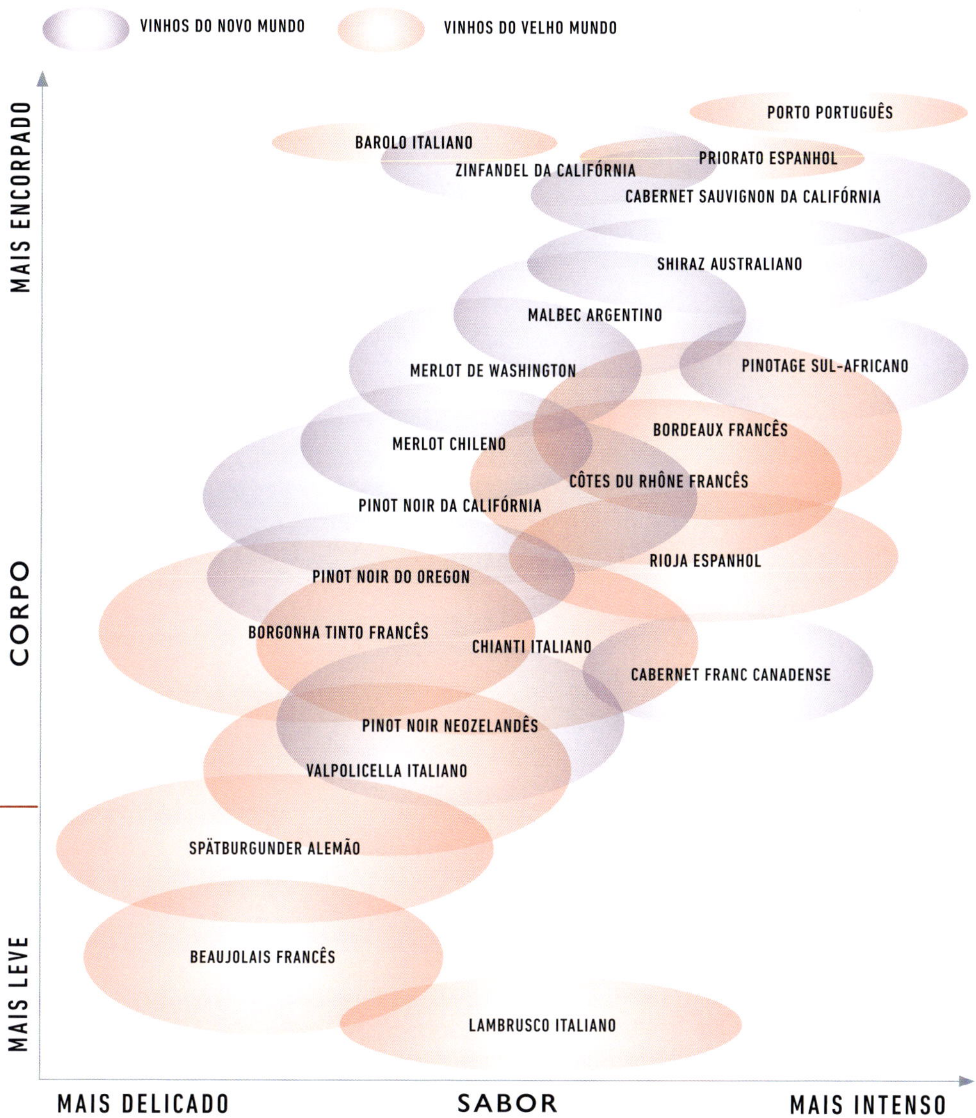

PROGRESSÃO DE SABORES DO VINHO TINTO

Falando de características "gerais", como corpo e intensidade de sabor, os tintos têm traços mais comuns entre si do que os brancos. Mas tendem a ter aromas mais distintos, porque a maioria dos compostos de sabor da uva provém da casca, e apenas os vinhos tintos são fermentados com a casca (pp.138–9). Grande parte da variação resulta da casta de uva utilizada, mas o grau de maturação das uvas também entra em cena quando se considera os vinhos tintos como um grupo.

INFERINDO AS CARACTERÍSTICAS

O teor alcoólico nos vinhos tintos é um indicador mais confiável da maturação da uva e dos fatores resultantes do que nos brancos, porque os tintos são mais secos. O padrão — vinhos de uvas de baixa maturação com aroma sutil de frutas azedas e ervas verdes, e vinhos de alta maturação com aroma mais intenso de frutas cozidas e especiarias doces — também é mais nítido porque os tintos tendem a ser mais intensos e, quando não são servidos gelados, seus aromáticos são amplificados. A saturação da cor dos tintos também indica a maturação da uva.

AROMAS E SABORES COMUNS DOS TINTOS

Vários aspectos de um vinho andam de mãos dadas. O diagrama mostra as categorias de aromas e sabores associadas a diferentes níveis de maturação das uvas dos tintos, e sua correlação com outros fatores dos estilos.

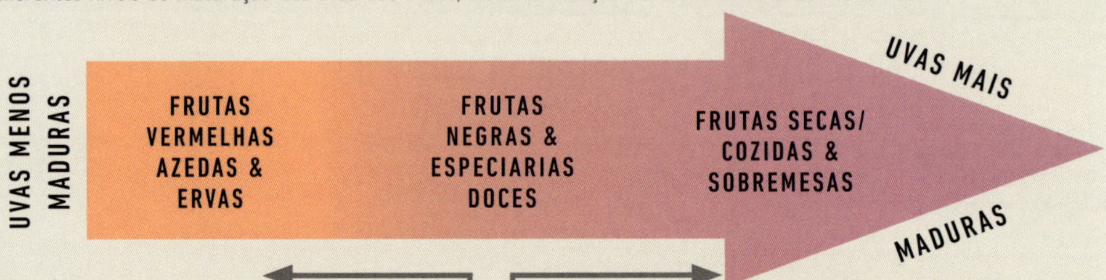

ASSOCIADO A:

Álcool abaixo de 13,5%
Regiões mais frias
Vinhos europeus tradicionais

EM GERAL TAMBÉM A:

Altos níveis de acidez
Secura pronunciada
Baixos níveis de sabor de carvalho novo
Taninos "verdes" rascantes (como chá preto)

ASSOCIADO A:

Álcool acima de 14%
Regiões mais quentes
Vinhos modernos do Novo Mundo

EM GERAL TAMBÉM A:

Níveis mais baixos de acidez
Secura moderada
Altos níveis de sabor de carvalho novo
Taninos "mansos" aveludados (como chocolate quente)

TUDO EM FAMÍLIA

As semelhanças mais evidentes nos sabores dos tintos são encontradas em uvas relacionadas, como as três principais variedades de Bordeaux. Estudos genéticos mostram uma relação entre a Merlot e a Cabernet Franc, e que a Cabernet Sauvignon deriva da Cabernet Franc e da Sauvignon Blanc. Vinhos dessas uvas compartilham um perfil de sabor que remete a folhas verdes e vegetais frescos em regiões frias e safras chuvosas, mas é mais fácil distingui-los com mais sol e uvas mais maduras.

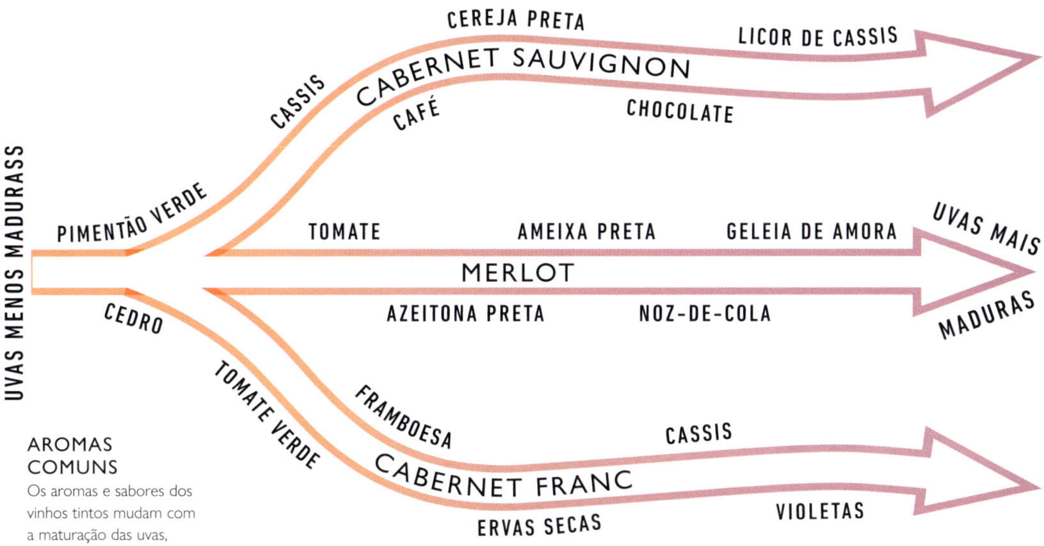

AROMAS COMUNS

Os aromas e sabores dos vinhos tintos mudam com a maturação das uvas, como mostra estas cinco castas (acima e abaixo).

MATURAÇÃO DESIGUAL

Cada casta amadurece de um jeito. Mesmo quando estão muito maduras, as castas de clima frio, como a Pinot Noir, raramente atingem os mesmos níveis de desenvolvimento de sabor alcançados em uvas de clima quente, como a Shiraz.

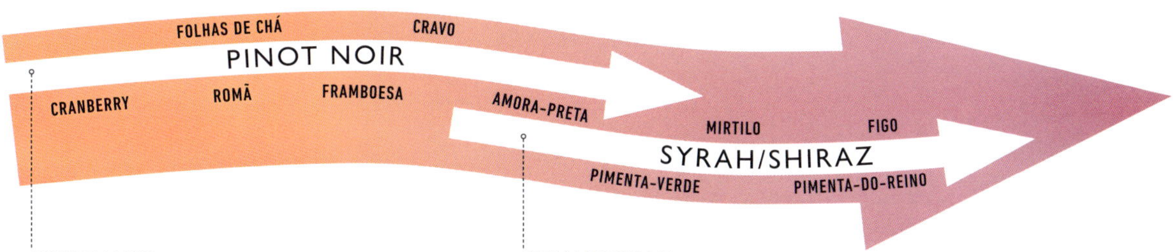

PINOT NOIR

Os sabores de frutas vermelhas e herbáceos associados à baixa maturação das uvas são mais comuns em uvas de casca fina, como Pinot Noir, que preferem climas mais frios.

SYRAH/SHIRAZ

Os sabores de frutas negras e frutas assadas associados à alta maturação das uvas são mais comuns em uvas de casca grossa como Syrah/Shiraz, que requerem climas mais quentes para amadurecer.

ESTILOS DE CABERNET SAUVIGNON

Os vinhos feitos com Cabernet Sauvignon exemplificam como e por que os produtores costumam combinar várias uvas. Como essa casta produz vinhos mais escuros e saborosos do que a maioria das outras, ela é muito utilizada em blends. A Cabernet Sauvignon aumenta o corpo, a intensidade do sabor, a profundidade da cor e o potencial de guarda do vinho, dando aos vinicultores mais controle criativo.

ESTILOS DE CABERNET SAUVIGNON

Mesclar uvas é tradicional na região de Bordeaux, onde a Cabernet Sauvignon autóctone é respeitada, mas sua prima mais delicada, a Merlot, é mais cultivada. A Cabernet Sauvignon tem dificuldade de maturar no frio, produzindo um vinho escuro e forte, mas tânico. Em locais com maior potencial de maturação, como a margem esquerda de Bordeaux, a uva produz vinhos ainda mais escuros e fortes, mas com sabor mais frutado e menos rascante. Por isso, os vinicultores usam um pouco de Cabernet Sauvignon para intensificar vinhos mais delicados à base de Merlot em locais mais frios e vinhos simples, e um pouco de merlot para atenuar a força bruta da Cabernet Sauvignon em locais mais quentes e vinhos premium.

TEOR DE CABERNET SAUVIGNON EM BLENDS

A maioria dos vinhos rotulados como Cabernet Sauvignon não é feita 100% com essa uva, porque muitas das leis de rotulagem exigem apenas de 75% a 85% da uva mencionada. Somente nas regiões mais quentes e ensolaradas esta casta amadurece o suficiente para ser agradável sem qualquer mescla.

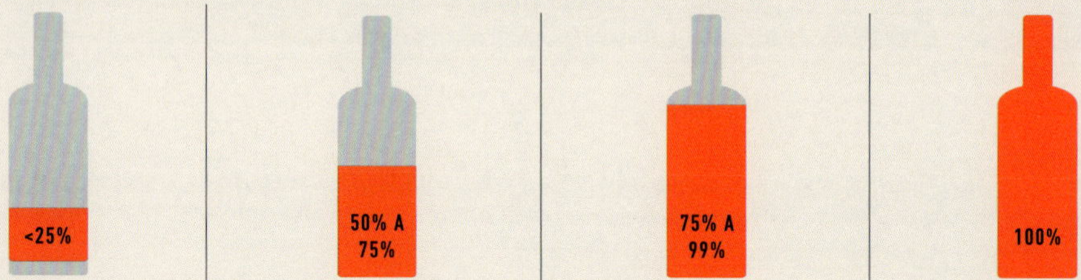

Blend tradicional de Bordeaux — simples Um pouco de Cabernet Sauvignon adiciona cor, corpo e sabor sem dominar. Em geral, intensifica vinhos mais leves de regiões mais frias, como um Merlot de Bordeaux, e muitos tintos toscanos e espanhóis.

Blend tradicional de Bordeaux — premium A Cabernet Sauvignon é a casta principal, mas combinada a uvas que amenizam e arredondam suas qualidades austeras. Muitos dos melhores tintos seguem este modelo, mas não podem ser rotulados como Cabernet Sauvignon.

Blend de Cabernet Sauvignon do Novo Mundo Quando esta uva amadurece mais plenamente, fica mais intensa e menos rascante, como é comum nas Américas e no hemisfério sul. Mesclar ainda é a norma, mas em menor grau e o blend nem sempre é mencionado nos rótulos.

Cabernet Sauvignon puro A Cabernet deve atingir muita maturação para obter um sabor equilibrado sozinha, sobretudo em um vinho de qualidade. A combinação entre intensidade natural e elevada maturação resulta em alguns dos vinhos mais concentrados do mundo.

DEGUSTAÇÃO

Características da Cabernet Sauvignon

COMPARE TRÊS BLENDS TINTOS EM CASA

Prove estes vinhos um após o outro, observando como as características variam. Apesar das diferentes proporções de Cabernet Sauvignon, é provável que sejam mais altas em vinhos mais encorpados de regiões mais quentes, onde as uvas amadurecem mais plenamente.

CONTROLANDO O CORPO COM O BLEND

Em regiões frias como Bordeaux, de onde provém, um pouco de Cabernet Sauvignon costuma ser usado para encorpar um vinho de corpo médio. Em regiões mais ensolaradas, como Chile ou Califórnia, os papéis em geral se invertem.

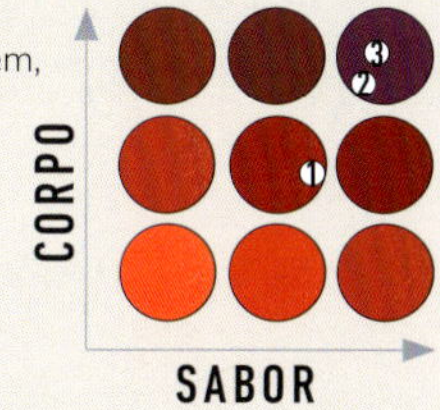

BORDEAUX FRANCÊS DA MARGEM ESQUERDA

Exemplos...
Vinhos Château de denominações modestas, como Graves, Haut-Médoc, Listrac ou Moulis

Dá para notar...?
Cor média; açúcar muito baixo/muito seco; acidez alta/aciduloso; intensidade média de fruta; sabor leve de carvalho; álcool médio/corpo médio; sensação de boca tânica e áspera

BLEND CHILENO EM ESTILO BORDEAUX

Exemplos...
Blends sem menção da casta da uva no rótulo frontal, mas com a Cabernet Sauvignon mencionada no contrarrótulo

Dá para notar...?
Cor escura; baixo açúcar/seco; acidez média/acidulado; alta intensidade de fruta; sabor leve de carvalho; álcool alto/encorpado; sensação de boca aveludada mais delicada

CABERNET SAUVIGNON DE SONOMA

Exemplos...
Uma denominação premium de Sonoma, como Alexander Valley ou Knights Valley, ou outras regiões da Califórnia, como Napa Valley

Dá para notar...?
Cor muito escura; baixo açúcar/seco; acidez média/acidulado; alta intensidade de fruta; sabor forte de carvalho; álcool alto/encorpado; sensação de boca aveludada mais delicada

VINHOS TINTOS MAIS LEVES

Como poucos tintos são ligeiros (de corpo leve), os considerados de estilo "mais leve" tendem a ter menos de 13,5% de álcool — um pouco mais forte do que os vinhos brancos leves. Fora alguns vinhos de nicho para o público iniciante, a grande maioria dos vinicultores fermenta seus vinhos tintos até a secura, resultando em uma relação direta entre o teor alcoólico e a maturação das uvas entre os tintos, com poucas exceções doces.

SE VOCÊ GOSTA DESTES VINHOS TINTOS MAIS LEVES...

LEVES E VIBRANTES

Quase todos os tintos leves vêm de climas frios, onde a norma é a maturação abaixo da média das uvas.

Em geral, têm alta acidez e sabores vibrantes que tendem a frutas vermelhas e ervas aromáticas. Muitos são vinhos jovens de preço acessível que passam pouco ou nenhum tempo em barricas para preservar o frescor frutado. Os vinhos premium podem amadurecer em carvalho, bem como os tintos mais encorpados. Se quiserem manter uma ligeira doçura ou obter menos álcool, os vinicultores em geral optam por produzir rosé em vez de tinto.

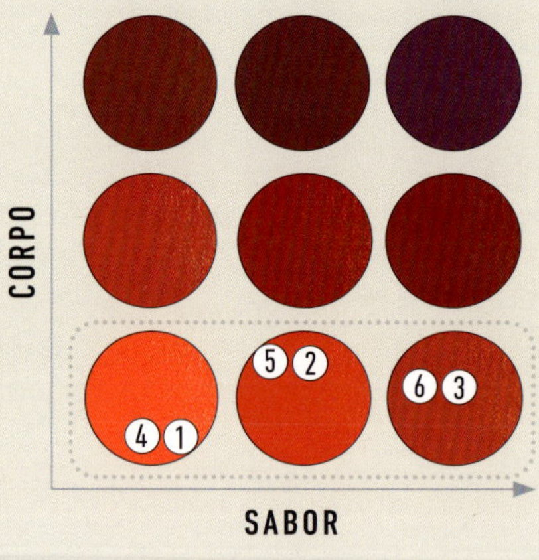

...EXPERIMENTE ESTES VINHOS COM PERFIS SENSORIAIS SEMELHANTES.

1 BEAUJOLAIS-VILLAGES FRANCÊS

O distrito de Beaujolais, na Borgonha, é conhecido por seus tintos muito leves feitos com uvas Gamay. A Gamay tem pouco tanino e seus vinhos estão entre os poucos tintos que têm um gosto agradável quando resfriados.

2 CHIANTI ITALIANO

Este popular tinto italiano é feito principalmente com uvas Sangiovese, com altos níveis de acidez e tanino. Os Chianti mais modestos tendem a ser jovens, mas os melhores são mais fortes, mais intensos e passam mais tempo amadurecendo.

3 PINOT NOIR DO OREGON

A Pinot Noir produz vinhos mais leves e claros do que os tintos em geral e têm alta demanda. Com seus aromáticos sedutores e textura sedosa, a nobre uva tinta da Borgonha prefere regiões frias como a costa do Oregon (EUA).

4 ROSÉ TAVEL FRANCÊS

Para vinhos palatáveis como o Beaujolais, procure vinhos rosés como os do sul da França. Estes blends à base de Grenache têm corpo médio e são secos, com um perfil de sabor mais semelhante ao vinho tinto do que ao branco.

5 DOURO PORTUGUÊS

Poucas regiões produzem vinhos tintos com acidez e taninos suficientes para rivalizar com os tintos italianos, e uma delas é o norte de Portugal. Os vinhos do Douro são tintos secos produzidos na região do Porto e com a mesma mescla de uvas autóctones.

6 RIOJA ESPANHOL

A Tempranillo espanhola produz vinhos mais densos e escuros, mas na fria Rioja seus vinhos têm um toque vibrante semelhante ao Pinot Noir. O amadurecimento em barricas resulta em tintos leves e bastante amadeirados.

VINHOS TINTOS DE CORPO MÉDIO

O meio-termo dos vinhos tintos inclui a maioria dos tintos e é um pouco mais forte do que os brancos, com a maioria contendo entre 13,5% e 14,5% de álcool. A preferência moderna por tintos ricos e saborosos leva os vinicultores a preferirem essa faixa de corpo, que se tornou o "novo normal" nas últimas décadas. Um século atrás, o vinho tinto de corpo médio era bem mais leve do que é hoje.

SE VOCÊ GOSTA DESTES VINHOS TINTOS DE CORPO MÉDIO...

UM MUNDO DE DIFERENÇA

Os tintos de corpo médio são os mais diversos, porque muitas uvas e denominações contribuem para esta categoria.

A maioria é seca, mas variam muito em caráter aromático, intensidade de cor e grau de aromas advindos do carvalho. Mas é possível ver um padrão de distinções entre a maioria dos estilos do Velho Mundo e do Novo Mundo. Os vinhos mais secos, mais austeros, terrosos e ácidos tendem a vir da Europa, e os de outras regiões tendem a apresentar sabores mais maduros, mais parecidos com sobremesas, bem como aromas de carvalho mais claros (pp.162–73).

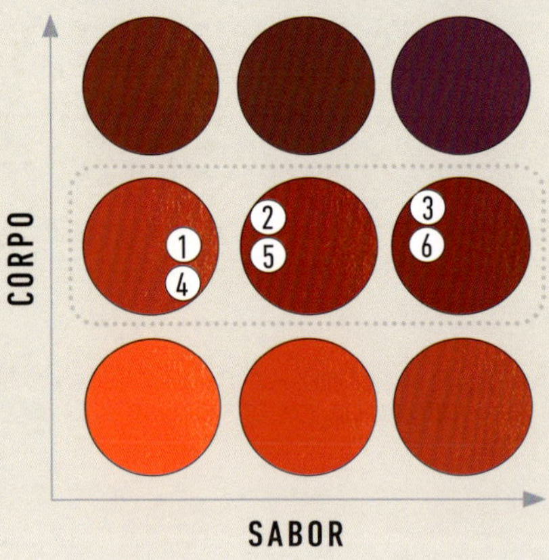

...EXPERIMENTE ESTES VINHOS COM PERFIS SENSORIAIS SEMELHANTES.

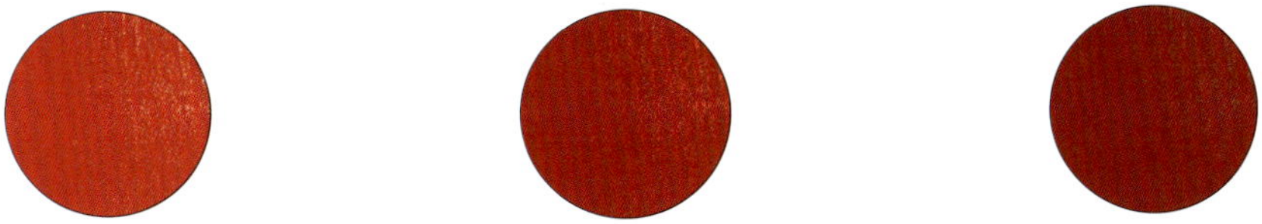

SABOR MAIS DELICADO | SABOR MÉDIO | SABOR MAIS INTENSO

1 MERLOT CHILENO

A Merlot costuma ficar à sombra de sua prima mais famosa, a Cabernet Sauvignon. Mais delicada e frutada, produz alguns dos melhores tintos do mundo. A Merlot adora o clima ensolarado do Chile, onde amadurece mais do que em Bordeaux, sua terra natal.

2 CÔTES DU RHÔNE FRANCÊS

As uvas Grenache dominam o blend destes saborosos vinhos mediterrâneos, conferindo suas notas características de morango e pimenta-branca. Os vinhos premium mais fortes da região levam o nome de seus villages, como Châteauneuf-du-Pape.

3 BORDEAUX FRANCÊS

Todos, exceto o Bordeaux tinto mais intenso, se enquadram na faixa de corpo médio. Pode não ser fácil saber se contêm mais Merlot ou mais Cabernet Sauvignon, mas todos são conhecidos por serem magros, secos e saborosos, com notas aromáticas de ervas.

4 BARBERA ITALIANO

O Barbera do Piemonte costumava ser um tinto leve, aciduloso e adequado para serem harmonizados com peixes. Alguns ainda seguem a tradição, mas hoje muitos são feitos com uvas mais maduras e amadurecem em barricas, resultando em um vinho mais rico e intenso com notas de amora.

5 MONTEPULCIANO D'ABRUZZO ITALIANO

Este vinho da costa adriática italiana lembra muito o Côtes du Rhône. De preços acessíveis, entregam sabor e textura generosos e um toque de rusticidade, sem pesar no paladar.

6 RIBERA DEL DUERO ESPANHOL

A Tempranillo é a uva mais nobre da Espanha. Atinge um bom grau de maturação nas planícies áridas de Castela às margens do rio Douro, produzindo alguns tintos espanhóis com maior potencial de guarda, que amadurecem ao estilo francês, em barricas de carvalho novo.

VINHOS TINTOS MAIS ENCORPADOS

Os tintos devem atingir um teor alcoólico mais alto do que os brancos para serem concorrentes de peso: normalmente 14,5% de álcool ou mais. Para vinhos padrão, as uvas devem atingir uma maturação muito alta para atingir este nível, seja estando localizadas em regiões muito quentes ou ficando muito mais tempo na videira. Mas esta categoria também inclui vinhos tintos fortificados, cujo teor alcoólico é aumentado com adição de destilado vínico, como o Porto forte e doce.

SE VOCÊ GOSTA DESTES VINHOS TINTOS MAIS ENCORPADOS...

VINHOS DE GUARDA

Os tintos encorpados têm sabor naturalmente concentrado e muitos são vinhos premium.

Como os tintos de alto teor alcoólico também tendem a ser ricos em taninos e compostos de sabor, em geral requerem tempo em barricas antes de serem lançados no mercado, muitas vezes anos após a colheita. Seus sabores variam de frutas negras a frutas assadas, refletindo o uso de uvas muito maduras. Muitos vinhos apresentam notas de especiarias, como pimenta, cacau ou cravo, alguns advindos das uvas e outros das barricas de carvalho novo.

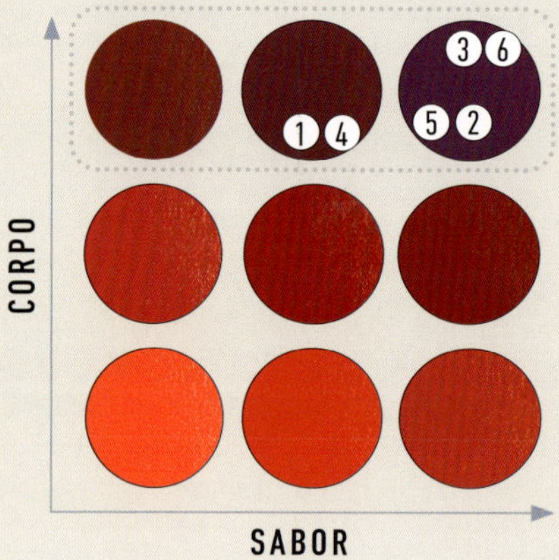

...EXPERIMENTE ESTES VINHOS COM PERFIS SENSORIAIS SEMELHANTES.

1 BAROSSA SHIRAZ PREMIUM AUSTRALIANO

A Shiraz (ou Syrah) de casca grossa produz vinhos de intensidade épica em regiões como Barossa e McLaren Vale, na Austrália Meridional. Esses vinhos escuros têm aromas potentes de geleia, bacon e pimenta-do-reino.

2 CABERNET SAUVIGNON PREMIUM DE NAPA VALLEY

A Cabernet Sauvignon produz alguns dos vinhos tintos mais intensos e longevos. Os mais encorpados vêm de regiões ensolaradas do Novo Mundo, como a Califórnia, e apresentam sabores como mocha e licor de cassis.

3 PORTO PORTUGUÊS

Os vinhos tintos mais encorpados são os vinhos de sobremesa fortificados do Vale do Douro, em Portugal. Enriquecidos com destilado vínico durante a fermentação, seu gosto remete a uma deliciosa mistura de vinho tinto, uvas frescas e bagaceira.

4 MALBEC PREMIUM ARGENTINO

A árida planície argentina de Mendoza na encosta dos Andes produz vinhos tintos intensos a partir da uva francesa Malbec. Lotes premium podem ser sucessos de bilheteria, com sabores de mirtilo, especiarias (erva-doce, cravo, canela, anis e pimenta-verde) e violetas.

5 PRIORATO PREMIUM ESPANHOL

Esta denominação catalã é feita em vinhedos antigos de Garnacha e Cariñena, capazes de produzir vinhos com potência e concentração incríveis. Muitas vezes mesclados com Syrah e Cabernet Sauvignon, apresentam notas de figo e erva-doce.

6 TAWNY AUSTRALIANO

Tendo sido uma colônia britânica, a Austrália aprecia vinhos do Porto e Jerez fortificados e tem uma forte tradição de produzir deliciosos vinhos de sobremesa licorosos, fortes e doces. O Tawny é um estilo amadurecido castanho-avermelhado com notas de nozes e sabor caramelizado.

HARMONIZANDO O VINHO COM A COMIDA

SEGREDOS DOS SOMMELIERS O vinho cai muito bem com a comida, como se fosse um molho especial, e a maioria dos alimentos fica melhor com ele do que com outras bebidas. Para o dia a dia, basta combinar o vinho com a época do ano ou a hora do dia. Mas, para uma verdadeira harmonia entre vinho e comida, pensar como um sommelier pode ajudá-lo a harmonizar pratos com vinhos lisonjeiros. Os profissionais sabem que a maneira como um prato é temperado e preparado muitas vezes é mais importante do que seu ingrediente principal. Descubra algumas peculiaridades surpreendentes da ciência sensorial que revolucionarão sua experiência de comer acompanhado de um vinho.

O QUE BEBER E QUANDO

Tirando jantares sofisticados, raramente é necessário se preocupar em combinar vinhos específicos com alimentos específicos. Escolhas baseadas em fatores como hora do dia e época do ano fazem mais sentido do que tentar escolher um vinho de acordo com um prato específico. A estação afeta o que comemos e a maioria das refeições combina alimentos diversos, no almoço ou no jantar.

VINHOS BRANCOS NO CALOR

Vinhos refrescantes e que podem ser servidos gelados são ideais no verão pelo mesmo motivo que usamos roupas leves e comemos saladas: para combater o calor.

DRIBLE O CLIMA COM O VINHO

O mesmo fator que determina o estilo de um vinho também influencia o vinho que queremos tomar. Buscamos instintivamente vinhos mais leves e jovens (geralmente gelados) de dia ou no calor. E, quando anoitece ou esfria, os vinhos mais fortes e complexos nos aquecem e nos reconfortam. Beber vinhos amadurecidos e encorpados — sobretudo tintos servidos em temperatura ambiente — é o equivalente a vestir uma blusa. Vinhos intensos e fortes de clima quente nos aquecem com um pouco de sol engarrafado, enquanto vinhos leves e vibrantes de clima frio nos ajudam a afastar o calor.

DE DIA OU NO CALOR

TENDEMOS A QUERER VINHOS:

Mais leves
Com menos álcool
Mais jovens e refrescantes
Menos carvalho
Servidos mais frios
Mais claros

Vinhos espumantes jovens e simples, **como o Prosecco italiano**

Brancos crocantes e sem madeira, **como o Sauvignon Blanc neozelandês**

Tintos leves e refrescantes "resfriáveis", **como o Beaujolais francês**

Vinhos fortificados claros e vibrantes, **como o Jerez Manzanilla espanhol**

DE NOITE OU NO FRIO

TENDEMOS A QUERER VINHOS:

Mais encorpados
Com mais álcool
Maduros e de sabor complexo
Mais carvalho
Servidos em temperatura ambiente
Mais escuros

Vinhos espumantes amadurecidos e complexos, **como o Champagne francês**

Brancos ricos e fermentados em barricas, **como o Chardonnay da Califórnia**

Tintos intensos que "aquecem", **como o Shiraz australiano**

Vinhos fortificados opulentos, **como o Porto vintage português**

DICAS DE HARMONIZAÇÃO

A maioria dos vinhos fica bem com diversos alimentos, por isso é difícil errar muito: seguir dicas da estação, horário do dia e grau de formalidade geralmente é suficiente para melhorar a harmonia entre vinho e comida. Mas, quando a ocasião requer algo especial, use algumas estratégias de harmonização para surpreender.

Pense nos tipos de vinho que oferecem sabores ou texturas semelhantes e, portanto, podem harmonizar com o ingrediente principal da refeição. Ao levar em conta os temperos e os métodos de preparação, os sommeliers harmonizam o vinho e a comida para que fiquem melhor juntos do que separados. Você não precisa ser uma enciclopédia ambulante de vinhos. Basta ter uma ideia de como os nossos sentidos funcionam quando o vinho e a comida interagem.

BRINCANDO COM COMBINAÇÕES

BOM

NO DIA A DIA

De acordo com o evento, estação do ano e hora do dia

MELHOR

RECEBENDO CONVIDADOS E JANTANDO FORA

Harmonização básica com o ingrediente principal

IDEAL

AJUSTES FINOS DE SOMMELIER

Harmonização com receitas específicas, com base na química alimentar

HARMONIZAÇÃO COM INGREDIENTES PRINCIPAIS

Ao escolher um vinho para acompanhar uma refeição, a maioria das pessoas tem instintos certeiros. Uma boa harmonização se baseia nos mesmos princípios que nos levam a escolher limonada para acompanhar uma salada ou café com uma sobremesa de chocolate. Combinar vinhos com qualidades sensoriais semelhantes às da comida — leve com leve, rico com rico — é uma excelente maneira de encontrar combinações que melhoram o vinho e a comida.

COMBINANDO CORPO E TEXTURA

Comidas leves, como mariscos delicados, tendem a combinar com vinhos mais leves, como os brancos espumantes, enquanto comidas pesadas, como carne, tendem a combinar com vinhos mais fortes e encorpados, como os tintos intensos. A gordura na comida e o álcool no vinho são detectados como textura na boca; carnes gordurosas e vinhos com alto teor alcoólico são mais densos e encorpados do que frutos do mar e vinhos com baixo teor alcoólico.

PEIXE OU CARNE?

Muitos vinicultores adaptam seus estilos de vinho à culinária local. Um prato delicado de frutos do mar deve combinar mais com um branco sutil de regiões costeiras do que um tinto intenso do interior.

POR QUE FAZ SENTIDO HARMONIZAR?

Quando bebemos vinho no jantar, a comida e o vinho competem pela nossa atenção. Escolher bebidas de corpo e densidade de sabor semelhantes é como organizar lutadores por categoria de peso. Quando um é mais pesado ou tem um sabor mais forte do que o outro, o mais leve pode ficar em desvantagem, prejudicando a experiência gastronômica.
O ideal é nenhum elemento se sobrepor ao outro, permitindo que seus sabores se combinem na mesma proporção.

INTENSIDADE DO SABOR

Alimentos de sabor leve e discreto, como ostras ou omeletes, tendem a melhorar com vinhos brancos delicados, como Muscadet ou Pinot Grigio. Comidas com sabor mais intenso, como salmão defumado ou queijo azul, tendem a melhorar com vinhos de amplitude aromática semelhante, como Gewürztraminer ou Cabernet Sauvignon.

INTENSIDADE DA COR

Uma cor clara tende a indicar baixa intensidade de sabor, enquanto uma cor intensa tende a coincidir com sabor intenso, embora haja exceções. Pense na diferença da intensidade de sabor entre linguado e atum, frango e pato ou vitela e veado. Alimentos com pouca cor, como queijo de cabra ou vieiras, ficam melhor com vinhos brancos transparentes ou espumantes, enquanto alimentos com cores mais intensas, como cordeiro ou chocolate, ficam melhor com vinhos tintos.

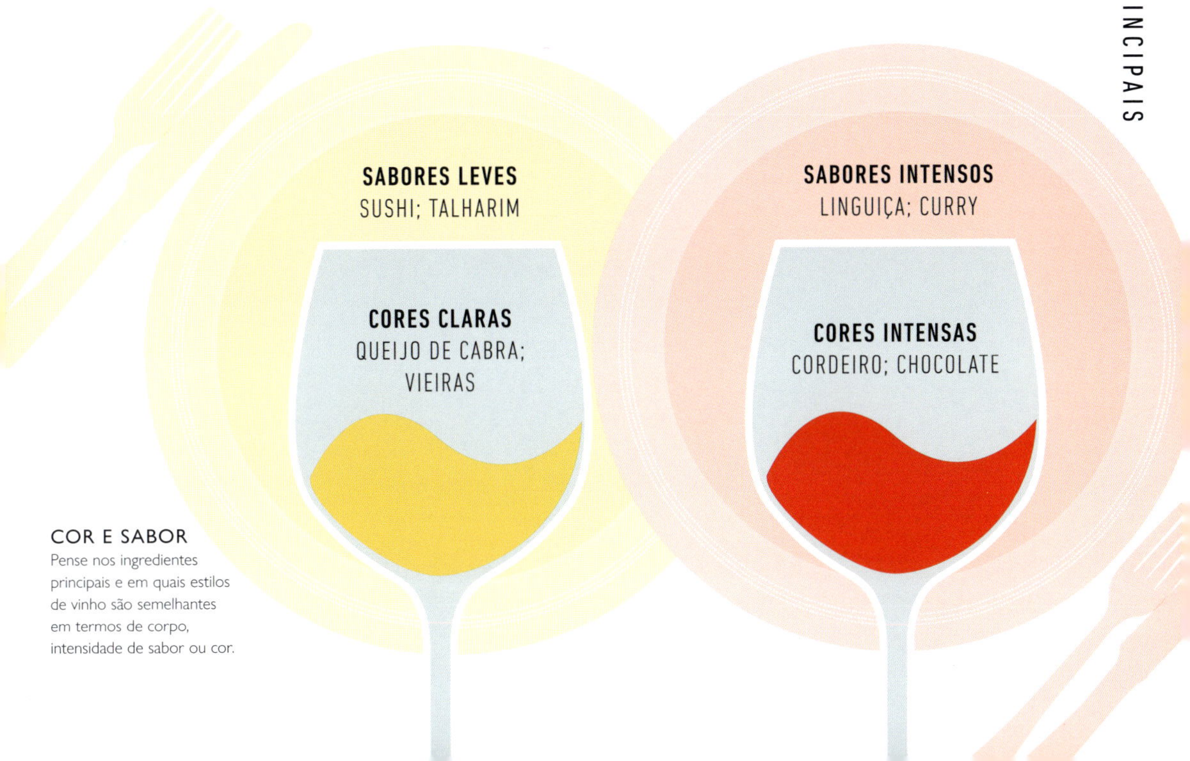

COR E SABOR
Pense nos ingredientes principais e em quais estilos de vinho são semelhantes em termos de corpo, intensidade de sabor ou cor.

TRUQUES DE HARMONIZAÇÃO

Comparada ao vinho, a comida é muito mais complexa: mais ingredientes e combinações de receitas criam mais possibilidades. Ao escolher um vinho para uma refeição, ajuda saber como os alimentos se relacionam entre si em termos de corpo e intensidade de sabor, assim como avaliamos os estilos de vinho.

MAPEAR COMIDAS E VINHOS POR PESO/ CORPO E INTENSIDADE DE SABOR PODE AJUDAR A IDENTIFICAR OS QUE TÊM QUALIDADES SEMELHANTES.

A RELAÇÃO ENTRE OS ALIMENTOS

A relação entre os alimentos indica quais vinhos combinam mais com qualquer refeição. Mas, entre proteínas e acompanhamentos, molhos e guarnições, pode ser difícil saber no que focar. E, em um restaurante, cada pessoa da mesa pode pedir um prato diferente, de modo que faz sentido pensar em características e estilos culinários dominantes.

MAIS LEVES OU MAIS PESADAS?

Ao analisar os itens do cardápio de um restaurante ou os pratos em um livro de receitas, instintivamente consideramos o seu "peso". Podemos querer algo leve, como uma salada, ou algo mais pesado, como um bife. Não importa o tamanho da porção, o teor de gordura é a característica que determina a percepção de peso de uma comida. Gorduras e óleos conferem mais textura aos alimentos, da mesma forma que o álcool torna o vinho mais encorpado.

MAIS DELICADAS OU MAIS INTENSAS?

Não damos muito atenção à intensidade do sabor, mas é um fator importante na definição das preferências pessoais. Algumas comidas são mais saborosas do que outras. Tomates têm um sabor mais intenso do que pepinos, enquanto o frango tem um sabor mais delicado que o cordeiro.

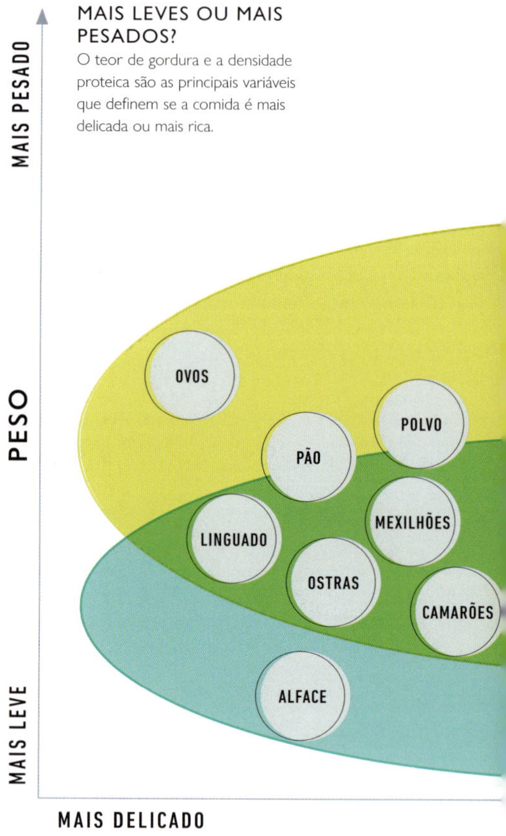

AVALIE A RECEITA

Os métodos de preparação e os temperos intensificam o sabor e enriquecem a textura, podendo empurrar qualquer item para cima ou para a direita no diagrama abaixo. (Os itens do diagrama são apenas exemplos e estão longe de ser uma lista exaustiva.) O frango frito será mais pesado e o frango grelhado terá mais sabor do que o cozido no vapor. Os temperos, molhos e marinadas da culinária tailandesa dão um sabor picante e doce tanto ao camarão quanto à carne bovina.

VINHO BRANCO
como Chardonnay e Pinot Grigio

VINHO ESPUMANTE
como Champagne e Prosecco

VINHO ROSÉ
como Anjou e Tavel

VINHO TINTO
como Shiraz e Chianti

VINHO FORTIFICADO
como Port e Jerez

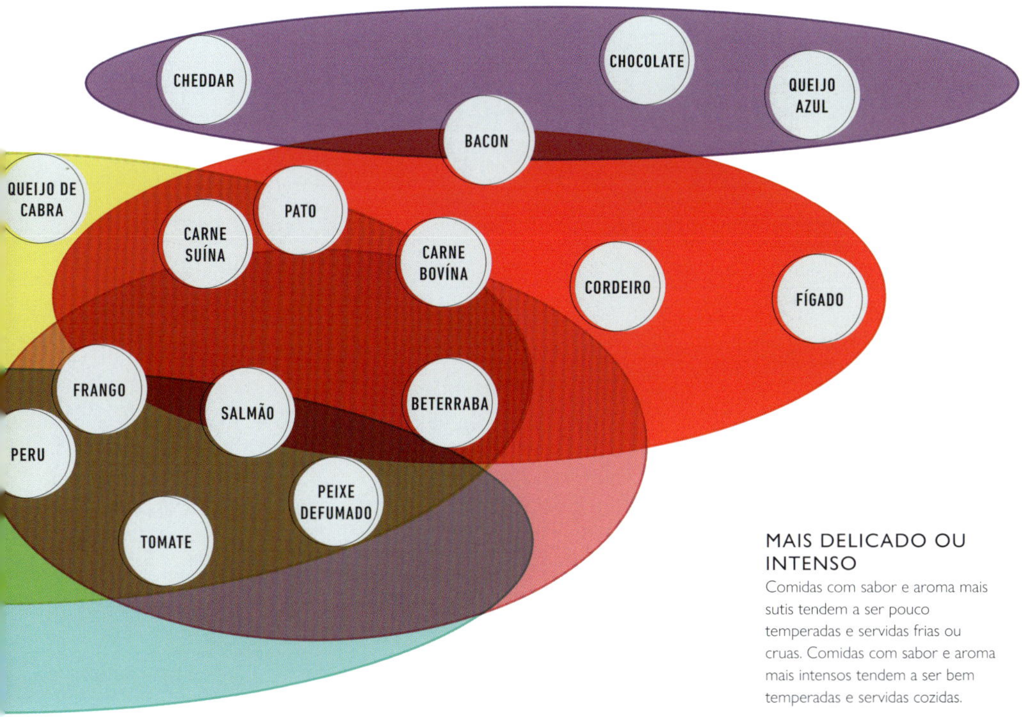

MAIS DELICADO OU INTENSO
Comidas com sabor e aroma mais sutis tendem a ser pouco temperadas e servidas frias ou cruas. Comidas com sabor e aroma mais intensos tendem a ser bem temperadas e servidas cozidas.

SABOR — **MAIS INTENSO**

HARMONIZAÇÃO COM RECEITAS ESPECÍFICAS

Sempre é bom saber harmonizar de acordo com o ingrediente principal, mas nada o impede de aprender alguns segredos do ofício para melhorar ainda mais. Os sommeliers quase sempre usam a estratégia do "semelhante com semelhante" para fazer recomendações de harmonização, mas não se limitam a isso.

UMA DICA

Ao recomendar vinhos, os sommeliers avaliam a experiência sensorial de cada prato, incluindo o método de preparação, temperos e molhos.

AVALIE OS SABORES MAIS INTENSOS

Os consumidores costumam focar os ingredientes principais ao escolher o vinho — como um Pinot Grigio para vieiras ou um Cabernet Sauvignon para carne bovina. Os sommeliers encaram o sabor como um todo. Se a receita for acidulada, à base de ervas, defumada ou doce, eles escolherão vinhos com perfis de sabor semelhantes, independentemente do ingrediente principal. Eles não se atêm à proteína do prato e pensam em termos de aspecto, sabor, cheiro e sensação da receita na boca.

HARMONIZAÇÃO COTIDIANA POR INGREDIENTE

As vieiras são claras e delicadas. *Sirva com vinhos brancos delicados, como o Pinot Grigio italiano.*

A carne bovina é mais escura e mais forte. *Sirva com vinhos tintos mais encorpados, como o Cabernet Sauvignon da Califórnia.*

HARMONIZAÇÃO POR RECEITA

O ceviche de vieira é acidulado, cítrico e herbáceo. *Sirva com um vinho branco acidulado, cítrico e herbáceo, como o Sauvignon Blanc neozelandês.*

O carpaccio de carne é cru e pouco temperado. *Sirva um vinho branco jovem, refrescante e de sabor sutil, como o Albariño espanhol.*

Vieiras trufadas seladas são ricas, terrosas e caramelizadas. *Sirva com um vinho branco rico, terroso e amadeirado, como o Meursault (Chardonnay) francês.*

O steak au poivre é escuro, intenso e picante. *Sirva com um vinho tinto escuro com notas de pimenta-do-reino, como o Shiraz australiano.*

HARMONIZE VINHOS AMADEIRADOS COM COMIDAS DOURADAS

O sabor marcante de carvalho novo no vinho se assemelha aos sabores de alimentos dourados no cozimento. Assar, fritar ou grelhar um peito de frango intensifica sua cor e seu sabor, algo que cozinhar a vapor ou escalfar não faz. Amadurecer ou fermentar o vinho em carvalho novo infunde sabores e aromas semelhantes, já que a madeira é "tostada" na preparação das barricas. A semelhança aromática cria uma afinidade natural entre os alimentos dourados na preparação e o vinho amadurecido ou fermentado em barricas.

APOSTE NA LEVEZA

Nos restaurantes, o vinho não é a estrela do show. Os vinhos são coadjuvantes para realçar a comida. Assim como as harmonias de fundo não devem competir com a melodia principal, o vinho não deve desviar nossa atenção do prato principal.

Vinhos mais leves e delicados são mais versáteis. Além de combinar com pratos mais leves e delicados, também podem fornecer um contraponto de limpeza do paladar, mesmo em refeições mais pesadas. Vinhos fortes podem impressionar por si só, mas sua intensidade pode ofuscar a comida, a menos que o prato seja igualmente rico e robusto.

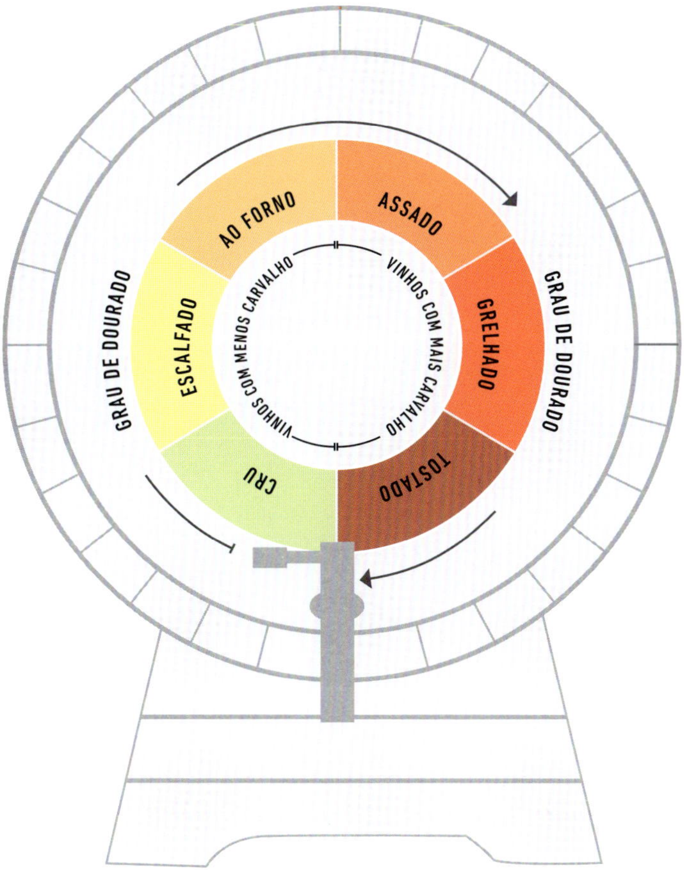

▲ COMBINAÇÃO POR CORES
Em geral, alimentos crus ou cozidos sem dourar combinam mais com vinhos jovens, sem madeira e refrescantes. Alimentos dourados na preparação — como assados, grelhados ou salteados — caem melhor com vinhos com carvalho.

▼ NÃO TEM ERRO
Se quiser um vinho que "combina com tudo", escolha algo mais leve e delicado. Para os sommeliers, a regra é: "Na dúvida, harmonize com Champagne".

QUÍMICA ALIMENTAR

Os sommeliers sabem que os temperos distorcem nossas percepções sensoriais do vinho de maneiras previsíveis. O sal e o açúcar podem alterar muito a nossa percepção de acidez e doçura em qualquer vinho servido com uma refeição.

SAL: AMIGO DO VINHO SECO

A maioria das coisas que comemos levam sal, e costumamos usá-lo nas receitas porque ele ajuda a realçar outros sabores. O sal reduz a percepção da acidez do vinho, e o vinho retribui o favor, reduzindo a percepção do sal na comida sem comprometer o sabor como um todo.

Os vinhos precisam ter um toque de acidez mais forte para ficarem perfeitos com a maioria dos alimentos. Muitos vinhos possuem tanta acidez porque os vinicultores sabem que serão consumidos com alimentos salgados. Tanto que vinhos acidulosos — como o Chianti italiano ou o Sancerre francês — são chamados de "vinhos gastronômicos".

AÇÚCAR: INIMIGO DO VINHO SECO

Embora o açúcar também intensifique o sabor da comida, não se dá tão bem com o vinho quanto o sal. Comidas doces tornam o vinho mais azedo, como a acidez desagradável ao tomar suco de laranja depois de escovar os dentes.

Para evitar esse problema, o vinho precisa ser, no mínimo, tão doce quanto o prato. Alimentos levemente doces combinam mais com vinhos frutados modernos do que com vinhos secos. Comidas mais doces, como as com molhos à base de frutas, combinam com vinhos ligeiramente doces, como o Riesling. Sobremesas pedem vinhos de sobremesa doces e licorosos.

O SAL NA COMIDA REDUZ A PERCEPÇÃO DE ACIDEZ DO VINHO.

O AÇÚCAR NA COMIDA AUMENTA A PERCEPÇÃO DE ACIDEZ DO VINHO.

DEGUSTAÇÃO

Os efeitos do sal e do açúcar

COMPARE DOIS VINHOS EM CASA

Sirva uma taça com cada um dos estilos de vinho abaixo.

1 Prove os vinhos, observando as primeiras impressões de doçura e acidez.
2 Coma uma pitada de sal. Após ele dissolver, volte a provar o Sauvignon Blanc. Observe como a percepção da acidez é reduzida, deixando o vinho mais delicado e frutado.
3 Repita o passo 2 com o Riesling. Observe como a acidez é reduzida, deixando o vinho um pouco mais doce.
4 Aguarde 5 minutos para suas papilas gustativas se recuperarem e repita o passo 1.
5 Coma um pouco de mel e volte a provar o Sauvignon Blanc. Observe como a acidez é intensificada, deixando o vinho extremamente ácido e unidimensional.
6 Repita o passo 5 com o Riesling. Observe o aumento de acidez, mas, como o Riesling é mais doce, o efeito é menos desagradável. O vinho agora parece bem menos doce do que quando ingerido sozinho ou depois do sal. A doçura do mel suplanta a do vinho, deixando-o muito mais seco.

Exemplos... Bordeaux Blanc, Sancerre, Pouilly-Fumé ou Touraine

Note no vinho... Baixa doçura/muito seco; acidez alta/muito aciduloso

Depois do sal, note... Um pouco menos seco; bem menos ácido

Depois do mel, note... Um pouco menos doce; bem mais ácido

Exemplos... Estilos de Columbia Valley (Washington) ou Califórnia, sem menção a "seco" no rótulo

Note no vinho... Doçura média/ligeiramente doce; acidez média/acidulado

Depois do sal, note... Um pouco mais doce; bem menos ácido

Depois do mel, note... Muito mais seco/menos doce; bem mais ácido

ALÉM DO SAL E DO AÇÚCAR: COMO NOSSOS SENTIDOS SE AJUSTAM

Muitas sensações não "se somam" para parecerem mais fortes juntas; elas se equilibram e se neutralizam conforme os nossos sentidos se ajustam. Imagens e sons são mais vívidos quando isolados, e qualquer outro estímulo reduz sua intensidade — é por isso que ouvimos um sussurro em uma sala silenciosa, mas precisamos gritar em um bar barulhento.

O mesmo vale para a maioria dos gostos, cheiros e texturas, mas é mais difícil notar o padrão.

Quando o vinho e a comida têm características sensoriais semelhantes, nossos sentidos se ajustam e os dois parecem mais fracos juntos do que separados. O resultado é agradável e harmonioso, e podemos aplicar a abordagem "semelhante com semelhante" a gostos, cheiros e texturas.

Além de combinar leve com leve e pesado com pesado, também podemos combinar ácido com ácido, amadeirado com defumado e doce com doce.

Esse efeito é mais claro e imediato com sensações envolvendo as papilas gustativas:

NA PERCEPÇÃO SENSORIAL, UM MAIS UM NÃO É IGUAL A DOIS!

Alimentos ácidos — tomates ou picles — e vinhos acidulosos — como Chianti ou Sauvignon Blanc — juntos parecerão menos, não mais, ácidos.

Alimentos doces — como salada de frutas ou crème brûlée — e vinhos doces — como Riesling ou Sauternes — juntos parecerão menos, não mais, doces.

O mesmo padrão ocorre com muitas percepções olfativas e táteis, apesar de menos evidente:

Alimentos defumados — salmão defumado ou carnes grelhadas — e vinhos amadeirados — Chardonnay ou Rioja — juntos parecerão menos, não mais, amadeirados.

Alimentos ricos — como risoto com trufas ou mousse de chocolate — e vinhos encorpados com alto teor alcoólico — Barolo ou Porto — juntos parecerão mais leves.

NÃO ACENDEMOS AS LUZES PARA VER TV, PORQUE DUAS FONTES DE LUZ CONCORRENTES FAZEM UMA À OUTRA PARECER MAIS ESCURA. O MESMO EFEITO NEUTRALIZANTE OCORRE QUANDO O VINHO E A COMIDA COMPARTILHAM UMA CARACTERÍSTICA DOMINANTE.

UM JANTAR ELEGANTE É SÓ UM JANTAR

Os sommeliers recomendam vinhos que compartilham uma característica dominante com a comida. A ideia é permitir que essas características fortes se equilibrem mutuamente — em vez de exacerbar a característica em comum, ajudar que se integrem para chegar a um resultado agradável. Combinar vinho e comida não é como ir ao cinema ou a um show de rock, quando isolar e amplificar sensações pode levar a extremos eletrizantes. Harmonizar vinho e comida é buscar conforto e equilíbrio.

UMA EXCEÇÃO À REGRA

"Semelhante com semelhante" é uma boa estratégia de harmonização, mas não para alimentos picantes e vinhos "picantes" — duas qualidades muito diferentes. Alimentos picantes causam ardência, como a pimenta-malagueta, enquanto os vinhos picantes têm aromáticos que remetem a especiarias ou temperos, como o Syrah. Como os aromáticos do vinho provêm principalmente da casca da uva e se intensificam com a maturação da fruta, os vinhos mais picantes em geral são tintos e encorpados.

Os sommeliers tendem a evitar tintos mais encorpados e picantes com comida apimentada e a recomendar vinhos brancos e rosés ligeiramente doces com baixo teor alcoólico — como Moscato italiano ou Riesling alemão.

A ardência da comida e o alto teor alcoólico do vinho intensificam as características dominantes um do outro, em vez de se equilibrar e se neutralizar. O álcool atua como um irritante que aumenta o ardor da comida picante, como esfregar sal em uma ferida. E os vinhos encorpados ficam mais pesados e alcoólicos com uma comida picante.
Nada disso é agradável.

NÃO QUEIME A LÍNGUA!

O alto teor alcoólico dos vinhos encorpados pode torná-los desagradáveis com pratos muito apimentados, chegando a ser desconfortável.

CONTROLE A ARDÊNCIA

Vinhos com baixo teor alcoólico domam as "chamas" da comida picante, enquanto os vinhos mais encorpados intensificam a ardência.

DEGUSTAÇÃO

Rivalidade sensorial

COMPARE QUATRO VINHOS E QUATRO COMIDAS EM CASA

Faça este teste em casa para ver como seus sentidos funcionam diante de fontes concorrentes de sensações semelhantes.

1 Prove primeiro todos os vinhos sozinhos, observando suas primeiras impressões sobre doçura e acidez, sabor do fruto e carvalho, corpo e tanino.

2 Coma um pedaço de tomate e volte a provar o vinho 1. Observe como comer algo igualmente acidulado deixa o vinho menos, não mais, ácido do que antes.

3 Volte a provar o vinho 2, coma um pedaço de amêndoa defumada e volte a provar o vinho. Observe como comer algo torrado ou defumado com sabor igualmente amadeirado deixa o vinho menos, não mais, amadeirado do que quando provado sozinho.

4 Volte a provar o vinho 3 antes e depois de provar um pouco de manteiga. Observe como provar algo igualmente rico e pesado deixa o vinho mais leve, não mais pesado, do que quando provado sozinho.

Exemplos...
Chianti Classico ou qualquer vinho jovem, de preço baixo, à base de Sangiovese toscana com menos de três anos

Observe no vinho sozinho...
Baixa doçura/muito seco; acidez alta/muito aciduloso; intensidade média do fruto; pouco carvalho; corpo médio; tanino médio

Reduz a acidez
Comidas aciduladas, como tomates, frutas cítricas ou vinagre, deixam o vinho degustado muito menos ácido.

Exemplos...
Rioja Reserva ou qualquer reserva espanhol à base de Tempranillo, como Ribera del Duero ou Toro

Observe no vinho sozinho...
Baixa doçura/muito seco; acidez alta/aciduloso; intensidade média do fruto; muito carvalho; corpo médio; tanino médio

Reduz a madeira
Amêndoas defumadas ou outros alimentos com sabores tostados ou dourados deixam o vinho muito menos amadeirado.

Exemplos...
Vinho chileno ou qualquer vinho premium à base de Cabernet Sauvignon das Américas ou do hemisfério sul

Observe no vinho sozinho...
Baixa doçura/seco; acidez média/acidulado; alta intensidade do fruto; muito carvalho; encorpado; tanino alto

Reduz o corpo
Alimentos gordurosos, como laticínios ou carnes, deixam o vinho muito mais leve.

5 Volte a provar o vinho 4 antes e depois de comer um pouco de chocolate amargo. Observe como comer algo igualmente doce deixa o vinho menos, não mais, doce do que quando provado sozinho.

6 Aguarde 5 minutos para suas papilas gustativas se recuperarem de todo esse estímulo.

7 Volte a prove qualquer combinação de vinho e comida no mesmo esquema "antes e depois". Observe duas coisas: a) os efeitos dos gostos na língua, como doçura e acidez, são mais acentuados do que as sensações olfativas e táteis; e b) as comidas são mais equilibradas com os vinhos de gosto, aroma ou textura semelhantes.

Exemplos...
Porto português ou qualquer vinho de sobremesa tinto fortificado doce com mais de 15% de álcool, como o Tawny australiano ou Banyuls francês

Observe no vinho sozinho...
Doçura muito elevada; baixa acidez/delicado; intensidade do fruto muito alta; carvalho variável com o estilo; fortificado/muito encorpado; tanino médio

Reduz a doçura
Alimentos doces como chocolate, sobremesas ou frutas deixam o vinho muito menos doce e mais ácido

RESUMO DO CAPÍTULO

Veja abaixo alguns pontos importantes abordados neste capítulo.

- Não se preocupe em harmonizar **vinhos específicos com alimentos específicos**. Costuma ser melhor escolher com base em fatores como **hora do dia e estação do ano**.
- **Vinhos mais leves e jovens** (geralmente resfriados) são ideais em climas quentes, enquanto **vinhos mais fortes e complexos** são perfeitos para estações mais frias.
- Combine vinhos com **qualidades sensoriais semelhantes** à comida: leve com leve e rico com rico.
- É quase sempre certeiro combinar vinho e comida de acordo com a **intensidade de sabor ou de cor**.
- **Temperos e molhos** podem afetar mais o sabor de um prato do que seus ingredientes principais. Os sommeliers consideram **toda a experiência sensorial** de cada prato — inclusive os métodos de preparo — para encontrar a melhor combinação de vinho.
- Em geral, alimentos crus ou cozidos sem dourar combinam mais com **vinhos jovens, sem madeira e refrescantes**. Alimentos dourados na preparação — como assados, grelhados ou salteados — caem bem com **vinhos mais amadeirados**.
- Na dúvida, combine com **Champagne** ou **espumante**.
- **Sal e açúcar** em um prato alteram a percepção de acidez e doçura de **qualquer vinho**. O sal nos alimentos reduz a acidez do vinho; o açúcar aumenta a acidez do vinho.
- **"Semelhante com semelhante"** é uma boa estratégia de harmonização, mas alimentos picantes não combinam com vinhos "picantes". Estes **tintos intensos e robustos** aumentam a **ardência** de um prato, enquanto os vinhos brancos com baixo teor alcoólico **acalmam** os sentidos.

DOMINANDO AS VARIÁVEIS DO VINHO

O VINHO É UM PRODUTO incrivelmente complicado, mesmo com algumas regras para nos orientar. Os rótulos enfatizam uvas e regiões, marcas e safras, mas não dizem como será o sabor do vinho. Parece até um código secreto. Os iniciantes gostariam de saber mais sobre cada vinho — as proporções do blend ou o tempo de amadurecimento em barricas —, mas essas informações raramente ajudam. Os especialistas sabem que uma pequena lista de variáveis molda o sabor do vinho, como o clima do vinhedo e as decisões de vinificação, o que os permite fazer generalizações. Para os iniciantes, vale mais a pena entender esses fatores do que se perder em detalhes de cada marca. Sempre haverá exceções, é claro, mas as surpresas saborosas mantêm o vinho interessante.

DECISÕES DE VINIFICAÇÃO

DOÇURA, COR E MADEIRA O clima do vinhedo determina o potencial de maturação das uvas, e as castas podem ter perfis de sabor distintos, mas a uva é apenas a matéria-prima do vinho. As decisões do vinicultor também são determinantes para o sabor de um vinho. Como um chef com ingredientes frescos, o vinicultor decide o que fazer com as uvas — se deve fazer vinho doce ou seco, tinto ou branco, fresco e sem madeira ou amadurecido em barricas e complexo. Ao manipular o processo de vinificação, ele também pode transformar as uvas em vinho espumante borbulhante ou vinho fortificado com alto teor alcoólico.

FERMENTAÇÃO DA UVA EM VINHO

O vinho é produzido pela fermentação, com leveduras vivas convertendo o açúcar em álcool. Em alimentos frescos, esse evento natural é o primeiro passo no caminho para a deterioração. Mas, por milhares de anos, a humanidade assumiu o controle do processo de fermentação — e não apenas para fazer vinho e cerveja. A fermentação transforma farinha em pão, leite em queijo e grãos de cacau em chocolate. Pense nas leveduras como o ingrediente mágico que transforma uvas frescas simples em vinhos complexos e saborosos.

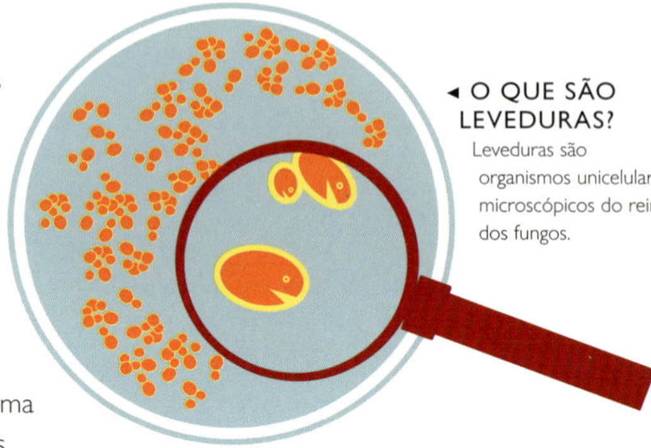

◂ O QUE SÃO LEVEDURAS?
Leveduras são organismos unicelulares microscópicos do reino dos fungos.

DECOMPONDO O AÇÚCAR

Muitos tipos de levedura são naturais do ambiente, sobretudo o gênero *Saccharomyces*, que se alimenta de açúcar e é usado para fazer pão, cerveja e vinho. Essas leveduras consomem açúcar e o decompõem em álcool e dióxido de carbono (CO_2). A fermentação sempre começa espontaneamente graças à presença de leveduras selvagens no vinhedo e na vinícola. Mas muitos vinicultores modernos preferem inocular cepas de levedura cultivadas para obter resultados mais previsíveis.

A EQUAÇÃO DA FERMENTAÇÃO ALCOÓLICA

As bebidas alcoólicas nascem com a fermentação, na qual leveduras vivas consomem e metabolizam o açúcar, convertendo-o em álcool. Esse processo também gera dióxido de carbono, energia térmica e sabores e aromas.

SABORES ALÉM DA UVA

Os aromas e os sabores dos vinhos não se limitam aos das uvas. Durante a fermentação, ocorrem inúmeras reações químicas que geram novos sabores e aromas que nem sempre estavam presentes ou eram detectáveis na fruta. A fermentação é o que torna o vinho tão aromaticamente complexo e agradável, como no caso dos queijos.

Os sabores únicos do brie francês, do cheddar de Wisconsin e do gorgonzola italiano se devem à fermentação e ao amadurecimento, não à sua matéria-prima (leite de vaca). As leveduras também afetam os sabores e aromas das uvas frescas.

PIMENTA OU CHOCOLATE?

Termos exóticos são usados para descrever aromas do vinho não provenientes da uva, muitas vezes fazendo referência a outras frutas, comidas ou especiarias — que não são ingredientes, mas apenas metáforas para descrever os diversos aromas do vinho.

► A IMPORTÂNCIA DAS CULTURAS
Como na produção de queijos, os vinicultores escolhem muito bem suas cepas de levedura para controlar o sabor e o aroma do vinho.

PRODUTOS DA FERMENTAÇÃO

CONTROLANDO A DOÇURA

As uvas são doces, mas a maioria dos vinhos não, por uma razão prática: os primeiros vinicultores queriam aumentar o teor alcoólico e reduzir o açúcar para retardar a deterioração. Os vinhos doces e os vinhos com baixo teor alcoólico são mais suscetíveis à deterioração microbiológica, enquanto os vinhos mais alcoólicos e mais secos — ou seja, menos doces — duram mais.

POR QUE TÃO SECO?

A tradição é fermentar os vinhos até a secura, que é a maneira mais fácil de fazer vinho. Uma vez iniciada a fermentação, as leveduras alimentam-se e reproduzem-se até consumir todo o açúcar, sendo difícil interromper o processo.

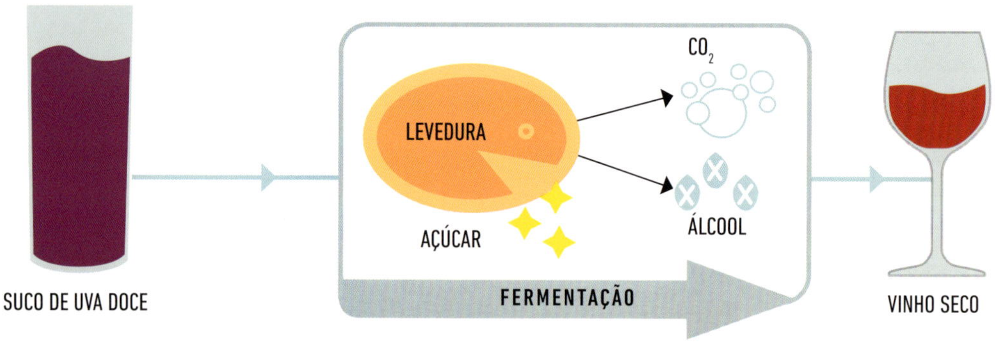

AÇÚCAR É ÁLCOOL POTENCIAL

O principal papel do açúcar na vinificação é ser convertido em álcool. A maioria dos vinhos são secos, não doces, sobretudo os que têm mais de 13% de álcool.

DOCES SONHOS DA VINIFICAÇÃO

Os vinhos doces podem ser raros, mas sempre foram desejáveis por serem deliciosos. A maioria das regiões vinícolas europeias desenvolveram métodos próprios de produção de vinhos doces adaptados ao ambiente. A tecnologia moderna torna estes vinhos bem mais estáveis. A maioria segue uma entre três estratégias de vinificação, sendo que cada uma pode produzir vinhos que variam de ligeiramente doces "meio-secos" a vinhos de sobremesa superdoces.

MÉTODO 1: INTERROMPER A FERMENTAÇÃO

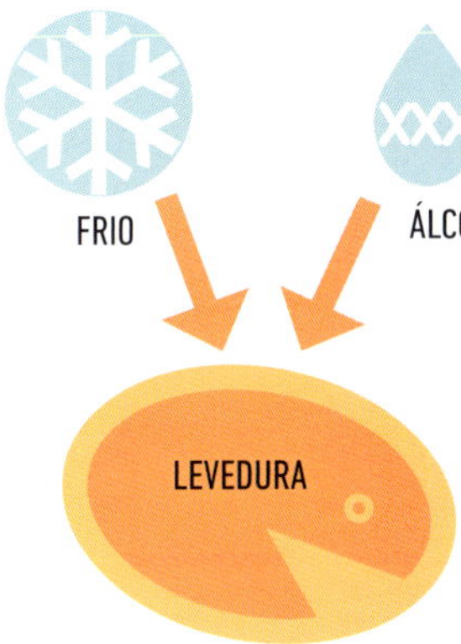

Interromper o ciclo de vida da levedura preserva parte do açúcar natural da uva. Há duas opções principais.

1 Reduzir a temperatura As leveduras desaceleram e morrem no frio. Este método de reter o açúcar sacrifica o álcool potencial e os vinhos mais doces terão teor alcoólico mais baixos.

Exemplos: *Rieslings e rosés ligeiramente doces; Moscatos italianos totalmente doces*

2 Adicionar um destilado As leveduras não toleram mais de 15% de álcool e fortificar o vinho com destilado vínico pode interromper a fermentação.

Exemplos: *Portos portugueses totalmente doces; Vin Doux Naturel francês*

MÉTODO 2: CONCENTRAR AS UVAS ANTES DE FERMENTAR

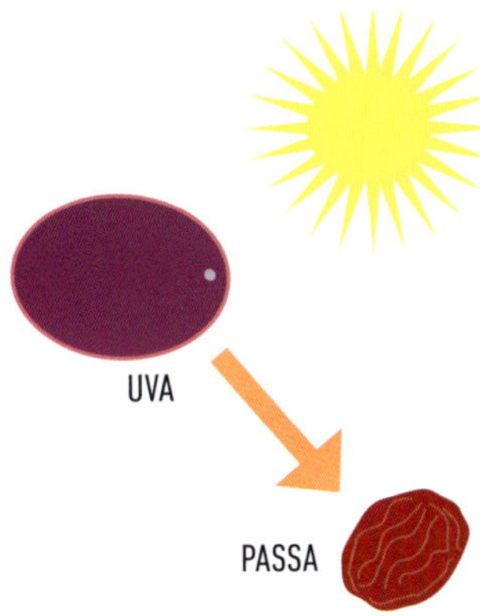

Reduzir o teor de água das uvas aumenta a proporção de todo o resto, incluindo açúcares, ácidos e compostos de sabor. Em regiões quentes, as uvas podem secar ao sol após a colheita; nas regiões mais frias, é mais comum atrasar a colheita. As uvas de "colheita tardia" murcham e ficam concentradas na videira, produzindo vinhos ricos e doces. Em climas frios, as uvas podem ficar na videira até o meio do inverno, congelando e concentrando o suco restante.

Exemplos: *Vin Santo italiano e Moscatel espanhol com uvas passificadas; Sauternes franceses de colheita tardia e Auslese alemães; Eiswein austríaco e Icewine canadense feitos por concentração por congelamento*

MÉTODO 3: ADOÇAR O VINHO DEPOIS DE FERMENTAR

Muitos vinhos baratos não totalmente secos são feitos com adição de um pouco de suco (ou concentrado) de uva em um vinho seco. Muitos vinhos doces finos também são produzidos com variações dessa técnica. A maioria usa uvas para adoçar, mas alguns — como o Champagne demi-sec — usam açúcar de cana com esse propósito.

Exemplos: *Liebfraumilch alemão (suco de uva); Champagne francês (açúcar de cana); Jerez Cream espanhol (xarope de passas); Tokaji Aszú húngaro (uvas de colheita tardia)*

DEGUSTAÇÃO

As etapas da fermentação

COMPARE SUCO DE UVA E VINHO EM CASA

Todos os vinhos começam como suco de uva doce, como o exemplo 1, e a maioria termina como vinhos secos, sem açúcar perceptível, mas com bastante álcool, como o exemplo 4. No entanto, os vinicultores podem interromper o processo de fermentação para produzir um vinho mais doce. Os vinhos 2 e 3 são produzidos interrompendo a fermentação.

1 Prove estas quatro bebidas uma após a outra. Observe como a fermentação com levedura transforma o suco de uva em vinho.
2 Preste atenção às variações de doçura e corpo à medida que os vinhos ficam mais encorpados.
3 Note que a presença ou ausência de açúcar e álcool não são claras ao cheirar, mas ficam bem claras no paladar após um gole.

A MAIORIA DOS VINHOS É FERMENTADA ATÉ A SECURA, MAS OS VINICULTORES PODEM INTERROMPER A FERMENTAÇÃO PARA RETER A DOÇURA DA UVA.

Exemplos... Qualquer suco comprado em loja ou feito em casa

Contém
100% de uvas de mesa
18% de açúcar (aprox.)
0% de álcool (aprox.)
Dá para notar...?
Muito doce;
muito aciduloso;
aromas e sabores de uva

Explicação Por ser o mais doce de todos os sucos de fruta, o suco de uva é ideal para a vinificação. Vinhos feitos com outras frutas têm baixo teor alcoólico e duram menos. O vinho raramente é com os tipos de uva de mesa usados para fazer sucos e geleias, mas têm uma doçura parecida o suficiente para nos dar uma ideia da matéria-prima que os vinicultores usam para fazer vinhos brancos.

Fermentar até a metade; interromper por resfriamento

Exemplos... Asti italiano ou qualquer Moscatel doce e espumante com menos de 10% de álcool

Contém
100% de Moscatel (Moscato ou Muscat)
5% de açúcar (aprox.)
7% de álcool (aprox.)

Dá para notar...? Alto açúcar/totalmente doce; acidez alta/aciduloso; alta intensidade do fruto; sem carvalho; pouco álcool/leve; alta carbonatação

Explicação O sabor dos Moscatéis doces efervescentes fica entre o suco de uva e o vinho. Estes vinhos são produzidos interrompendo a fermentação, deixando muito açúcar não fermentado e sacrificando o álcool potencial. Suas bolhas são um subproduto natural da fermentação.

Fermentar até a metade; interromper adicionando destilado vínico

Exemplos.... Muscat de Beaumes-de-Venise, Muscat de Minervois ou Muscat de Frontignan

Contém
100% de Moscatel (Moscato ou Muscat)
15% de açúcar (aprox.)
15% de álcool (aprox.)

Dá para notar...? Alto açúcar/muito doce; baixa acidez/não refrescante; alta intensidade do fruto; sem carvalho; muito álcool/encorpado; sem carbonatação

Explicação Este é um estilo totalmente doce no qual a fermentação é interrompida, mas usando um método diferente. Adicionar destilado vínico durante a fermentação mata as leveduras, criando um vinho de sobremesa doce e forte, que remete a um licor.

Fermentar completamente, exaurindo todo o açúcar

Exemplos... Moscatel francês da Alsácia, qualquer Moscatel rotulado como "seco" da Austrália/EUA ou Torrontés argentino. (Não escolha Moscatéis franceses rotulados como *vendange tardive*, *sélection de grains* noble ou *vin doux naturel*.)

Contém
100% de Moscatel (Moscato ou Muscat)
0,5% de açúcar (aprox.)
13% de álcool (aprox.)

Dá para notar...? Baixo açúcar/seco; acidez alta/aciduloso; alta intensidade do fruto; sem carvalho; álcool médio/corpo médio; sem carbonatação

Explicação Fermentados até a secura, deixando muito pouco açúcar residual, a maioria dos vinhos secos não tem nada de doce e em geral contém pelo menos 12% de álcool, o que retarda a deterioração.

DETERMINANDO A COR E O ESTILO

Os vinhos brancos e tintos normalmente são produzidos com tipos diferentes de uva, mas não é isso o que causa as maiores diferenças de sabor. O processo de produção de vinhos brancos e tintos são completamente diferentes.

DOIS VINHOS, DOIS MÉTODOS

Pense em duas receitas com os mesmos ingredientes: tomate, cebola e pimentão. Descascar os tomates e resfriar a mistura cria um delicado gaspacho que mantém o frescor sem qualquer amargor da casca. Manter a casca do tomate e cozinhar a mistura transforma o resultado, produzindo um molho de macarrão mais espesso e de sabor mais forte. O mesmo acontece com as uvas. Fazer vinho branco envolve eliminar a casca da uva e preservar o frescor do mosto pela refrigeração; a produção de vinho tinto envolve contato com a casca da uva e calor controlado para extrair o máximo possível de cor e sabor.

O MÉTODO TINTO

OS VINHOS TINTOS SÃO MAIS FORTES E "AMARGOS", COMO AS CASCAS DAS UVAS.

Os vinhos tintos são feitos de uvas inteiras, incluindo cascas, sementes e polpa. O vinho tinto só pode ser feito com uvas de casca escura, porque as cascas são a fonte de cor e sabor.

O MÉTODO BRANCO

OS VINHOS BRANCOS SÃO MAIS DELICADOS E "SUCULENTOS", COMO A POLPA DAS UVAS.

Os vinhos brancos são feitos apenas com o mosto das uvas — cascas, sementes e polpa são descartadas. Apenas o mosto claro é usado na produção de vinho branco. Todos os sólidos da uva, incluindo as cascas coloridas, são removidos antes do início da fermentação.

FERMENTAÇÃO QUENTE E RÁPIDA

Os vinicultores usam o calor gerado na fermentação para extrair compostos de cor e sabor da casca da uva, e os taninos antioxidantes adstringentes acabam sendo extraídos também. O calor acelera o ciclo de vida das leveduras e os vinhos tintos fermentam até a secura com rapidez e vigor, desencadeando mais reações químicas e gerando novos sabores e aromas que não estavam presentes nas uvas.

FERMENTAÇÃO FRIA E LENTA

Os vinicultores usam a refrigeração para preservar o sabor delicado do mosto, mais leve. Sem os antioxidantes da casca da uva, é preciso proteger o mosto do ar em tanques ou barricas vedados para evitar a oxidação. O resfriamento retarda o metabolismo das leveduras e a fermentação é muito mais gentil. As reações químicas que geram novos compostos aromáticos são desaceleradas.

Uma importante distinção entre estilos de vinho é o momento da prensagem das uvas, que separa o líquido dos sólidos: antes da fermentação para os brancos, depois a fermentação para os tintos e durante a fermentação para os rosés.

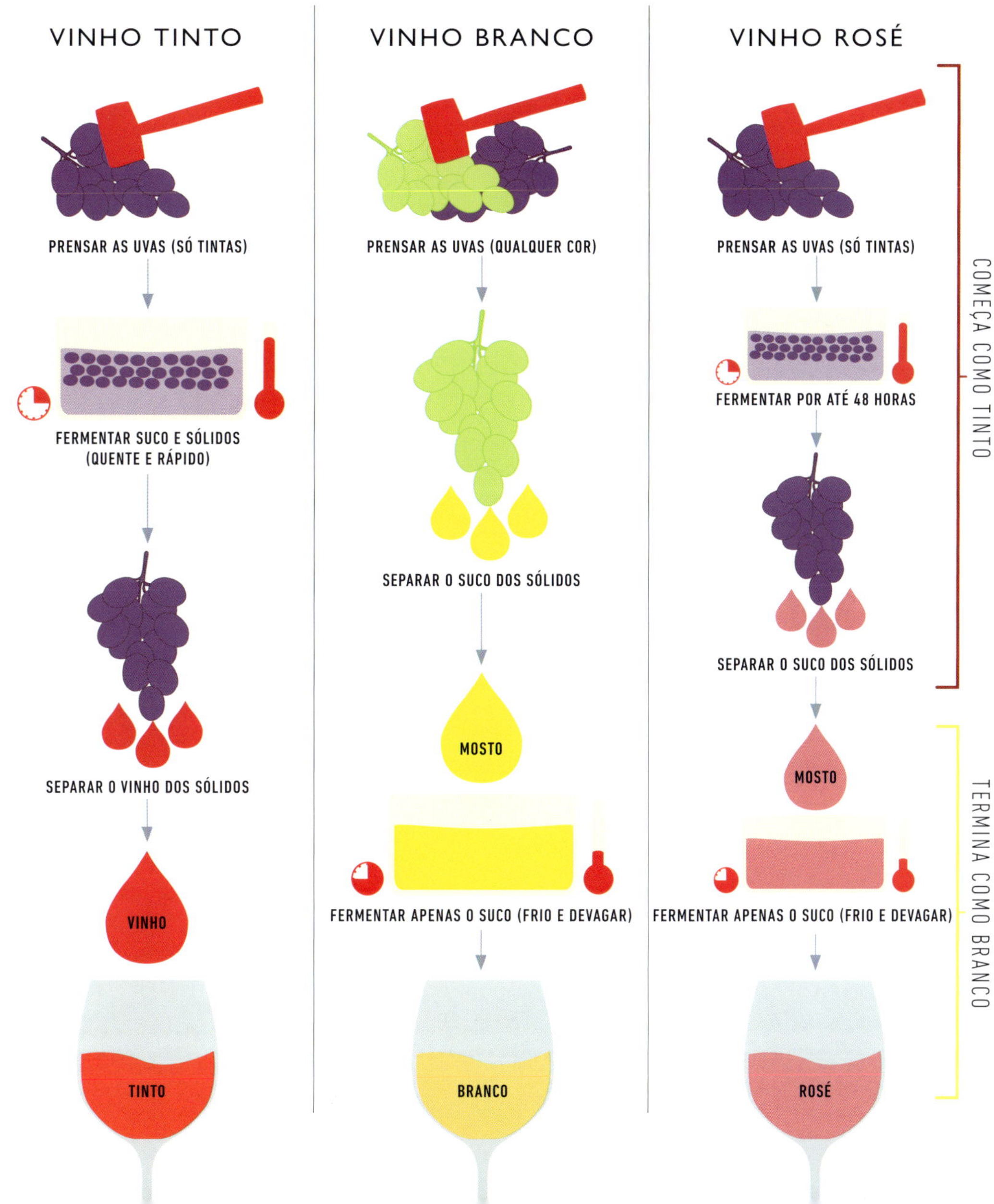

FERMENTAÇÃO OU AMADURECIMENTO EM CARVALHO

No passado, os vinhos eram produzidos e vendidos em barricas, mas hoje a grande maioria é fermentada em tanques de aço inoxidável e vendida em garrafas. Vinicultores ainda usam barricas de carvalho tradicionais para refinar e melhorar vinhos premium. Assim como os chefs usam manteiga e especiarias para enriquecer e temperar as receitas, os vinicultores usam barricas de carvalho para dar textura e sabor a seus vinhos.

OS EFEITOS DA BARRICA

O vinho é alterado conforme o tempo que passa em barricas de carvalho de três maneiras.

TODAS AS BARRICAS INTENSIFICAM O VINHO

Água e álcool são absorvidos pelos poros da madeira e evaporam ao atingir a superfície. O que resta — taninos, compostos de sabor e ácidos — fica mais concentrado, aumentando a qualidade e o potencial de evolução do vinho.

TODAS AS BARRICAS ARREDONDAM E ENRIQUECEM A TEXTURA DO VINHO

O ar entra pelos poros da madeira, expondo o vinho a uma oxidação lenta e contínua. Isso causa reações químicas em pequena escala que arredondam os vinhos jovens e ásperos, tornando-os suaves ao paladar.

SÓ BARRICAS NOVAS ADICIONAM SABORES DO CARVALHO E TANINOS AO VINHO

O carvalho contém compostos de sabor solúveis e taninos, que são transmitidos ao vinho com o tempo. Barricas novas conferem ao vinho um forte sabor tostado, como o encontrado no conhaque ou no bourbon. Mas, como um saquinho de chá, a barrica vai perdendo o sabor a cada uso, aproximando-se do estado neutro por volta do quarto ano. Para a maioria dos vinhos, 100% de carvalho novo é forte demais e os viticultores usam apenas de 20% a 50% de barricas novas a cada safra.

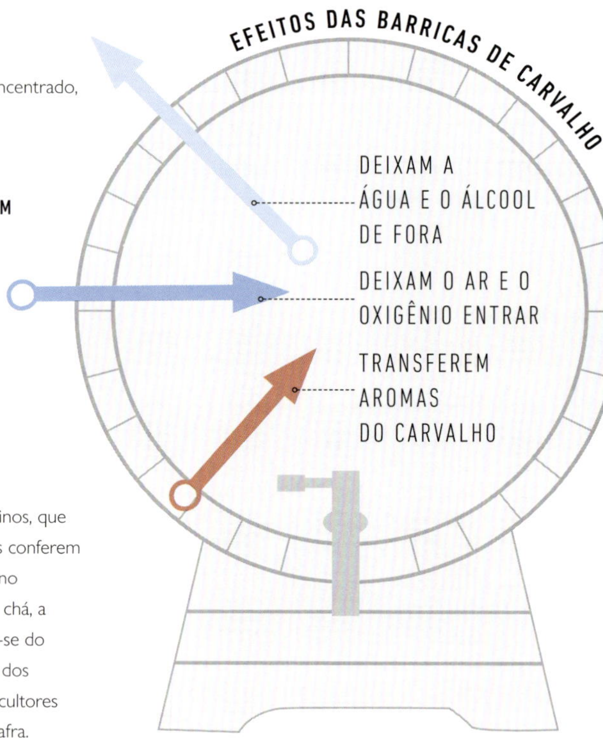

BARRICAS DE CARVALHO OU TANQUES DE AÇO

Barricas de madeira são usadas para obter a tríade de perfil: sabor concentrado, rica sensação de boca e aromas advindos do carvalho. Mas nem todos os vinhos justificam os custos de um longo amadurecimento em barricas.

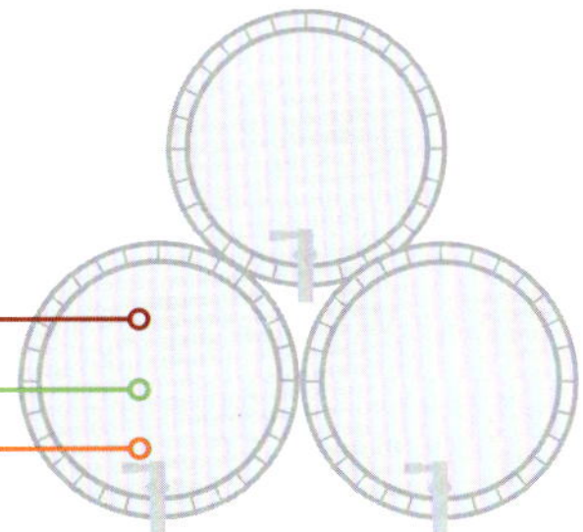

TANQUES INERTES – *SEM OS EFEITOS DO CARVALHO*

Os vinhos sem madeira são fermentados em recipientes que não conferem sabor, como tanques de aço inoxidável. A maioria dos vinhos brancos e rosés não tem madeira, mas, dos vinhos tintos, apenas os mais leves, mais jovens e menos ambiciosos são produzidos assim.

BARRICAS DE CARVALHO – *TODOS OS EFEITOS DO CARVALHO*

Os vinhos tintos premium são fermentados em tanques de aço e amadurecidos em barricas de carvalho antes do engarrafamento. Como os tintos são mais rascantes quando jovens, precisam de 3 meses a 3 anos para arredondar em barricas, dependendo do estilo e da ambição do vinho. O carvalho é usado apenas para os vinhos brancos mais encorpados, que em geral são fermentados em barricas desde o início, como os Chardonnays. Para vinhos tintos e brancos, barricas mais novas e mais tempo de amadurecimento reforçam os aromas advindos do carvalho. Mas barricas mais velhas e "neutras" não conferem qualquer aroma detectável de carvalho.

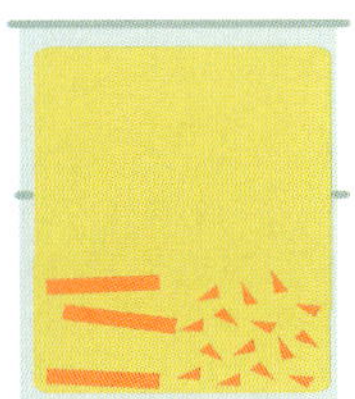

PASSAGEM POR CARVALHO – *APENAS AMADEIRADOS*

Os aromas advindos do carvalho são muito apreciados, mas nem todos os vinhos justificam os custos do amadurecimento em barricas. Marcas mais baratas tomam um atalho, "amadurecendo" o vinho em tanques de aço e usando produtos de madeira como lascas ou aduelas (ripas).

VINHO NO CARVALHO OU CARVALHO NO VINHO?

Notas de carvalho semelhantes ao conhaque caracterizam muitos estilos de vinhos premium, mas o método tradicional é demorado e caro. Vinicultores modernos podem usar aparas ou ripas de madeira para conferir aromas de carvalho com rapidez e a baixo custo. Mas, como esses tratamentos em carvalho não replicam as outras melhorias do amadurecimento em barricas, eles em geral só são usados em vinhos acessíveis.

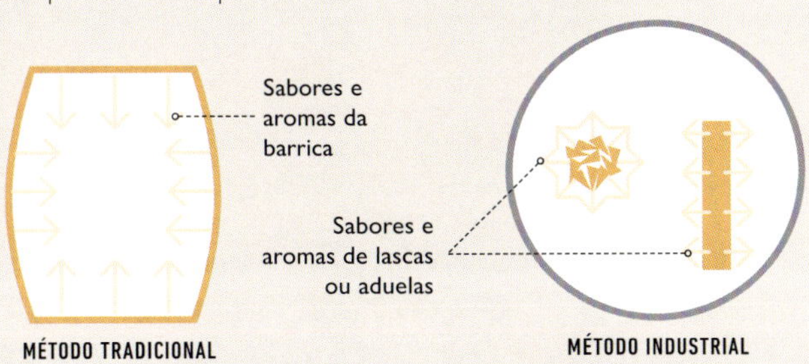

DEGUSTAÇÃO

Cascas da uva e barricas de carvalho

COMPARE QUATRO VINHOS EM CASA

Estes quatro vinhos são produzidos com uvas tintas da família Pinot, mas sua cor é determinada pelo tempo que o mosto da uva permanece em contato com as cascas. Uvas vermelhas e roxas podem ser transformadas em vinhos brancos se as cascas forem removidas antes da fermentação. Um breve contato com a casca dá apenas um toque de cor e sabor. Só os tintos recebem tratamento em barricas de carvalho.

1 Prove o vinho 1 (branco) e o vinho 2 (rosé). Note que os dois têm sabor fresco. Isso ocorre porque eles são fermentados a frio, com mínimo contato com a casca, engarrafados sem madeira e comercializados ainda jovens.

2 Agora prove os vinhos tintos 3 e 4. Note como a fermentação em temperaturas mais altas, com as cascas da uva, altera o sabor. Os dois vinhos são tintos premium e foram evoluídos em barricas de carvalho para arredondar e enriquecer a sensação de boca. Note também que o vinho 4 é intenso o suficiente para se beneficiar do sabor mais forte do carvalho mais novo.

A FERMENTAÇÃO COM CASCAS EXTRAI NÃO SÓ A COR E O SABOR, MAS TAMBÉM COMPONENTES MUITO ADSTRINGENTES QUE SE AMACIAM E ARREDONDAM QUANDO AMADURECIDOS EM BARRICAS DE CARVALHO.

NÃO DESPERDICE

Se preferir degustar sozinho, não se preocupe com o desperdício; para aprender a preservar vinhos abertos para beber depois, veja "Congelando o vinho", p.63.

PINOT GRIGIO

Exemplos... Pinot Grigio italiano, Grauburgunder alemão, Pinot Gris americano ou Pinot Gris canadense

Dá para notar...?
Baixo açúcar/seco; acidez alta/aciduloso; baixa intensidade do fruto; sem notas de carvalho; pouco álcool/leve; sem tanino

Explicação A Pinot Grigio é uma variante de casca mais clara da Pinot Noir. A Pinot Noir é roxa, quase preta, enquanto a Pinot Grigio é vermelha-rosada. Por ser clara demais para fazer um bom vinho tinto, suas uvas são imediatamente prensadas e apenas o mosto claro é fermentado a frio, produzindo um vinho branco.

PINOT NOIR ROSÉ

Exemplos... Um australiano ou qualquer Pinot Noir rosé da França, Nova Zelândia ou EUA

Dá para notar...? Baixíssimo açúcar/meio-seco; acidez alta/aciduloso; intensidade do fruto moderada; sem notas de carvalho; pouco álcool/leve; muito pouco tanino

Explicação A produção do vinho rosé combina elementos da produção de vinhos tintos e brancos. As uvas tintas são prensadas e passam de 6 a 48 horas maceradas com as cascas. Quando adquirem cor e sabor suficientes, o mosto rosado é separado dos sólidos e fermentado a frio.

PINOT NOIR FRANCÊS SIMPLES

Exemplos... Um Bourgogne Pinot Noir de bom custo-benefício ou outro Borgonha francês jovem de bom custo-benefício, como Mercurey ou Santenay

Dá para notar...? Açúcar muito baixo/muito seco; acidez alta/aciduloso; intensidade moderada do fruto; notas leves de carvalho; álcool médio/corpo médio; tanino leve

Explicação Os tintos extraem cor e sabor das cascas das uvas tintas, junto a taninos adstringentes e rascantes. Quase todos os tintos, exceto os mais baratos, são amadurecidos em barricas que os arredondam antes do engarrafamento. Os tintos europeus mais leves e acessíveis tendem a ser amadurecidos em barricas mais velhas que perderam os efeitos do carvalho novo.

PINOT NOIR AMERICANO PREMIUM

Exemplos... De uma denominação da Califórnia, como Sonoma County ou Monterey, ou um substituto de Oregon, Nova Zelândia ou Canadá

Dá para notar...? Baixo açúcar/seco; acidez moderada/aciduloso; intensidade mais alta do fruto; notas fortes do carvalho; álcool médio/corpo médio; tanino moderado

Explicação Os vinhos premium do Novo Mundo em geral são feitos com uvas mais maduras, e os vinicultores tentam maximizar a extração da cor e do sabor. Como intensificar os tintos também os torna mais rascantes, eles ficam mais tempo amadurecendo em barricas para arredondar. Uvas com sabores mais marcantes pedem mais tempo em barricas mais novas.

ESTILOS ESPECIAIS: VINHOS FORTIFICADOS

Na maioria dos vinhos, o álcool resulta da fermentação natural, mas alguns estilos são "fortificados" com destilado vínico — em geral uma aguardente do bagaço de uva semelhante à grappa, com altíssimo teor alcoólico. Os vinhos fortificados têm mais álcool (15–20%) do que os outros vinhos, de modo que são mais intensos e encorpados, servidos em doses menores. Podem ser brancos ou tintos, mas os mais populares são doces.

DE CLIMA QUENTE

Os vinhos fortificados encorpados são especialidades de climas quentes, porque o sol e o calor facilitam o cultivo das uvas, mas também aceleram a degradação.

UM POUCO DE HISTÓRIA

Os vinhos fortificados são relíquias históricas que sobreviveram devido a seu sabor agradável. No início, destilados eram misturados ao vinho por comerciantes e capitães de navios, não por vinicultores, para serem conservados antes do embarque. Como salgar peixe ou fermentar vegetais, medidas de conservação eram comuns em viagens longas, especialmente em climas quentes. Os vinhos fortificados mais populares — como Porto, Jerez, Madeira e Marsala — foram inovações de comerciantes britânicos baseados em portos de clima quente para levar vinho ao império. Nas vinícolas, a estabilização do vinho pela adição de álcool foi integrada à vinificação para melhorar a qualidade. A grande demanda por esses vinhos na Grã-Bretanha e nas colônias levou os vinicultores portugueses, espanhóis e italianos a seguirem o exemplo.

ESTILO NASCIDO DA NECESSIDADE

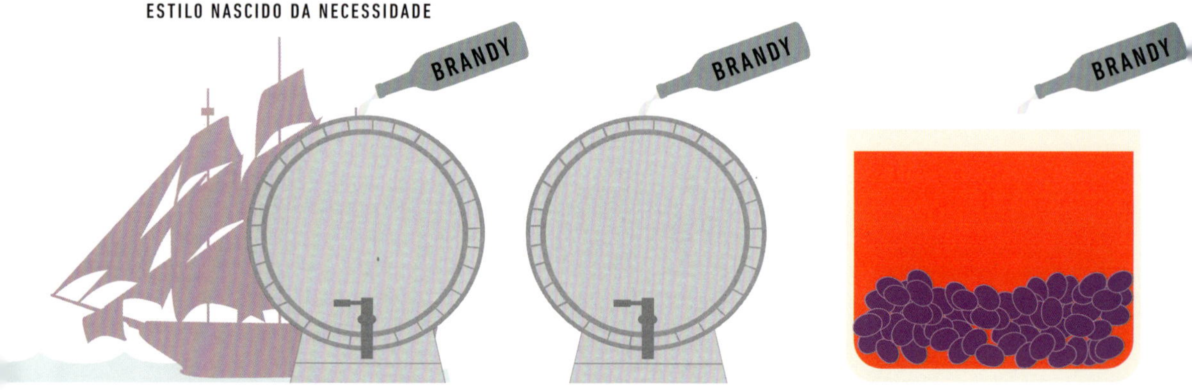

PEGUE A PRÁTICA HISTÓRICA

Fortifique o vinho com destilado vínico para evitar a deterioração em longas viagens marítimas.

ADAPTE-A PARA FAZER VINHO

Fortifique o vinho após a fermentação, mas antes do amadurecimento em barrica, para conservá-lo no tradicional sistema de *solera* para fazer Jerez.

REFINE-A PARA FAZER VINHO DOCE

Fortifique na fermentação para matar as leveduras, reter o açúcar e preservar o vinho por fortificação no "método do Porto" (*mutage*, na França).

MÉTODO DE JEREZ:

FORTIFICADO APÓS A FERMENTAÇÃO

Os vinhos produzidos por este método mais antigo são quase sempre vinhos brancos fermentados completamente. O "vinho base" resultante é fortificado com destilado vínico e amadurecido. Esses vinhos podem ou não ser adoçados depois, podendo variar de ultra-secos, como o Jerez Fino, a vinhos doces e licorosos, como o Jerez Cream.

JEREZ ESPANHOL

O sabor é intensificado pelo amadurecimento oxidativo para produzir um Jerez marrom mais forte, ou pelo amadurecimento com leveduras especiais, que produz um Jerez fino mais claro e menos encorpado (ou ambos para o Jerez Amontillado).

MADEIRA SECO PORTUGUÊS

O sabor é intensificado pelo amadurecimento oxidativo em alta temperatura, conhecido como madeirização, para os Madeiras Sercial e Verdelho secos.

VERMUTE SECO ITALIANO

Raramente vendido como vinho, o Vermute é um vinho fortificado e aromatizado pela infusão de ervas e outras plantas.

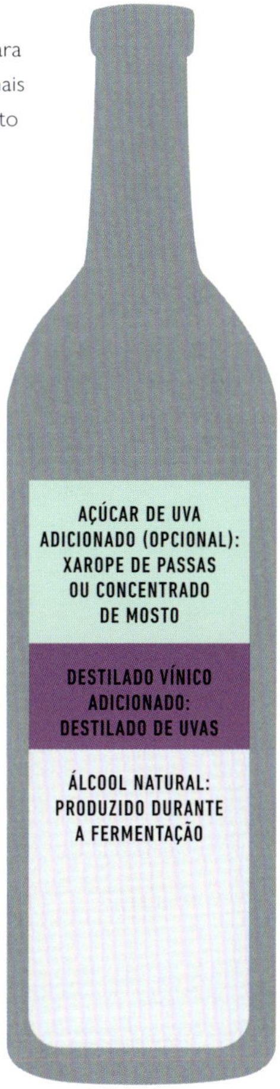

MÉTODO DO PORTO:

FORTIFICADO DURANTE A FERMENTAÇÃO

Esta técnica, também conhecida como *mutage*, é uma inovação mais recente e produz apenas vinhos brancos ou tintos doces. O destilado vínico é adicionado antes, já na fermentação. Como as leveduras não toleram mais de 15% de álcool, o destilado vínico interrompe abruptamente o processo de fermentação e garante um vinho doce de sobremesa. Os vinhos produzidos por este método incluem:

PORTO PORTUGUÊS

A maioria dos vinhos do Porto é tinta e tem dois estilos principais. Os Portos Tawny acastanhados são amadurecidos em foudres de madeira e têm notas de nozes, enquanto os Portos tintos mais clássicos são protegidos da oxidação para permanecer compotados e vívidos.

VINS DOUX NATURELS FRANCESES

Os Moscatéis brancos são mais doces e consumidos jovens, mas os tintos à base da Grenache, como os Banyuls, são mais secos e em geral amadurecem em barricas.

VINHOS LICOROSOS ESPANHÓIS

Os Moscatéis da Andaluzia e o Pedro Ximénez da região de Jerez começam com uvas brancas secas antes da fortificação. Outros estilos feitos com este método incluem o Madeira e o Moscatel portugueses, Marsala e Vermute italianos, e o Málaga e o Montilla-Moriles espanhóis.

ESTILOS ESPECIAIS: VINHOS ESPUMANTES

Como o dióxido de carbono e o álcool são subprodutos da fermentação, todos os vinhos têm bolhas em algum estágio. Em geral, o vinicultor dissipa essa efervescência, mas alguns vinhos ficam melhor com um pouco de "gás". Para reter a carbonatação natural, o processo é ajustado e a etapa final da fermentação é feita em um recipiente fechado para reter o gás.

MÉTODO TRADICIONAL

O trabalhoso "método tradicional" criado em Champagne ainda é utilizado no mundo todo para vinhos premium devido a seus deliciosos resultados: vinhos com bolhas delicadas e cremosas, combinando o frescor dos vinhos mais leves com a opulência dos vinhos mais ricos. Vinhos mais simples podem ser produzidos com métodos mais rápidos, o método tradicional ou pulando a segunda fermentação.

1 FAÇA O VINHO BASE

Um vinho branco tranquilo e seco com pouco álcool, em geral com uvas tintas e brancas pouco maduras.

2 ENGARRAFE E ADOCE

Açúcar e levedura são adicionados a garrafas do vinho base, que são hermeticamente vedadas.

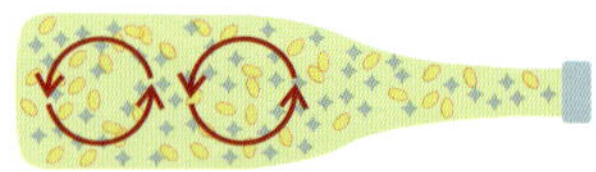

3 SEGUNDA FERMENTAÇÃO

As leveduras consomem o açúcar, gerando álcool e dióxido de carbono, que fica preso como carbonatação.

4 DEIXE AMADUCECER NAS BORRAS

Um sedimento de levedura se forma após a fermentação. Amadurecer o vinho sobre essas "borras" confere um sabor pastoso e enriquece a textura do vinho.

5 CLARIFIQUE O VINHO

Depois de 6 meses a 10 anos amadurecendo, o vinho límpido é separado do sedimento ao girar as garrafas (*remuage*) e por meio de congelamento controlado.

6 REPONHA E ADOCE

O volume perdido é reposto com vinho. Açúcar de cana é adicionado para contrabalançar a secura. Em estilos rosé, vinho tinto é usado para dar cor.

PRODUÇÃO E CARACTERÍSTICAS DO VINHO ESPUMANTE

	ESTILO CHAMPAGNE	ESTILO PROSECCO	ESTILO ASTI
MÉTODO DE PRODUÇÃO	Fermentado duas vezes, a segunda em garrafas vedadas	Fermentado duas vezes, a segunda em tanques herméticos	Fermentado uma vez, em tanques herméticos
FATOR-CHAVE	Sabor e textura; enriquecidos pelo longo amadurecimento sobre as borras	Engarrafado e vendido jovem para preservar o frescor	Fermentação interrompida para manter a doçura
CARBONATAÇÃO	Borbulhas delicadas; mousse cremosa e persistente	Borbulhas médias; mousse espumosa persistente	Borbulhas maiores; mousse aerada não persistente
TEOR DE AÇÚCAR	Em geral entre seco e muito seco	Em geral seco a ligeiramente doce	Sempre doce

NEM TUDO É O QUE PARECE

Um dos aspectos mais confusos dos vinhos espumantes são os termos indicadores de doçura nos rótulos, que podem soar contraditórios devido a um acidente histórico. Quando o Champagne francês se popularizou, era adoçado com tanto açúcar quanto os refrigerantes modernos na etapa final, conhecida como "dosagem". Com o tempo, devido ao aumento da demanda por estilos mais secos, os vinicultores adicionaram menos açúcar e rotularam esses vinhos como *demi-sec* ou *sec*, ou seja, meio-seco ou seco. Quando os mercados de exportação exigiram vinhos ainda mais secos, tiveram de inventar um termo para significar "mais seco que seco". O termo *brut* foi cunhado, significando selvagem e não refinado, para denotar a ausência quase total de açúcar.

UM *BRUT* DE VERDADE

O nível de doçura dos *brut* não é perceptível, e eles dominam os espumantes premium modernos. É bem confuso, mas os vinhos "extra-dry" são mais doces, não mais secos, que os *brut*.

RESUMO DO CAPÍTULO

Veja abaixo alguns pontos importantes abordados neste capítulo.

- O vinho é feito pela **fermentação**, um processo no qual leveduras vivas consomem o açúcar da uva e o convertem em **álcool e dióxido de carbono**.
- A maioria dos vinhos é seca, sobretudo os vinhos com mais de 13% de álcool, porque a fermentação naturalmente **esgota o açúcar da uva**.
- Os vinicultores podem fazer **vinho doce** interrompendo a fermentação, concentrando as uvas antes da fermentação ou adoçando um vinho seco.
- Os vinhos brancos podem ser feitos com **uvas de qualquer cor**, porque as cascas são retiradas antes da fermentação; mas os tintos e os rosés só podem ser feitos com **uvas de casca escura**.
- Os vinhos brancos têm um gosto mais parecido com suco de uva e são fermentados a frio para preservar o **frescor**. Os vinhos tintos lembram mais a casca da uva e são fermentados em temperatura mais elevada para extrair cor, sabor e compostos de tanino.
- Como os tintos, os rosés iniciam a fermentação com as **cascas**, que são rapidamente retiradas, e os vinhos fermentam como se fossem brancos.
- Fermentar ou amadurecer o vinho em barricas de carvalho aumenta sua **concentração** e enriquece a **sensação de boca**. Barricas de carvalho novo transmitem ao vinho **aromas de carvalho**.
- Os vinhos tintos pedem mais o amadurecimento em carvalho do que os brancos, porque o processo **amacia e arredonda** a adstringência dos compostos da casca da uva.
- Alguns vinhos são **fortificados** com adição de destilado vínico, aumentando seu teor alcoólico para entre 15% e 20%. A maioria, mas não todos, são vinhos doces de sobremesa.
- A **carbonatação** é um subproduto natural da fermentação. A maioria dos **vinhos espumantes** é feita refermentando um vinho tranquilo em um recipiente vedado para aprisionar as bolhas.

DECISÕES DE CULTIVO DAS UVAS

QUALIDADE, INTENSIDADE E TERROIR Qualquer vinicultor pode atestar: o que acontece no vinhedo é mais importante do que na vinícola. Como o vinho é feito apenas de uvas, todos os fatores que afetam o sabor e a qualidade das frutas são refletidos na taça. Fatores geográficos — desde o macroclima da região, até os detalhes topográficos do terreno — afetam o potencial gustativo das uvas. Todo tipo de decisão agrícola também afeta diretamente o produto final: não apenas quando colher as uvas ou o que plantar e onde, mas a questão crucial de como manejar o ciclo de vida do solo.

LOCALIZAÇÃO É TUDO

O sabor do vinho, em comparação com a maioria dos produtos agrícolas, é mais afetado pelo local onde é cultivado. As características do vinhedo determinam o sabor do vinho — incluindo fatores geográficos de nível macro, como a latitude, nuances de nível micro, como a composição do solo, fatores imutáveis, como o terreno, e condições variáveis, como o clima na colheita.

COMPREENSÃO DO VINHO

Muitos dos aspectos mais confusos do vinho fazem mais sentido quando entendemos alguns conceitos sobre a importância da terra.

NOMES FAMOSOS

As maiores regiões vinícolas, como a Califórnia ou a Toscana, produzem vinhos de bom custo-benefício para o dia a dia, mas se beneficiam de sua fama. As melhores denominações costumam ser lugares minúsculos dos quais ninguém nunca ouviu falar, como Rutherford ou Barolo.

A DENOMINAÇÃO DE UM VINHO, OU SUA REGIÃO FORMAL DE ORIGEM, É O FATOR DE QUALIDADE MAIS IMPORTANTE CITADO NO RÓTULO.

Um vinho excepcional só pode vir de um excelente vinhedo. A Cabernet Sauvignon pode ser uma uva nobre, mas requer condições de cultivo muito específicas: seu vinho não seria bom a uva fosse cultivada no Saara ou na Sibéria. É por isso que tantos vinhos europeus recebem o nome de sua região, como Côtes du Rhône, não de suas uvas, como Grenache.

AS MENORES DENOMINAÇÕES SÃO, POR DEFINIÇÃO, AS MAIS PRESTIGIOSAS, E QUASE SEMPRE FAZEM VINHOS SUPERIORES.

A maior especificidade do local de cultivo das uvas está associada ao maior potencial de qualidade e, portanto, a preços mais altos. Só faz sentido reconhecer uma pequena denominação dentro de uma denominação maior se ela puder produzir vinhos melhores e mais distintos. Na Europa, os padrões de qualidade mais rigorosos são aplicados às menores denominações.

MENOR E MENOR

Em qualquer grande região vinícola — como a Califórnia —, as melhores zonas vinícolas estabelecem suas próprias denominações menores para se distinguir e aumentar seu valor. Essas subzonas — como Napa Valley — são julgadas pela qualidade de seus vinhos, e as com o melhor histórico podem cobrar preços mais altos. Se uma denominação ganhar fama, seus principais vinicultores recomeçarão o processo, criando uma subzona ainda menor, como as denominações Rutherford ou Howell Mountain de Napa.

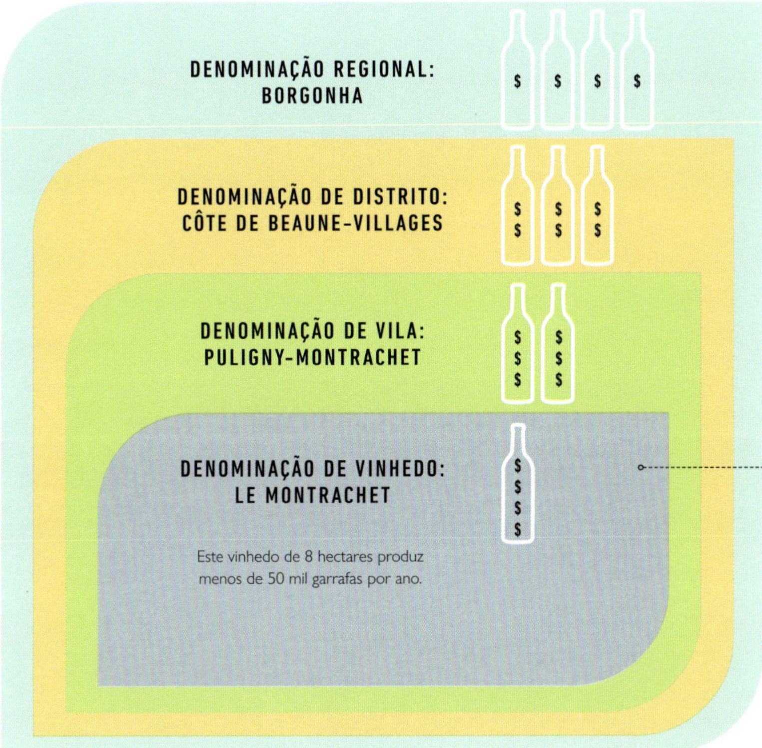

PEQUENAS MARAVILHAS

Como um endereço exclusivo em Mayfair, Londres, as menores denominações da Borgonha — como Le Montrachet — são as mais prestigiosas e produzem pequenas quantidades de vinho excepcional e caro.

DENOMINAÇÕES E LARANJAS

As denominações são regiões formais de origem do vinho que indicam o valor de um vinhedo. Assim como as laranjas da Flórida ou de Valência são mais caras, o mesmo ocorre com os vinhos de lugares como Bordeaux. Mas as denominações de vinho não se limitam a reconhecer um terreno superior, como a lendária vila de Margaux na respeitada península de Médoc, em Bordeaux. As regiões vinícolas históricas tendem a ter as mais complexas estruturas de denominação. Por exemplo, Bourgogne, a maior denominação da Borgonha, inclui cem outras — regiões, distritos, vilas e por aí vai. As menores são apenas algumas dezenas de grand crus ou denominações *single vineyard* — de um só vinhedo — que indicam os melhores vinhos da Borgonha.

GEOGRAFIA E CLIMA

Como as videiras requerem condições específicas para crescer, todas as regiões vinícolas têm algumas características em comum. Ficam em latitudes temperadas com dias quentes no verão para as uvas amadurecerem, mas frios no inverno para as videiras entrarem em dormência. Mas, respeitados esses limites, são muitas as variações regionais que afetam o sabor do vinho.

MATURAÇÃO RELATIVA DAS UVAS

A geografia do vinhedo é refletida no sabor do vinho de muitas maneiras, principalmente em seu impacto na maturação das uvas (ver pp.68–85). Por exemplo, as uvas amadurecem mais rápida e completamente na Austrália Meridional do que na Nova Zelândia, porque ficam mais perto do Equador e não são cercadas por águas geladas. A costa da Toscana pode ser nublada e chuvosa na estação de crescimento, enquanto as vinhas da Argentina crescem em condições quase desérticas aos pés dos Andes.

CONTROLE DO SOLO E DO TERRENO

A topografia de uma região vinícola pode precisar de uma ajuda geológica — por exemplo, as uvas Chardonnay têm dificuldade de amadurecer em Chablis e requerem muito sol nessa zona fria do norte da França. Os melhores vinhedos da região exigem exposição ao sol e até mesmo eles precisam de um clima favorável para produzir bons vinhos. Mas os melhores vinhos de Chablis provêm de seus seis melhores vinhedos, conhecidos como *grands crus*. Eles ocupam uma única encosta voltada para o sul com um solo calcário claro que reflete o calor do sol às uvas. A combinação de terreno e solo impulsiona a maturação e os vinhos desses vinhedos diferem dos Chardonnays produzidos em qualquer outro lugar do mundo.

A UVA CERTA PARA CADA REGIÃO

Os viticultores avaliam muitas informações ao decidir quais uvas plantar e onde. As uvas Pinot Noir e Chardonnay nativas da Borgonha, por exemplo, são adaptadas ao clima frio, enquanto a Cabernet Sauvignon de Bordeaux, de casca mais grossa, requer muito mais calor para amadurecer.

ALTO DEMAIS: MUITO SECO E MUITO VENTO

MOTIVO DE ORGULHO

O local de cultivo das uvas faz uma grande diferença — não apenas em termos de país ou clima, mas de que lado de uma encosta as videiras são plantadas.

EXPOSIÇÃO AO SOL

A Pinot Noir "cozinha" quando faz muito calor, mas ainda precisa da luz solar para desenvolver um sabor intenso. Na Borgonha, os melhores vinhos desta uva são cultivados em uma escarpa chamada Côte d'Or ("Encosta Dourada"), voltada para o sol nascente. Os vinhedos do meio da encosta produzem os melhores vinhos, e muitos recebem o prestigiado status de *grand cru*. Mas as uvas cultivadas logo acima ou logo abaixo não alcançam a mesma qualidade, seus vinhedos são classificados como *premier cru* ou incluídos nos vinhos mais genéricos, que são engarrafados sob o nome de sua vila. Internacionalmente, a Pinot Noir também segue esse modelo: produtores de vinho em regiões frias — do Canadá à Nova Zelândia — plantam essa uva em encostas voltadas para o sol para obter o mesmo efeito.

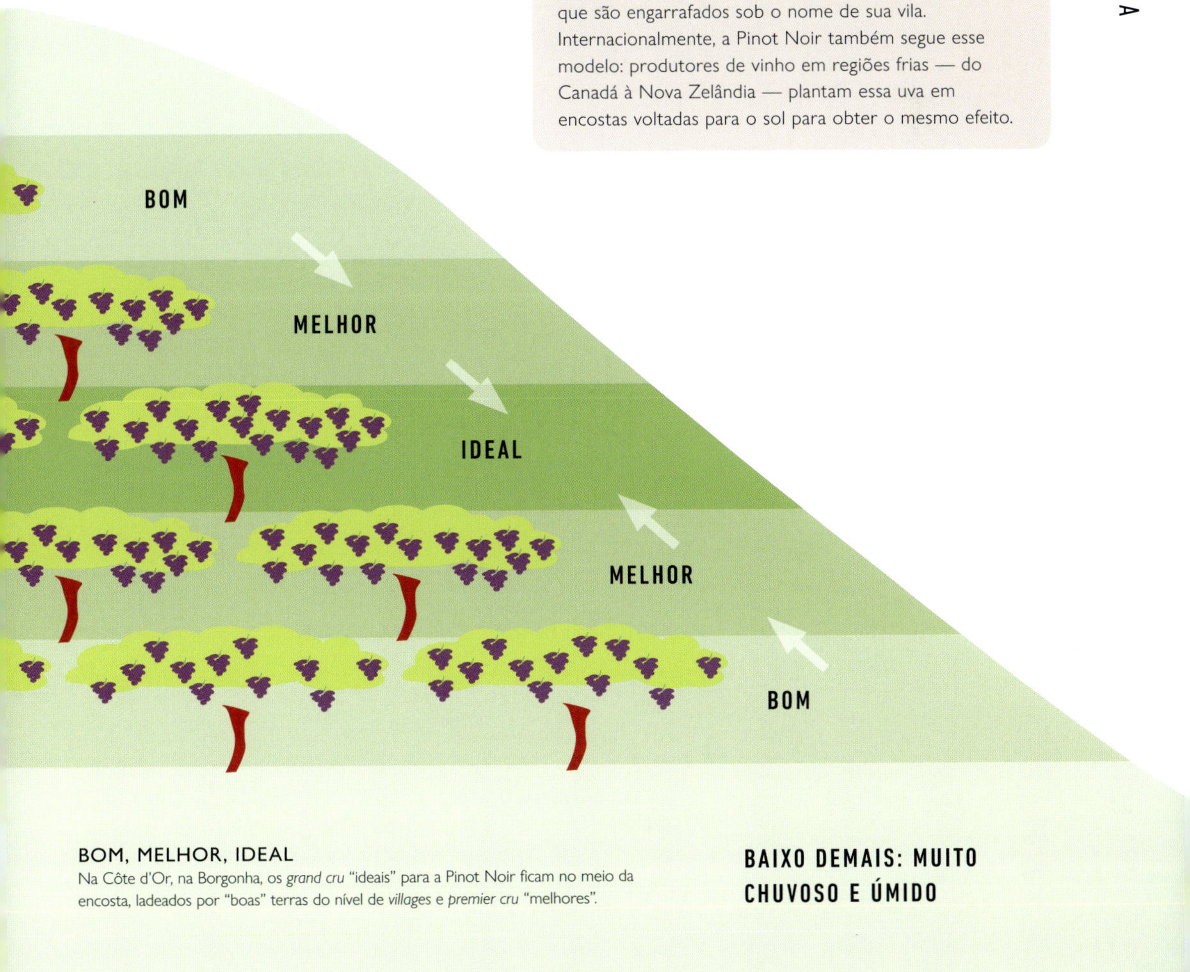

BOM, MELHOR, IDEAL
Na Côte d'Or, na Borgonha, os *grand cru* "ideais" para a Pinot Noir ficam no meio da encosta, ladeados por "boas" terras do nível de *villages* e *premier cru* "melhores".

OS EFEITOS DO *TERROIR*

Variações geográficas e climáticas podem mudar drasticamente o sabor de vinhos produzidos com a mesma casta de uva, mas em regiões diferentes. Pequenas variações no terreno e na composição do solo na mesma região também podem afetar o potencial de maturação da uva e o sabor do vinho.

O QUE É *TERROIR*?

Terroir significa terra ou solo em francês e, no mundo do vinho, refere-se ao sabor que um local específico confere ao vinho, algo como o "gosto do lugar". É comum descrever o *terroir* em termos de notas "terrosas" ou "minerais", mas também pode afetar a maturação das uvas, a textura e o retrogosto do vinho. Especialistas conseguem identificar vinhedos apenas pelo sabor, mas o *terroir* não é tão claro para um apreciador comum. Se o vinho fosse uma música, o *terroir* seria a acústica específica do local ou do estúdio de gravação, perceptível apenas para grandes conhecedores.

Ao ler sobre o *terroir*, é natural se perguntar se o vinho contém "terra". Não é o caso, mas o solo tem, sim, o potencial de afetar o sabor do vinho e foi constatado que as práticas agrícolas podem amplificar ou suprimir o *terroir* do vinho. Os mecanismos ainda estão sendo estudados, mas parecem ter relação com a interação dos ciclos de vida no ambiente, sobretudo a atividade microbiológica, como a renovação do solo e a fermentação. O uso de produtos químicos, como herbicidas, pode suprimir o *terroir*, sugerindo uma relação entre o sabor do vinho e a rede de vida subterrânea, o que leva muitos vinicultores premium a adotar técnicas orgânicas.

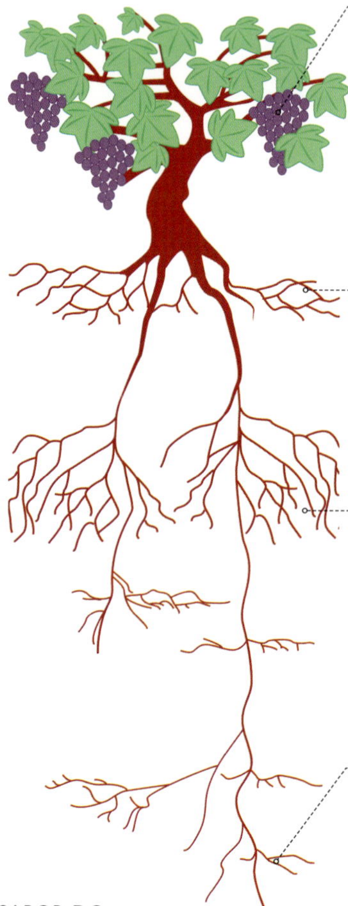

SABORES CARACTERÍSTICOS

Nuances de sabor específicas do vinhedo podem não ser claras nas uvas frescas, mas podem vir à tona no vinho pela fermentação.

VIDA NO SOLO

De minhocas a fungos, uma complexa rede de vida sustenta um solo saudável e contribui para o *terroir* específico de um vinho.

COMPOSIÇÃO DO SOLO

Variações na constituição de minerais e nutrientes do solo resultam em mudanças previsíveis de sabor no vinho produzido.

DRENAGEM DO SOLO

As videiras que precisam cavar fundo em busca de água são as mais resistentes, produzindo uvas melhores tanto nas estações secas quanto nas chuvosas.

O SABOR DO AMBIENTE

O solo e o ecossistema do vinhedo são importantes fatores de qualidade no cultivo da uva e seus efeitos se fazem notar no vinho.

QUE CHEIRINHO É ESSE?

A microbiologia pode criar uma grande complexidade de sabores, como nos fortes queijos de leite cru, tipo Roquefort ou Gruyère. No Velho Mundo, tradições de produção de vinhos e queijos resultam em uma individualidade nem sempre "perfumada" e notas terrosas de *terroir* são celebradas em vinhos europeus. Já no Novo Mundo, a tendência é ver todos os micróbios como ameaças, e seus vinhos geralmente enfatizam sabores frutados e "puros", sobretudo em vinhos de baixo custo.

A IMPORTÂNCIA DO SOLO

O conceito de *terroir* — sentir no gosto do vinho os efeitos do ambiente do vinhedo — nos ajuda a entender os bons vinhos. Sistemas complexos de denominação e classificação de vinhedos são tentativas de organizar os vinhos em torno de seu *terroir*.

Um exemplo claro da importância do solo é a região francesa de Bordeaux. A Cabernet Sauvignon produz os melhores vinhos da região, mas, como sua casca grossa requer muito calor para maturar, esta variedade se dá melhor nos cascalhos drenados da "margem esquerda" do rio do que na argila úmida de outros lugares. Não é por acaso que, em um ranking dos melhores vinhedos de tintos na Feira Mundial de 1855, adotado como a classificação *grand cru* de Bordeaux, 90% ficavam em quatro vilas adjacentes com cascalho na península de Médoc.

A Merlot, que amadurece cedo, produz vinhos mais confiáveis na argila. Mas, como a terra e o vinho são menos valorizados, a maior parte é vendida como vinhos simples regionais de Bordeaux para consumo diário.

MUITOS SIGNIFICADOS

O *terroir* de um vinho é a individualidade de sabor e aroma advindos do vinhedo. Em termos mais amplos, o *terroir* de uma região são os fatores específicos que influenciam o sabor, incluindo o clima, a topologia e o solo.

ESQUERDA OU DIREITA?

Os profundos leitos de cascalho seco de Médoc, na "margem esquerda" de Bordeaux, favorecem a Cabernet Sauvignon, responsável pela maioria dos vinhos mais caros da região. Já a argila úmida que domina a "margem direita" da região retarda a maturação das uvas, sendo mais adequada ao cultivo da Merlot.

QUANTIDADE OU QUALIDADE?

Mesmo com denominação igual, as uvas para produzir vinhos mais baratos e acessíveis ao paladar são cultivadas com métodos muito diferentes dos destinados a vinhos de luxo superpremium. Os vinhos artesanais são superiores aos produzidos em massa pelas mesmas razões que os tomates do seu quintal são mais gostosos do que os do supermercado.

VINHOS A GRANEL E PREMIUM

Os vinhos a granel e os vinhos premium são manejados com prioridades opostas em termos de produtividade e princípios agrícolas. Vinicultores voltados a reduzir os custos trabalham com produtores que operam com eficiência máxima para manter a competitividade. Produzir para o mercado de massa pode exigir fertilização, irrigação e pulverização mecanizada para aumentar o volume da colheita e reduzir os preços. Já os produtores premium cultivam manualmente, muitas vezes nas próprias terras. Como colheitas abundantes diluem o sabor, eles podam as videiras para reduzir o número de cachos. Para melhorar a qualidade do vinho, reduzem os agrotóxicos e plantam em locais íngremes, áridos e menos férteis. É mais difícil cultivar, e produzem muito menos frutos, mas os vinhos são melhores, com maior potencial de guarda.

MAXIMIZANDO A PRODUÇÃO

A produção das videiras pode ser maximizada gerando uvas abundantes com açúcar adequado para produzir vinho de bom custo-benefício. Mas isso dilui o sabor e pode resultar em um vinho desequilibrado em termos de componentes como acidez e álcool.

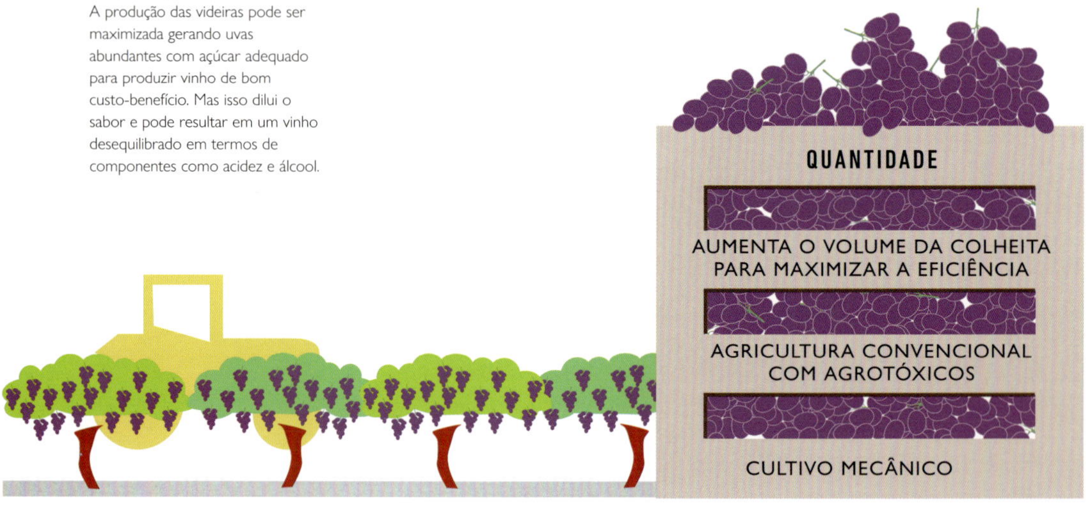

QUEM PRODUZIU AS UVAS?

A maioria das vinícolas compra uvas de viticultores, sem administrar vinhedos próprios. Mas uma pequena parte de vinicultores também cultiva as próprias uvas. Esses vinicultores têm muito mais controle sobre a qualidade, como o rendimento da colheita, o que ajuda a explicar por que quase todos os melhores vinhos do mundo são de vinhedos próprios.

DE QUEM É O VINHEDO?

Vinhos produzidos exclusivamente com uvas cultivadas e colhidas na propriedade da vinícola são denominados "estate wines", ou "vinhos de propriedade". A maioria dos países produtores de vinho controla com rigor a indicação dessa informação nos rótulos. Países do Novo Mundo usam termos como "estate bottled" ou "vinícola própria", restritos a vinhos exclusivamente cultivados em propriedades pertencentes ou administradas pela vinícola. A palavra "estate" no nome de uma vinícola não garante que todo o vinho produzido seja vinho de propriedade, apenas que ela possui pelo menos algum vinhedo. Na Europa, cada região tem os próprios termos para indicar uma propriedade vinícola. Na Borgonha, o termo *domaine* é reservado para vinhos de propriedade. *Domaine* é orgulhosamente incluído no nome de vinícolas que só produzem vinhos de propriedade, para distingui-los dos vinhos "*négociant*", feitos com uvas compradas. Os termos *château*, em Bordeaux, ou *tenuta*, na Toscana, têm significados semelhantes. Em caso de dúvida, consulte as letras miúdas. Se uma vinícola europeia não fizer referência à propriedade do vinhedo ou das uvas plantadas, o vinho foi feito com frutas compradas.

RESTRINGINDO A PRODUÇÃO

Os melhores viticultores podam as videiras para limitar o volume da colheita e garantir uma maturação mais completa das uvas. Melhorar a qualidade do vinho requer sacrificar o volume da colheita, o que ajuda a explicar por que os vinhos premium são tão caros.

UVAS ORGÂNICAS E VINHOS NATURAIS

Antes da Revolução Industrial, toda agricultura era orgânica. Hoje, a norma é usar fertilizantes, fungicidas, herbicidas e pesticidas para aumentar a produtividade, inclusive na viticultura. Mas, os vinicultores sabem que reduzir ou eliminar produtos químicos no vinhedo e na vinícola aumenta a qualidade do vinho.

REQUISITOS DA AGRICULTURA ORGÂNICA

- Apenas insumos naturais — sem utilização de substâncias sintéticas
- Sem engenharia genética
- Verificado por inspeções e certificação
- Padrões rigorosos de rotulagem

TUDO FICA MELHOR

Além de ajudar o meio ambiente, a agricultura orgânica melhora a qualidade — cultivando a melhor uva possível para produzir o melhor vinho possível.

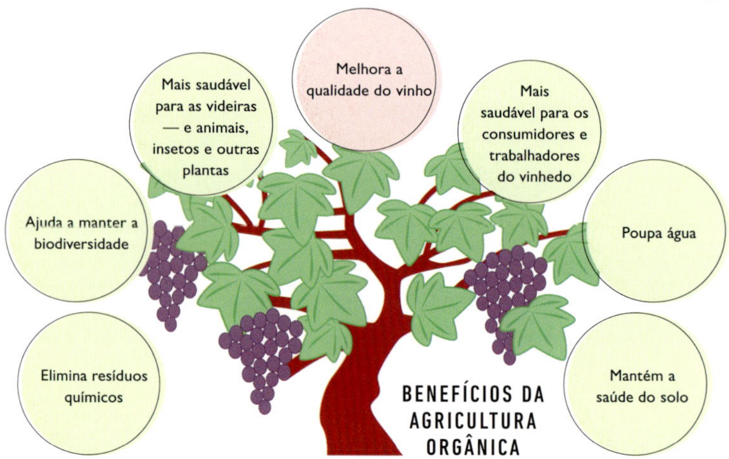

ORGÂNICO E BIODINÂMICO

Nem todos os vinhos premium são feitos com uvas orgânicas. Mas, quanto melhor o vinho, maior será a chance de as uvas terem sido cultivadas da maneira mais natural possível. Alguns produtores fazem questão de garantir a certificação orgânica para suas uvas ou vinhos. Outros vão ainda mais longe, adotando padrões ainda mais rigorosos de agricultura natural para qualificar suas uvas como biodinâmicas. A agricultura biodinâmica usa tradições pré-industriais da agricultura europeia e considera o vinhedo como um ecossistema autônomo.

A certificação orgânica apenas proíbe o uso de materiais produzidos pelo homem, enquanto a certificação biodinâmica requer ações específicas, muitas vezes sincronizadas com os ciclos solar, lunar e astral. As práticas biodinâmicas podem soar mais como uma superstição do que uma ciência, mas é difícil contestar os resultados. Os vinhos produzidos dessa forma têm mais personalidade, mais terroir e um retrogosto mais longo — qualidades valorizadas por colecionadores de vinhos de boutique. Mas sai caro praticar a agricultura natural. Os vinhos orgânicos são mais caros que os convencionais, enquanto os biodinâmicos tendem a ser vinhos de luxo.

A POLÊMICA DOS SULFITOS

Muitos países têm os próprios padrões para a produção de vinho orgânico. Assim, o termo "orgânico" no rótulo de um vinho pode significar coisas diferentes e nem sempre se refere apenas às técnicas agrícolas. Por exemplo, aditivos químicos são proibidos tanto na agricultura quanto na vinificação orgânica. Mas o uso do dióxido de enxofre antes da fermentação para garantir a higiene e a qualidade do vinho é uma prática milenar.

Pular essa etapa não altera o teor de enxofre do vinho depois de engarrafado, uma vez que o dióxido de enxofre é um subproduto natural da fermentação e, quando adicionado às uvas, é depositado na borra. Não adicionar enxofre nessa etapa desestabiliza o vinho, reduzindo sua validade devido à atividade microbiológica e à oxidação.

É proibido adicionar enxofre ao vinho após a fermentação como um conservante em vinhos orgânicos, e a quantidade é controlada em todos os vinhos. Mas as regras sobre a adição de enxofre antes da fermentação variam muito. A maioria dos países permite níveis controlados em vinhos orgânicos, seguindo as normas de vinhos premium. Alguns, como os EUA, são mais rigorosos, proibindo totalmente o uso de enxofre em vinhos orgânicos. Assim, muitos vinhos americanos são rotulados como "feitos com uvas orgânicas" em vez de "vinhos orgânicos".

O QUE É VINHO NATURAL?

Está na moda rotular um vinho como de "vinificação natural", mas são poucas as definições legais. Em teoria, um vinho natural é feito sem intervenções "não naturais", no vinhedo, na vinícola e na taça, mas o que é "não natural" varia muito. Muitos desses vinhos são "revivals" de estilos antigos, como os vinhos "laranja" feitos pela fermentação de uvas brancas com a casca em condições oxidativas, ou os vinhos "pét-nat", mais rústicos. Muitos podem ser deliciosos, com uma vivacidade que lembra queijos de leite cru. Alguns são levemente sulfurados, outros não, mas todos são controversos. Seus fãs adoram sua personalidade e seu idealismo, enquanto os críticos os consideram impuros e propensos à deterioração prematura.

ALTO DIÓXIDO DE ENXOFRE: 100–400 PARTES POR MILHÃO

Vinhos doces e/ou com baixo teor de conservantes naturais, como taninos, recebem mais enxofre, em geral antes e depois da fermentação. Isso inclui vinhos de sobremesa, brancos e rosés, vinhos a granel e vinhos baratos.

BAIXO DIÓXIDO DE ENXOFRE: 30–100 PARTES POR MILHÃO

Menos enxofre é necessário para vinhos secos, tintos ou de alta qualidade, e, em geral, é adicionado apenas na pré-fermentação. A maioria dos vinhos orgânicos, vinhos biodinâmicos e os rotulados como "feitos com uvas orgânicas" segue essa prática.

SEM ADIÇÃO DE DIÓXIDO DE ENXOFRE: <30 PARTES POR MILHÃO

Como o dióxido de enxofre é naturalmente presente nas uvas e no vinho, todos os vinhos contêm um pouco, mesmo sem adição, como os orgânicos dos EUA e os naturais "sem adição de enxofre". Os sulfitos podem ser removidos, mas à custa do sabor.

DEGUSTAÇÃO

Fatores do vinhedo

COMPARE EM CASA VINHOS DE DIFERENTES DENOMINAÇÕES E NÍVEIS DE QUALIDADE

Prove estes quatro vinhos um após o outro para ver como a localização do vinhedo e as técnicas agrícolas afetam o estilo do vinho.

1 Saiba que os dois pares de vinhos são feitos da mesma casta e provêm da mesma região vinícola. Mas, em cada par, o primeiro vinho é de um estilo mais genérico e acessível de uma denominação maior, enquanto o segundo é um vinho premium mais ambicioso de uma subdenominação menor.

2 Note que, apesar das semelhanças entre os pares, os vinhos 2 e 4 são mais maduros e intensos. Você também deve detectar um perfil aromático mais distintivo. Vinhos mais baratos de grandes denominações "genéricas" tendem a ter menos sabor, persistência e personalidade do que vinhos premium de denominações menores e mais prestigiadas.

DIFERENÇAS GEOGRÁFICAS E PRÁTICAS AGRÍCOLAS PODEM GERAR VINHOS COM SABORES DISTINTOS MESMO USANDO O MESMO TIPO DE UVA.

Exemplos... Mâcon Blanc francês ou um Borgonha branco modesto semelhante, como Mâcon-Villages ou Bourgogne Blanc

Dá para notar...?
Baixo açúcar/seco; acidez alta/aciduloso; baixa intensidade do fruto; sem carvalho; álcool médio/corpo médio; simples, casual, refrescante

Explicação Vinhos de grandes denominações — como este regional da Borgonha — podem ser deliciosos e refrescantes. Mas seus vinhedos não são excepcionais, e os vinhos podem ser usados em blends em outros lugares da região.

Exemplos... Pouilly-Fuissé francês ou um Borgonha branco premium semelhante, como Meursault ou Chassagne-Montrachet

Dá para notar...?
Baixo açúcar/seco; acidez média/acidulado; média intensidade do fruto; notas leves de carvalho; mais álcool/mais encorpado; mais rico, intenso, saboroso

Explicação Vinhos engarrafados de subdenominações menores — como este Borgonha de vila — têm maior potencial de qualidade, e a maioria será mais intensa. Especialmente na Europa, onde as regras de qualidade são mais rigorosas em denominações menores.

NÃO DESPERDICE

Se preferir degustar sozinho, não se preocupe com o desperdício; para aprender a preservar vinhos abertos para beber depois, veja "Congelando o vinho", p.63.

Exemplos.... Pinot Noir da Califórnia; ou um Shiraz simples do sudeste da Austrália

Dá para notar...?
Mais pálido; baixo açúcar/seco; acidez moderada/aciduloso; média intensidade do fruto; notas leves do carvalho; álcool médio/corpo médio; jovem, simples, casual

Explicação A agricultura pode ser menos regulamentada no Novo Mundo, mas os vinhos de enormes denominações como a Califórnia ainda tendem a ser blends de regiões de qualidade inferior. Os vinhos podem agradar as massas, mas têm pouca profundidade ou complexidade.

Exemplos... Pinot Noir de Carneros, Russian River ou Costa de Sonoma; ou um Shiraz de Barossa australiano premium

Dá para notar...?
Cor mais escura; baixo açúcar/seco; acidez moderada/aciduloso; intensidade mais alta do fruto; notas mais fortes de carvalho; mais álcool/mais encorpado; mais denso, aromático, complexo

Explicação Subdenominações são criadas onde as condições são ideais para gerar vinhos mais profundos e com mais personalidade. Ao cobrar preços mais altos, os vinicultores podem reduzir a produção da colheita e melhorar a qualidade.

RESUMO DO CAPÍTULO

Veja abaixo alguns pontos importantes abordados neste capítulo.

- O **fator de qualidade** mais importante no rótulo é a **denominação** de um vinho, ou região formal de origem.
- Denominações menores quase sempre produzem um **vinho melhor** do que denominações maiores.
- Em grandes regiões vinícolas, como Borgonha ou Califórnia, as melhores zonas vinícolas criam as próprias **subdenominações** para distinguir seus vinhos.
- A **geografia dos vinhedos**, incluindo o clima e a topografia, tem um grande impacto na **maturação** das uvas.
- Uvas raramente são plantadas em locais onde não possam ter um **bom desempenho**.
- Variações geográficas e climáticas podem **mudar drasticamente o sabor** de vinhos produzidos com a mesma casta de uva em regiões diferentes.
- O termo francês terroir é usado no mundo dos vinhos para referir-se ao sabor específico do vinho feito de uvas produzidas em um determinado local, algo como o "**gosto do lugar**".
- Vinhedos que produzem uvas para fazer **vinhos a granel** e **vinhos premium** são manejados com prioridades opostas em termos de produtividade e princípios agrícolas.
- Quanto mais premium for o vinho, maiores serão as chances de suas uvas terem sido cultivadas da maneira **mais natural possível**, minimizando o uso de produtos químicos. Também tendem a ter um retrogosto **mais persistente** e **mais personalidade**.
- Grandes **denominações "genéricas"** tendem a produzir vinhos com menos sabor, menos persistência e menos personalidade do que os vinhos premium. Também têm um **preço mais acessível**.

PRIORIDADES CULTURAIS

HISTÓRIA, TRADIÇÃO E INOVAÇÃO Vinhos de países diferentes têm sabores diferentes, mas não apenas devido à geografia. O ser humano é tão influente quanto a natureza no resultado da produção do vinho, orientando o processo para obter as características desejadas, que variam de uma cultura à outra. A história do vinho na Europa e sua expansão no período colonial ajudam a explicar muitos mistérios do vinho. A globalização é uma realidade, mas não eliminou a saborosa distinção entre a maioria dos vinhos do Velho e do Novo Mundo — um reflexo das diferenças históricas e preferências gastronômicas.

VELHO MUNDO OU NOVO MUNDO?

Uma das distinções mais importantes para os especialistas em vinho é entre os vinhos produzidos na Europa, ou o Velho Mundo, e os produzidos nas Américas e no hemisfério sul, conhecidos como o Novo Mundo.

DIFERENÇAS DE ESTILO

Termos como "Velho Mundo" e "Novo Mundo" podem soar arcaicos, mas ainda são utilizados no mercado por continuarem relevantes. Os vinhos europeus não apenas costumam ser rotulados de acordo com as próprias regras (pp.50–1), como também é possível saber o que esperar deles antes mesmo de tirar a rolha. Mesmo quando a mesma casta de uva e os mesmos métodos de vinificação são utilizados, o sabor dos vinhos do Velho e do Novo Mundo em geral seguem os padrões abaixo.

PERFIL DO SABOR DO VELHO MUNDO

- Mais "tradicional" — feito para cair melhor com comida
- Menos corpo/álcool
- Menos doçura (dentre os estilos secos)
- Maior acidez
- De caráter de fruto mais sutil e terroso
- Notas mais leves de carvalho (se for usado)
- Taninos mais ásperos (somente tintos)

PERFIL DO SABOR DO NOVO MUNDO

- Mais "moderno" — feito para ser degustado sozinho
- Mais corpo/álcool
- Maior doçura (dentre os estilos secos)
- Menor acidez
- De caráter de fruto mais marcante e compotado
- Notas mais intensas de carvalho (se for usado)
- Taninos mais suaves (somente tintos)

O MUNDO DOS VINHOS

Dezenas de países produzem vinho, mas o mercado global de vinhos é dominado por França, Itália, Espanha, Alemanha, Portugal e Áustria no Velho Mundo, e EUA, Austrália, Argentina, Chile, África do Sul e Nova Zelândia no Novo Mundo.

O MUNDO DOS VINHOS

VARIÁVEIS NÃO RELACIONADAS ÀS UVAS

Diferenças como as listadas ao lado não resultam do tipo de uva usado na vinificação, já que todas as castas para vinhos premium são de origem europeia. Resultam de duas outras variáveis que afetam o sabor do vinho: o ambiente do vinhedo e as decisões de vinificação.

GEOGRAFIA E CLIMA

As regiões vinícolas do Velho Mundo são quase sempre mais frias e nubladas do que as do Novo Mundo que cultivam as mesmas castas de uva. Por isso, as uvas europeias tendem a atingir graus mais baixos de maturação. A maioria das regiões do Novo Mundo tem um clima mais ensolarado, quente e seco, o que facilita atingir graus mais elevados de maturação das uvas.

HISTÓRIA E CULTURA DISTINTAS

Devido a séculos de vinificação, os vinhos do Velho Mundo têm objetivos tradicionais, como amadurecer com elegância e favorecer a culinária local. Os vinhos do Novo Mundo tendem a ser moldados pelo espírito inovador e usar mais a tecnologia. Em geral, são orientados a prioridades bem diferentes, como agradar ao público global no primeiro gole e impressionar os críticos.

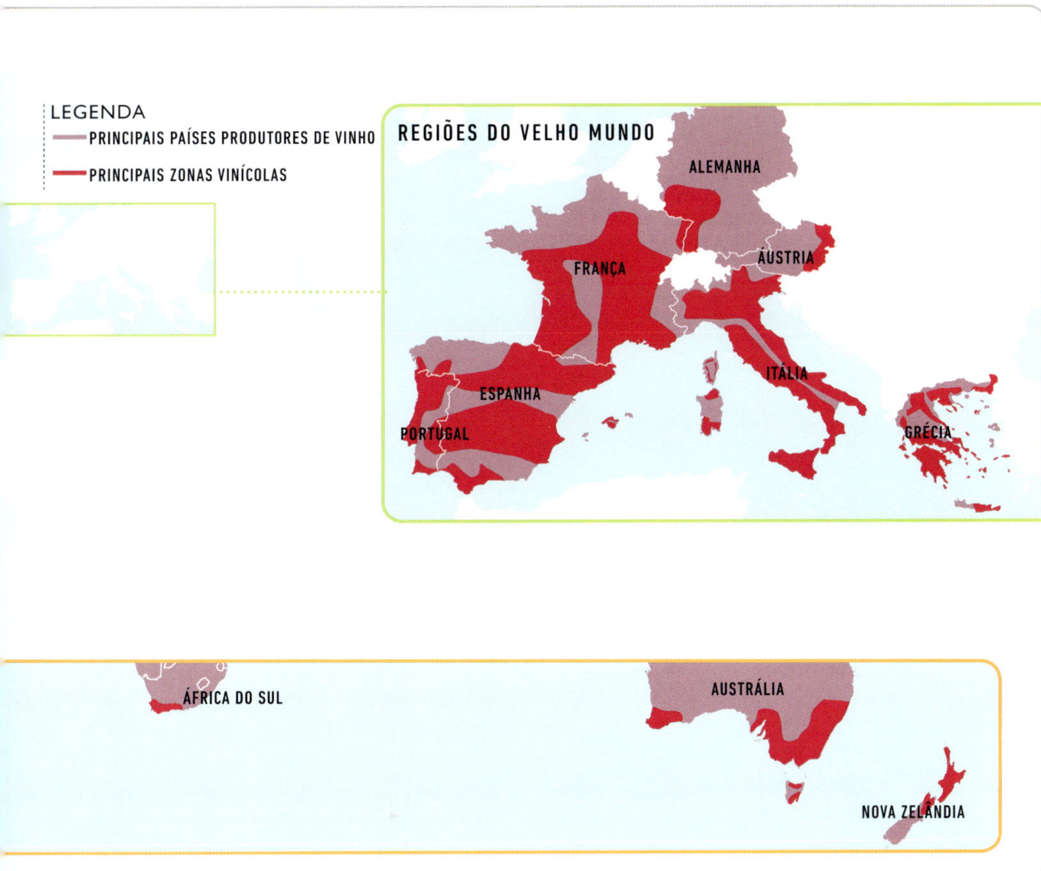

A HISTÓRIA DO VINHO NA EUROPA

O vinho foi desenvolvido na Europa, bem como todas as castas utilizadas ao redor do mundo. Muitos aspectos intrigantes do vinho europeu fazem mais sentido à luz de seu contexto histórico.

NORTE VS. SUL

As regiões do sul do Mediterrâneo, como Itália e Espanha, têm a mais longa história de vinificação, a maior proliferação de castas autóctones e produzem o maior volume de vinho. Mas os melhores vinhos da Europa, em termos de qualidade, provêm de regiões mais frias mais ao norte, como França e Alemanha, onde algumas uvas específicas produziam quantidades menores de vinhos premium. Esse padrão resultou da confluência de dois fatores na Idade Média — um ambiental e um socioeconômico:

- Condições difíceis do vinhedo, como clima frio ou encostas pedregosas, reduzem a produção de frutos por videira e melhoram a qualidade do vinho (pp.156–7).
- Investir tempo, terra e esforço na qualidade do vinho não valia a pena para os agricultores medievais, mas fazia sentido para as poderosas ordens monásticas cristãs do centro da França.

ANTES DA TECNOLOGIA

As tradições vinícolas europeias já estavam consolidadas muito antes das revoluções industrial e tecnológica. A agricultura sempre foi orgânica por definição, e a vinificação baseou-se em gerações de tentativa e erro, não no domínio da complexa química da fermentação. Antes de os vinhos poderem ser refrigerados ou estabilizados, eles precisavam ser o mais seco e com o maior potencial de guarda possível. E, como o vinho quase sempre era servido com comida, os vinicultores preferiam estilos que favorecessem a culinária local, mesmo se fossem um pouco ácidos ou amargos no primeiro gole.

CRONOLOGIA DO VELHO MUNDO

c.8000 a.C.

Evidências sugerem que uvas foram transformadas em vinho pela primeira vez na região do Cáucaso, atual Geórgia, local de origem da espécie *Vitis vinifera*. A prática migrou do Mar Negro à bacia do Mediterrâneo na Idade da Pedra, e civilizações antigas — dos fenícios aos gregos — disseminaram a vinificação pela costa, plantando principalmente nas mesmas áreas que as azeitonas. Nessas regiões, de invernos mais amenos e verões secos ensolarados, os vinhedos eram mais fáceis de cultivar e altamente produtivos. O vinho não demorou a ser incorporado à dieta mediterrânea junto ao azeite.

c.100 a.C.–c.200 d.C.

Vinhedos foram plantados em zonas mais frias quando os romanos avançaram para o norte em meados do século 1 a.C. Nas florestas de carvalhos, o cultivo de uvas para vinificação é mais desafiador: com verões menos quentes, as uvas têm dificuldade de amadurecer. Poucas castas se adaptaram ao frio e produziam vinhos melhores nos locais mais ensolarados. Os vinhedos do norte, mais frio, produziam menos frutos do que os das zonas mais quentes ao sul, mas seus vinhos eram mais concentrados e resistentes à deterioração.

QUANTIDADE CONTRA QUALIDADE

Antes da era romana, o vinho só era produzido no sul da Europa, onde os vinhedos produzem muito e se desenvolvem bem. Vinhos premium começaram a ser produzidos em regiões mais frias, mais próximas do limite norte, porque as videiras produzem menos frutos e vinhos melhores em condições difíceis.

LEGENDAS

- ZONA VINÍCOLA PRÉ-ROMANA
- LIMITES DA GAMA DE VIDEIRAS
- IMPORTANTE REGIÃO VINÍCOLA

SÉCULOS 5-11 d.C.

Os vinicultores tinham pouco incentivo para se empenhar na produção de quantidades menores de vinho em condições climáticas mais arriscadas. É possível que a qualidade jamais fosse priorizada fora de alguns enclaves da classe dominante se a Europa não tivesse sido cristianizada na Idade Média. O vinho ganhou status ao simbolizar o sangue de Cristo na Eucaristia. Algumas das ordens monásticas mais influentes da era medieval ficavam na região francesa da Borgonha, e esses monges ascetas transformaram o vinho de uma bebida rústica do dia a dia em um produto elegante e luxuoso.

SÉCULOS 12-15

Muitos métodos modernos de vitivinificação resultam dos praticados pelos mosteiros cistercienses e beneditinos do reino medieval da Borgonha, que registraram sistematicamente seus sucessos e fracassos. Com a expansão dessas ordens influentes, suas práticas vitivinícolas priorizando qualidade à quantidade se disseminaram. Essa abordagem foi mais adotada onde os vinhedos sobreviviam, mas produziam menos frutos. No fim da Idade Média, regiões como Borgonha e Bordeaux já eram famosas por seus vinhos excepcionais.

VINHOS ICÔNICOS DA FRANÇA

Os franceses não foram os primeiros a produzir vinho, mas foram os pioneiros na busca por qualidade em grande escala. Com séculos de vantagem no mercado de vinhos premium até o século 19, exceto pelos alemães nos vinhos brancos, a França foi a referência mundial durante mais de cinco séculos por seus vinhos de qualidade.

O MARCO ZERO DO VINHO PREMIUM

Hoje, a França tem muitos rivais na produção de vinhos excepcionais, tanto na Europa como no Novo Mundo. Mas seu domínio inicial na produção de vinhos premium resultou na adoção internacional de uvas, estilos e métodos franceses.

DITANDO PADRÕES GLOBAIS

Fora da Europa, quase todos os melhores vinhos são produzidos com uvas autóctones da França, à imagem de vinhos franceses famosos, como Borgonha branco, Bordeaux tinto e Champagne espumante. Mesmo em países que possuem as próprias castas autóctones, como Itália, Espanha, Portugal e Grécia, os melhores vinhos em geral são produzidos com técnicas francesas e a maioria amadurece em barricas de carvalho francês. Alguns chegam a complementar uvas locais como a Sangiovese toscana ou a Tempranillo castelhana com uvas francesas famosas, como a Cabernet Sauvignon, para aumentar seu apelo. Quando a União Europeia padronizou as leis de vinificação, o sistema francês voltado à qualidade foi adotado: nomear os vinhos de acordo com seu local de origem, regulamentar as uvas permitidas e sua produção máxima, e criar hierarquias formais baseadas na qualidade do vinho.

Seis zonas vinícolas da França são muito mais influentes do que as outras, e três têm presença dominante no mundo dos vinhos premium. Vale a pena aprender um pouco sobre Borgonha, Bordeaux e Champagne devido à sua importância global como arquétipos da maioria dos vinhos finos. Todo Chardonnay e Pinot Noir são feitos à imagem da Borgonha francesa. Todo Cabernet Sauvignon e Merlot são inspirados no Bordeaux francês. Todo vinho carbonatado é uma homenagem ao Champagne francês.

Os vinhos de três outras regiões — Vale do Rhône, Vale do Loire e Alsácia — podem não ser tão famosos, mas são arquétipos de vinhos como Shiraz, Sauvignon Blanc e Pinot Grigio.

AS SEIS GRANDES REGIÕES VINÍCOLAS FRANCESAS

Embora muitas regiões da França produzam vinho, seis são de importância desproporcional no mercado global de vinhos: sobretudo Borgonha, Bordeaux e Champagne, mas também o Vale do Rhône, o Vale do Loire e a Alsácia.

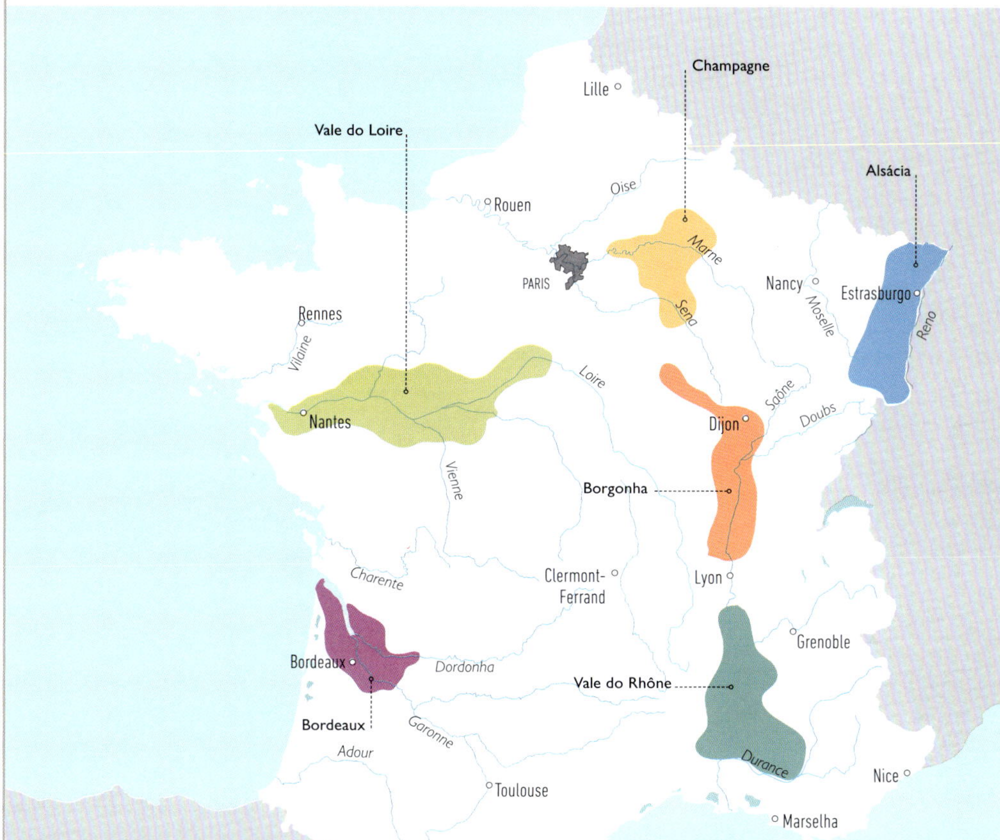

SEIS REGIÕES VINÍCOLAS FRANCESAS E SEUS ESTILOS ICÔNICOS

Uma grande parcela dos melhores vinhos do mundo é inspirada em alguns poucos vinhos franceses, cujas regiões e uvas são listadas aqui.

BORGONHA: Chardonnay, Pinot Noir

BORDEAUX: Cabernet Sauvignon, Merlot, Malbec, Sauvignon Blanc

CHAMPAGNE: blends espumantes de Chardonnay/Pinot Noir

VALE DO RHÔNE: blends com Syrah (ou Shiraz), Viognier e Grenache (ou Garnacha)

ALSÁCIA: Pinot Gris (ou Pinot Grigio), Riesling e Pinot Blanc

VALE DO LOIRE: Sauvignon Blanc, Chenin Blanc e Cabernet Franc

VINIFICAÇÃO NO NOVO MUNDO

Colonizadores europeus levaram a vinificação às Américas e ao hemisfério sul, e essas regiões ainda são relativamente novas, especialmente no que diz respeito aos vinhos premium. Foi só nas décadas de 1960 ou 1970 que a qualidade dos vinhos do Novo Mundo começaram a rivalizar com a do Velho Mundo — além de desencadearem um boom global do vinho e mudanças revolucionárias na produção e no comércio de vinho.

MAIS MODERNO, MENOS TRADICIONAL

Em geral, os vinhos das regiões do Novo Mundo são mais "modernos", enquanto os europeus são mais "tradicionais".

A NECESSIDADE LEVA À INOVAÇÃO

Sem uma tradição vitivinícola local, os primeiros vinicultores do Novo Mundo tentaram seguir as "receitas" europeias. Mas, devido às enormes diferenças — em termos de clima, tecnologia e mercados para seus produtos —, os vinhos produzidos eram muito diferentes. Enquanto os clássicos do Velho Mundo tendem a ser mais leves e delicados, menos encorpados e mais terrosos, os vinhos do Novo Mundo tendem a ser mais intensos e encorpados, mais maduros e com aroma mais frutado. A maioria dos vinhos do Novo Mundo provém de regiões mais quentes e é feita para o prazer imediato, enquanto as regiões mais frias do Velho Mundo tendem a produzir vinhos gastronômicos e com mais potencial de guarda.

CRONOLOGIA DO NOVO MUNDO

SÉCULOS 16 A 18

Castas de uvas versáteis e de alto rendimento para vinhos simples e blends foram introduzidas na maioria das colônias do Novo Mundo vindas da Europa. Experimentos iniciais fracassaram em algumas regiões, como na América do Norte, onde os vinhedos não resistiram a uma praga de insetos. Onde os vinhedos prosperaram, a maioria dos vinhos permaneceu rudimentar por um tempo. Mas, com a prosperidade crescente, vinicultores ambiciosos fizeram experimentos com uvas mais famosas de regiões francesas como Bordeaux e Borgonha para melhorar seus vinhos. Um experimento de sucesso por seu potencial de qualidade foram os vinhos doces da região de Constantia, na África do Sul.

SÉCULO 19 ATÉ MEADOS DO SÉCULO 20

A maioria dos vinhedos do Novo Mundo foi plantada em regiões quentes e ensolaradas como a Califórnia e Austrália Meridional, onde o excesso de maturação e a seca eram ameaças maiores do que a maturação insuficiente e as chuvas. Sem tradições locais, os vinicultores improvisaram recorrendo à ciência e à tecnologia. A maioria dos vinhos eram estilos simples do dia a dia e as prioridades comerciais eram melhorar a eficiência e aumentar a produção. Inovações em irrigação, mecanização e agroquímicos foram criadas e amplamente adotadas. Os vinhos premium de vinícolas voltadas à qualidade também melhoraram muito neste período.

EXPLORANDO O NOVO MUNDO

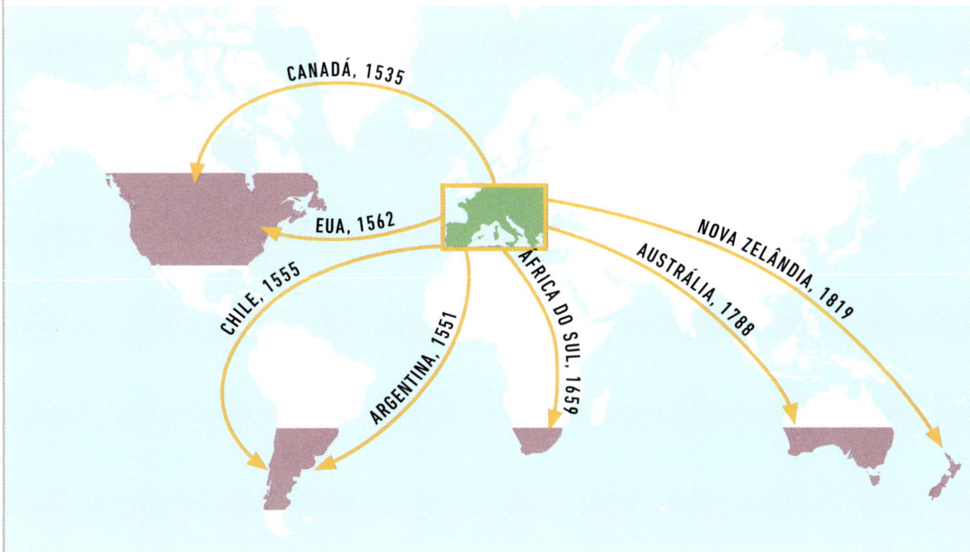

Videiras da *Vitis vinifera* europeia foram plantadas por toda parte na era colonial. Mas nem sempre se adaptaram imediatamente aos novos territórios, e vinhos premium competitivos levaram séculos para surgir na maioria das colônias.

LEGENDA

REGIÕES VINÍCOLAS EUROPEIAS

REGIÕES VINÍCOLAS NAS COLÔNIAS EUROPEIAS

FINAL DO SÉCULO 20

Os vinhos do Novo Mundo melhoraram rapidamente no período pós-guerra e, na década de 1980, os melhores rivalizavam com seus arquétipos franceses em qualidade. Mas seu sabor não era idêntico aos vinhos do Velho Mundo — sendo mais frutados e muitas vezes mais intensos devido à maior maturação das uvas. Além das diferenças geográficas, havia também diferenças entre as práticas tradicionais da Europa e as técnicas mais modernas adotadas no Novo Mundo. Sem pedigrees tradicionais, os vinhos do Novo Mundo precisavam impressionar no primeiro gole — não apenas combinar com a comida.

INÍCIO DO SÉCULO 21

O competitivo mercado global ainda está mudando os vinhos. A outrora nítida divisão estilística entre os vinhos do Velho Mundo e os do Novo Mundo está ficando cada vez menos clara. Vinicultores europeus estão produzindo vinhos com uvas mais maduras e prontos para beber para competir com os vinhos do Novo Mundo. Vinicultores das Américas e do hemisfério sul estão produzindo vinhos mais refrescantes e gastronômicos. Mas, em geral, ainda é possível esperar mais ênfase no prazer imediato por parte do Novo Mundo e uma maior orientação à comida por parte do Velho Mundo.

DEGUSTAÇÃO

Estilos do Velho Mundo e do Novo Mundo

COMPARE EM CASA VINHOS DO VELHO E DO NOVO MUNDO

Prove estes vinhos um após o outro para ver como as diferenças geográficas e culturais produzem vinhos com sabores muito distintos, mesmo quando a mesma uva é usada.

PRINCIPAIS DIFERENÇAS

Em geral, os vinhos do Novo Mundo são mais modernos: mais frutados, com uvas mais maduras, para deixar uma primeira impressão marcante. Os do Velho Mundo são mais tradicionais: menos encorpados e mais secos, feitos para combinar com a comida.

Exemplos... Sauvignon Blanc francês do Vale do Loire, como Sancerre, Pouilly-Fumé, Touraine e Quincy; ou um Bordeaux branco sem madeira

Dá para notar...?
Açúcar muito baixo/muito seco; acidez muito alta/muito aciduloso; baixa/média intensidade do fruto; sem carvalho; pouco álcool/leve; aroma "terroso", como folhas e pedras úmidas

O estilo francês A Sauvignon Blanc mal amadurece no norte da França e estes vinhos são austeros e gastronômicos.

Exemplos... Sauvignon Blanc neozelandês; ou Sauvignon Blanc chileno ou uma versão americana da Califórnia ou de Washington

Dá para notar...?
Baixo açúcar/seco; acidez alta/aciduloso; média/alta intensidade do fruto; sem carvalho; álcool médio/corpo médio; aroma muito "frutado", como fruta tropical fresca

O estilo da Nova Zelândia Esta nação insular também produz Sauvignon Blanc sem madeira de clima frio, mas em um estilo muito mais moderno, maduro e fácil de apreciar sem comida.

Exemplos... Primitivo (ou Zinfandel) italiano da região de Puglia, no sul da Itália; ou um Bourgogne/Pinot Noir francês

Dá para notar...?
Açúcar muito baixo/muito seco; acidez muito alta/muito aciduloso; média intensidade do fruto; notas leves de carvalho; álcool médio/corpo médio; aroma "terroso", como raízes ou folhas secas

O estilo do sul da Itália Os vinicultores do sul da Itália priorizam a harmonização com frutos do mar, e as uvas são colhidas cedo para reter uma acidez vibrante.

MAGRO OU OPULENTO

Os dois pares de vinhos são feitos com a mesma casta e de modo semelhante. Mas, em cada caso, o europeu será mais "tradicional": mais leve e magro, com menor teor de açúcar e maior acidez, e aromas mais terrosos e menos frutados. O vinho do Novo Mundo será mais encorpado, com uvas mais maduras, um pouco mais adocicado e menos ácido. Terá mais aromas de sobremesa, mesmo se for seco, e pode ter notas acentuadas de carvalho.

Exemplos... Zinfandel (ou Primitivo) tinto de qualquer região da Califórnia; ou um Pinot Noir da Califórnia

Dá para notar...?
Baixíssimo açúcar/seco ou ligeiramente doce; acidez moderada/aciduloso; alta intensidade do fruto; notas mais fortes do carvalho; álcool alto/encorpado; aroma muito "frutado", como geleia ou ameixas secas

O estilo americano Conhecida como Zinfandel na Califórnia, a mesma uva recebe tratamento diferenciado nos EUA, onde os vinhos são julgados no primeiro gole e servidos com mais frequência com carnes vermelhas e molhos doces.

RESUMO DO CAPÍTULO

Veja abaixo alguns pontos importantes abordados neste capítulo

- Mesmo usando a mesma **casta de uva** e os mesmos **métodos de vinificação**, os vinhos do Velho e do Novo Mundo tendem a ser diferentes.
- Na Europa (Velho Mundo), as uvas em geral são cultivadas em **regiões mais frias** e as uvas não atingem altos graus de **maturação**.
- A maioria das regiões do Novo Mundo é **mais ensolarada, quente e seca**, o que facilita que as uvas atinjam graus mais elevados de maturação.
- Os vinhos do Velho Mundo tendem a buscar ideais tradicionais, como **alto potencial de guarda e combinar com a comida**.
- Marcados pela **inovação** e pelo uso da **tecnologia**, os vinhos do Novo Mundo tendem a buscar agradar um **mercado global** e impressionar **críticos de vinho** no primeiro gole.
- As regiões do sul do Mediterrâneo têm a mais longa **tradição de vinificação**. Também têm o maior número de **castas autóctones de uvas** e produzem a maior quantidade de vinho.
- Os franceses foram os primeiros a **buscar sistematicamente a qualidade do vinho** em grande escala e, por mais de 500 anos, foram o modelo para **melhorar a qualidade** do vinho.
- Seis **zonas vinícolas da França** são muito mais influentes do que as outras: Borgonha, Bordeaux, Champagne, Vale do Rhône, Vale do Loire e Alsácia.
- **Colonizadores europeus** levaram a vinificação às **Américas e ao hemisfério sul**. Essas regiões são relativamente **novatas** no mundo da vinicultura, especialmente em termos de vinhos premium.

EXPLORANDO UVAS E REGIÕES

AGORA QUE ENTENDEMOS o quadro geral, é hora de conhecer os principais players do mundo dos vinhos. As castas utilizadas para fazer o vinho e as regiões onde o vinho é produzido são as variáveis mais importantes para o sabor. Munidos do conhecimento de como os sabores das uvas mudam com a maturação e como a geografia e a cultura podem afetar os resultados da vinificação, podemos nos aprofundar nas uvas e regiões. Há dezenas de uvas viníferas e centenas de denominações, não faz sentido cobrir todas aqui. Mas vale a pena notar uma pequena lista das principais uvas, devido à sua popularidade e influência. E, se você é um amante de vinho, sempre será interessante saber mais sobre as principais regiões vinícolas do mundo. Afinal, apenas alguns lugares especiais do planeta foram abençoados com as condições certas para produzir bons vinhos, e você vai querer explorar todos eles!

UVAS IMPORTANTES

AS TOP 10 Há milhares de castas de uva, mas a grande maioria dos vinhos modernos é produzida com apenas algumas dezenas. Destas, há aquelas que ganharam status de celebridade por sua qualidade e popularidade entre os apreciadores de vinho, como Chardonnay, Riesling, Cabernet Sauvignon e Pinot Noir. Como a França foi a pioneira na produção dos melhores vinhos, a maioria dessas uvas são de origem francesa, mas hoje são internacionais, cultivadas mundo afora. Como muitos vinhos modernos são rotulados pela casta de uva, vale a pena conhecer as Top 10.

CASTAS DE UVA

Das muitas espécies de uva cultivadas ao redor do mundo, o vinho é feito com uma única espécie chamada *Vitis vinifera*, nativa da Eurásia. O nome das uvas que vemos nos rótulos das garrafas — como Chardonnay e Shiraz — são castas desta espécie vinífera. Castas de uvas são como raças de cães: todas pertencem a uma espécie, mas foram desenvolvidas para obter características específicas. Castas podem ser desenvolvidas para que as uvas sejam consumidas frescas ou para a produção de vinho tinto ou branco, para sobreviver aos invernos rigorosos ou verões secos de diferentes regiões.

UVAS VERSÁTEIS E DE ALTO RENDIMENTO

Há milhares de castas de uva, mas apenas algumas dezenas têm importância comercial na produção de vinho. Destas, uma pequena lista de 10 representa a grande maioria que os apreciadores de vinho encontrarão nos rótulos. Não estamos falando das 10 uvas mais plantadas do mundo, que muitas vezes são versáteis e de alto rendimento, como Airén e Cinsault, usadas para fazer destilados ou vinhos a granel. A lista também exclui muitas uvas que produzem vinhos excepcionais e são populares em sua região de origem, mas não ganharam tanta fama em outros lugares, como Tempranillo e Nebbiolo.

O TOP 10 DAS UVAS

Esta lista, sem nenhuma ordem específica, inclui apenas as uvas internacionalmente famosas, as que vemos com mais frequência nos rótulos por sua popularidade e por serem plantadas em todo o mundo, não apenas em sua região de origem.

UVAS PARA VINHO BRANCO

- Chardonnay
- Sauvignon Blanc
- Riesling
- Pinot Grigio/Pinot Gris
- Moscato

UVAS PARA VINHO TINTO

- Cabernet Sauvignon
- Merlot
- Pinot Noir
- Syrah/Shiraz
- Grenache/Garnacha

MAIS FAMOSAS NO EXTERIOR

Por que as uvas europeias são mais reconhecidas quando cultivadas no Novo Mundo do que em sua região de origem? Na Europa, a tradição é nomear os vinhos pelo lugar onde são produzidos, e o tipo de uva utilizado nem sempre é mencionado no rótulo. Nas Américas e no hemisfério sul, a norma é nomear a uva no rótulo.

A Sangiovese pode ser a principal uva da Itália, mas seu nome não é tão conhecido quanto seus vinhos mais famosos, como Chianti ou Brunello di Montalcino. Já Malbec é um nome conhecido simplesmente porque os vinicultores da Argentina, onde a maior parte é cultivada, colocam seu nome no rótulo.

POR QUE UVAS?

É possível fazer vinho com qualquer fruta, mas a uva é preferida por ter o suco mais doce. As uvas viníferas contêm pelo menos 20% de açúcar fermentável quando maduras e mais de 70% de água, o que as torna ideais para produzir bebidas alcoólicas.

FRUTA SUCULENTA

Todas as partes da uva são utilizadas para produzir vinhos tintos e rosés. Para os vinhos brancos, apenas o suco é utilizado e todos os sólidos são descartados.

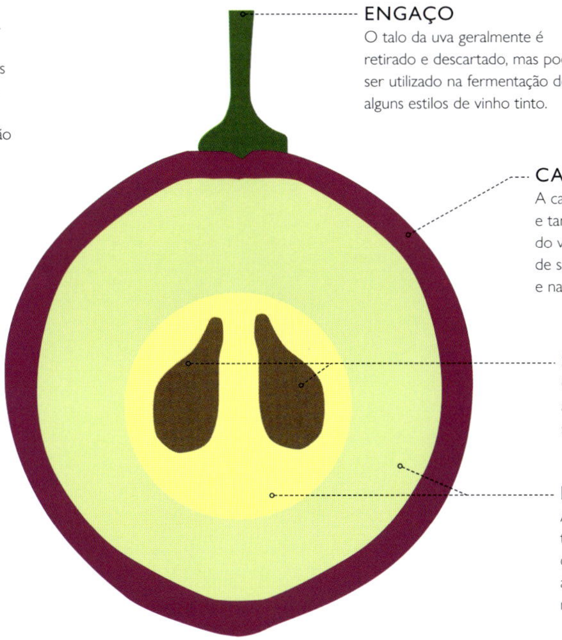

ENGAÇO

O talo da uva geralmente é retirado e descartado, mas pode ser utilizado na fermentação de alguns estilos de vinho tinto.

CASCA

A casca concentra os compostos de cor e taninos, sendo essencial na elaboração do vinho tinto. A maioria dos compostos de sabor também se concentra na casca e na polpa logo abaixo dela.

SEMENTES

Os vinicultores evitam esmagar as sementes, que podem liberar sabores amargos no vinho.

POLPA

A polpa transparente contém três dos principais componentes para a vinificação: açúcar fermentável, acidez refrescante e muita água.

CHARDONNAY

Nenhuma uva supera a popularidade da Chardonnay, que é capaz de produzir vinhos brancos ricos e intensos sem perder a elegância. O Chardonnay quase sempre é seco e só as marcas voltadas ao mercado de massa flertam com um toque de doçura. Como a videira se adapta a vários climas, todo país produtor de vinho cultiva pelo menos um pouco de Chardonnay.

UVA DE VINHO BRANCO
AROMAS DE MAÇÃ

GAMA DE SABORES

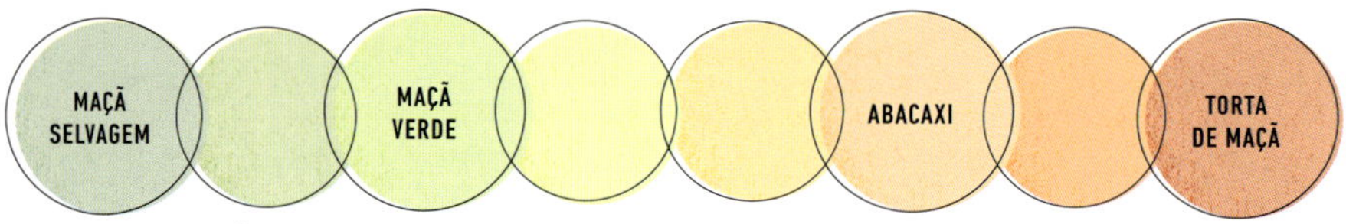

BAIXA MATURAÇÃO/ CLIMA FRIO

ALTA MATURAÇÃO/ CLIMA QUENTE

COM "TEMPERO" DE CARVALHO

Como a Chardonnay é muito sutil, diversos vinicultores intensificam seus aromas fermentando o vinho em barricas novas. Mas, para que o carvalho tenha notas agradáveis, as uvas devem estar bem maduras e o carvalho tende a ser mais intenso em vinhos de regiões quentes. No Novo Mundo, é comum o amadurecimento em carvalho, levando muitos apreciadores a acreditar que os sabores tostados são próprios da uva, o que não é o caso. Chardonnays não amadurecidos em carvalho, ou "sem madeira", podem ser tão ácidos e delicados quanto o Pinot Grigio.

ESTILOS DE CHARDONNAY

Os vinhos desta uva se enquadram nas categorias sensoriais abaixo.

ATRIBUTO	GAMA
COR	Somente branco
INTENSIDADE DA COR	Gama completa: pálida a intensa
TEOR DE AÇÚCAR	Gama parcial: seco a ligeiramente doce
ACIDEZ	Gama completa: baixa a aciduloso
INTENSIDADE DO FRUTO	Gama parcial: baixa a marcante
CARVALHO	Gama completa: sem madeira a notas intensas de carvalho
PESO/CORPO	Gama completa: leve a encorpado
CARBONATAÇÃO	Gama completa: tranquilo a espumante

UM BRANCO QUE REMETE AO TINTO

Os vinhos tintos tendem a ser mais encorpados e amadeirados do que os brancos, mas os Chardonnays competem à altura nos dois quesitos. Além de, muitas vezes, fazerem mais uso do carvalho (ao contrário da maioria dos brancos), também são mais encorpados. A Chardonnay produz mais açúcar do que outras uvas brancas sem perder a acidez refrescante, o que aumenta o teor alcoólico de seus vinhos.

DE ONDE É?

A Chardonnay tem origem na região francesa da Borgonha, onde a viticultura de qualidade se desenvolveu na época medieval. Até hoje, todos os vinhos brancos da Borgonha são 100% Chardonnay. O elegante e discreto "Borgonha branco" continua sendo a referência do estilo Chardonnay, imitado por vinicultores de todo o mundo. Regiões mais quentes do Novo Mundo, como Califórnia e Austrália, produzem uma Chardonnay mais madura, gerando vinhos intensos, frutados e opulentos. Esses vinhos são muito populares e levam o nome da uva no rótulo. Regiões mais frias, como Nova Zelândia e Canadá, produzem estilos mais leves, mais vibrantes e borgonheses.

OUTRAS IMPORTANTES REGIÕES DE CHARDONNAY

1 EUA	Califórnia: Sonoma, Santa Barbara, Monterey Outros estados: Washington, Oregon, Nova York
2 AUSTRÁLIA	Austrália Meridional: Adelaide, Padthaway Outros estados: Victoria, Nova Gales do Sul, Austrália Ocidental
3 CHILE	Vale de Casablanca, Vale do Maipo, Aconcágua
4 ÁFRICA DO SUL	Região Costeira, Stellenbosch, Costa do Cabo Sul
5 NOVA ZELÂNDIA	Hawkes Bay, Gisborne, Marlborough
6 CANADÁ	Península do Niágara, Okanagan Valley

ARQUÉTIPO:

BORGONHA BRANCO FRANCÊS

Em geral sem carvalho nas regiões mais frias e denominações modestas: Bourgogne Blanc, Mâcon-Villages, Chablis, St-Véran, Viré-Clessé.

Em geral fermentado em carvalho nas regiões mais quentes e denominações premium: Meursault, Puligny-Montrachet, Pouilly-Fuissé e Chassagne-Montrachet.

A Chardonnay também é uma das três uvas cultivadas na região de Champagne: O *blanc de blancs* é feito com 100% de uvas Chardonnay.

A PÉROLA DOS VINHOS

Não é à toa que os vinicultores adoram a Chardonnay. Os vinhedos se adaptam a diversas condições climáticas, as uvas com tons dourados produzem excelentes vinhos de vários estilos e o nome Chardonnay é respeitado no mundo todo.

SAUVIGNON BLANC

Os vinhos feitos com Sauvignon Blanc são mais reconhecíveis que a maioria dos brancos graças à sua acidez acentuada e seu aroma pungente, com notas de ervas, hortaliças ou frutas verdes — do limão ao melão. Esses vinhos são muito populares, principalmente devido a seu bom custo-benefício e confiabilidade.

UVA DE VINHO BRANCO
NOTAS HERBÁCEAS

GAMA DE SABORES

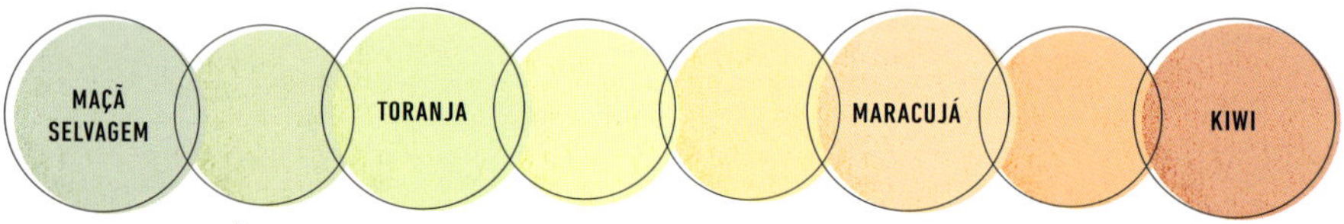

BAIXA MATURAÇÃO/ CLIMA FRIO

ALTA MATURAÇÃO/ CLIMA QUENTE

ESTILOS GÊMEOS

A maioria dos vinhos Sauvignon Blanc é de corpo médio e seca, mas pode ser de dois estilos distintos. O mais comum é o modelo Loire, de clima frio, popularizado na Nova Zelândia: vinhos acidulosos e cítricos sem madeira, com acidez vibrante. Em regiões que possibilitam uma maior maturação, como a Califórnia, o modelo Bordeaux branco tende a ser usado para vinhos premium. A utilização de carvalho e blends com Semillon encorpam e amansam esta uva "selvagem", produzindo vinhos mais suculentos, com sabor menos "verde" e acidez menos agressiva.

ESTILOS DE SAUVIGNON BLANC

Os vinhos desta uva se enquadram nas categorias sensoriais abaixo.

ATRIBUTO	GAMA
COR	Somente branco
INTENSIDADE DA COR	Somente pálida
TEOR DE AÇÚCAR	Somente seco
ACIDEZ	Gama parcial: acidulado a aciduloso
INTENSIDADE DO FRUTO	Gama parcial: média a marcante
CARVALHO	Gama parcial: sem madeira a notas leves de carvalho
PESO/CORPO	Gama parcial: leve a corpo médio
CARBONATAÇÃO	Gama parcial: tranquilo a levemente frisante

VIDEIRA SELVAGEM

O nome "Sauvignon" pode ter origens na palavra francesa sauvage (indomável ou selvagem) e pode referir-se à semelhança desta uva com vinhedos selvagens ou à ferocidade de seu aroma. De qualquer maneira, o nome foi transmitido à sua descendente, a famosa uva tinta Cabernet Sauvignon.

DE ONDE É?

A Sauvignon Blanc tem origens no Vale do Loire, ao sul de Paris. Os vinhos brancos da região, acidulosos e sem carvalho, de denominações como Sancerre e Pouilly-Fumé, inspiram produtores ao redor do mundo. Esta uva também é cultivada em Bordeaux, na costa atlântica da França, onde é misturada com outras uvas locais. Os Bordeaux brancos tendem a ser mais ricos e os melhores podem ser fermentados em barricas, uma prática adotada nos EUA para a Sauvignon Blanc.

ARQUÉTIPOS:

BORDEAUX BRANCO FRANCÊS E BRANCOS DO LOIRE

Vale do Loire: 100% Sauvignon Blanc
Em geral sem carvalho e engarrafados jovens em todas as denominações: Sancerre, Pouilly-Fumé e Touraine.

Bordeaux: Blends à base de Sauvignon Blanc com Semillon
Em geral sem carvalho e engarrafados jovens em denominações modestas: Bordeaux, Entre-Deux-Mers.

Em geral fermentados em barricas e amadurecidos em denominações premium: Graves e Pessac-Léognan.

OUTRAS IMPORTANTES REGIÕES DE SAUVIGNON BLANC

1 NOVA ZELÂNDIA	Ilha do Sul: Marlborough, Canterbury Ilha do Norte: Hawkes Bay, Gisborne
2 EUA	Califórnia: Sonoma, Napa, Costa Central Washington: Columbia Valley
3 ÁFRICA DO SUL	Região Costeira, Costa do Cabo Sul
4 CHILE	Vale de Casablanca, Vale do Maipo
5 ITÁLIA	Trentino, Alto Adige, Friúli

PROLÍFICA E SABOROSA

A Sauvignon Blanc é uma videira robusta e capaz de produzir colheitas abundantes sem perder muita intensidade de sabor. Mas seus aromáticos podem tender para verde ou vegetais quando ela gasta energia demais na produção de brotos e folhas.

RIESLING

O superpoder da Riesling é sua capacidade de produzir vinhos saborosos e equilibrados com um teor alcoólico incrivelmente baixo. Os vinhos desta uva tendem a ser agradavelmente doces, porque é menos essencial converter o açúcar em álcool do que em outras castas, garantindo à Riesling seu lugar no hall da fama.

UVA BRANCA PARA VINHOS BRANCOS

AROMAS DE MAÇÃ

A DOCE RIESLING?

O estilo mais popular e conhecido de Riesling se inspira nos vinhos ligeiramente doces das regiões alemãs do Mosela e Rheingau — vinhos com o equilíbrio doce e ácido das maçãs verdes. Mas o Riesling pode apresentar todos os graus de doçura — desde os totalmente secos até os vinhos de sobremesa — na Alemanha e no mundo todo. Os secos inspiram-se no estilo francês da Alsácia, onde a Riesling produz vinhos graciosos, encorpados e muito menos doces.

ESTILOS DE RIESLING

Os vinhos desta uva se enquadram nas categorias sensoriais abaixo.

ATRIBUTO	GAMA
COR	Somente branco
INTENSIDADE DA COR	Gama parcial: pálida a moderada
TEOR DE AÇÚCAR	Gama completa: seco a totalmente doce
ACIDEZ	Gama parcial: acidulado a aciduloso
INTENSIDADE DO FRUTO	Gama completa: delicada a intensa
CARVALHO	Nenhuma
PESO/CORPO	Gama completa: leve a encorpado
CARBONATAÇÃO	Gama parcial: tranquilo a levemente frisante

FEITO PARA DURAR

Os vinhos feitos com Riesling têm um potencial de guarda excepcional e podem evoluir na adega por mais décadas do que a maioria dos vinhos brancos. É comum presumir que os brancos mais claros precisam ser consumidos jovens, mas o Riesling tem uma grande resistência à oxidação, em parte graças aos seus altos níveis de acidez.

DE ONDE É?

A Riesling é nativa dos vales do Reno, no sudoeste da Alemanha, e de seus afluentes entre Frankfurt e Trier, onde produz vinhos delicados, em geral com um toque de açúcar natural da uva. Já na França, a Riesling também tem uma longa história na Alsácia, onde produz um vinho mais intenso e seco. Esta casta produz seus melhores vinhos internacionais em climas mais frios. Vinicultores da América do Norte e da Nova Zelândia tendem a seguir o estilo alemão, mais doce, enquanto os da Áustria e da Austrália preferem a abordagem francesa, mais seca.

OUTRAS IMPORTANTES REGIÕES DE RIESLING

1 EUA	Washington: Columbia Valley Nova York: Finger Lakes Outros estados: Califórnia, Oregon
2 ÁUSTRIA	Baixa Áustria, Viena, Burgenland
3 AUSTRÁLIA	Austrália Meridional: Clare Valley, Eden Valley Outros estados: Victoria, Austrália Ocidental, Tasmânia
4 CANADÁ	Península do Niágara, Okanagan Valley
5 NOVA ZELÂNDIA	Ilha do Sul: Marlborough, Otago, Nelson

ARQUÉTIPOS:

RIESLING ALEMÃO E RIESLING FRANCÊS DA ALSÁCIA

Alemanha: 100% Riesling
Tradicionalmente leve, aciduloso e ligeiramente doce — em geral abaixo de 11% de álcool — nas melhores denominações: Mosel, Rheingau, Pfalz e Rheinhessen.

França: 100% Riesling
Tradicionalmente de corpo médio, aciduloso e seco — em geral com mais de 12,5% de álcool — na Alsácia.

PEQUENA E INTENSA

As uvas Riesling são muito pequenas, o que aumenta a intensidade do sabor de seus vinhos, já a polpa mais próxima da casca é mais rica em compostos aromáticos. Comparadas com outras uvas de vinhos premium, amadurecem bem cedo e têm alto rendimento.

PINOT GRIGIO/PINOT GRIS

Esta é uma uva peculiar em muitos aspectos. Além de ser uma uva tinta que produz vinho branco com dois nomes diferentes, seus vinhos têm dupla personalidade. Sob sua identidade francesa, a Pinot Gris produz vinhos opulentos e ricos em sabor, enquanto a Pinot Grigio, do norte da Itália, produz um dos vinhos mais populares do mundo em um estilo muito mais leve e delicado.

UVA TINTA PARA VINHOS BRANCOS
NOTAS DE MAÇÃ

A PINOT “CINZA”

Como o nome sugere, esta uva é parente da Pinot Noir tinta da Borgonha. É uma mutação de casca mais clara, vermelha-rosada em vez de roxa-escura — daí seu nome original Pinot Gris: Pinot cinza. Hoje ela é mais conhecida por seu nome italiano: Pinot Grigio. No Novo Mundo, o nome escolhido tende a refletir o estilo do vinho. Os vinicultores que usam o nome e o modelo italiano, mais leve, colhem antes para reter o frescor. Os que rotulam seu vinho como Pinot Gris tendem a deixar as uvas mais tempo na videira, ao estilo francês, produzindo um vinho mais forte e fragrante.

ESTILOS DE PINOT GRIGIO/PINOT GRIS

Os vinhos desta uva se enquadram nas categorias sensoriais abaixo.

ATRIBUTO	GAMA
COR	Gama parcial: branco a rosa
INTENSIDADE DA COR	Gama completa: pálida a intensa
TEOR DE AÇÚCAR	Gama parcial: seco a ligeiramente doce
ACIDEZ	Gama completa: baixa a aciduloso
INTENSIDADE DO FRUTO	Gama parcial: delicada a alta
CARVALHO	Gama parcial: sem madeira a notas leves de carvalho
PESO/CORPO	Gama completa: leve a encorpado
CARBONATAÇÃO	Gama parcial: tranquilo a levemente frisante

ROSÉ ACOBREADO

Tecnicamente, as uvas Pinot Grigio são tintas, mas, por não possuírem a saturação de cor para fazer vinho tinto, tendem a ser usadas para produzir vinho branco. Mas, se forem fermentadas em contato com a casca, podem produzir um rosé de tom acobreado.

DE ONDE É?

Originária da Borgonha, França, a Pinot Gris migrou para o leste e se estabeleceu na Alsácia, onde ainda produz vinhos ricos e carnudos. De lá, foi para a Alemanha e as Dolomitas, no norte da Itália. Nesses vales, as uvas eram colhidas antes, com menos maturação do que na ensolarada Alsácia, e os vinhos resultantes tinham muito menos álcool e um sabor mais delicado. Quando a casta se espalhou pelas planícies ao redor de Veneza, a colheita precoce foi mantida para produzir o Pinot Grigio italiano, acessível ao paladar e de baixo custo.

ARQUÉTIPOS:

PINOT GRIGIO ITALIANO E PINOT GRIS FRANCÊS DA ALSÁCIA

Itália: 100% Pinot Grigio
Estilo leve, delicado e crocante de "baixa maturação" — em geral, abaixo de 13% de álcool — nas melhores denominações: Venezie, Trentino, Friúli.

França: 100% Pinot Gris
Estilo rico, aromático e carnudo de "alta maturação" — em geral, acima de 13% de álcool — na Alsácia.

OUTRAS IMPORTANTES REGIÕES DE PINOT GRIGIO/PINOT GRIS

1 EUA	Califórnia: Sonoma, Costa Central Oregon: Willamette Valley
2 ALEMANHA	Pfalz, Baden
3 CANADÁ	Península do Niágara, Okanagan Valley
4 ÁUSTRIA	Styrya, Burgenland
5 NOVA ZELÂNDIA	Hawkes Bay, Gisborne, Marlborough
6 AUSTRÁLIA	Austrália Meridional, Victoria

UVA "DESBOTADA"

Dois genes produzem os compostos coloridos que resultam em cascas roxas nas uvas. A Pinot Gris é uma mutação da Pinot Noir na qual um deles foi desativado, resultando em sua estranha coloração roxa desbotada.

MOSCATEL

Vários estilos de vinho, como frescos e frutados ou escuros e com notas de passas, são feitos com a Moscatel, mas quase todos são doces e florais. O aroma perfumado deriva dos terpenos — compostos aromáticos levam o Moscato a ser bem mais pungente do que outros estilos de vinho (embora o Gewürztraminer, igualmente rico em terpenos, chegue perto).

UVA BRANCA DE VINHO BRANCO
NOTAS FLORAIS

GAMA DE SABORES

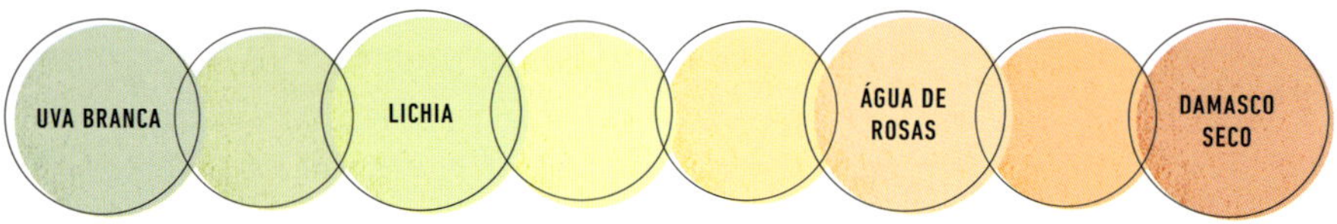

BAIXA MATURAÇÃO/ CLIMA FRIO

ALTA MATURAÇÃO/ CLIMA QUENTE

DE SUCULENTO A PASSIFICADO

A Moscatel é mais usada para fazer estilos totalmente doces, pois sua intensidade aromática pode desequilibrar vinhos secos. Os Moscatéis mais famosos são feitos usando controle de temperatura ou adicionando álcool para interromper a fermentação, como os Moscatos de Asti borbulhantes com pouco álcool e os Moscatéis licorosos e com muito álcool do sul da França. Mas em muitas regiões ensolaradas — como Espanha, Portugal e Austrália — as uvas são secas antes do início da vinificação, resultando em um vinho de sobremesa fortificado, escuro e espesso.

ESTILOS DE MOSCATEL

Os vinhos desta uva se enquadram nas categorias sensoriais abaixo.

ATRIBUTO	GAMA
COR	Gama completa: branco a tinto
INTENSIDADE DA COR	Gama completa: pálida a intensa
TEOR DE AÇÚCAR	Gama completa: seco a totalmente doce
ACIDEZ	Gama completa: baixa a aciduloso
INTENSIDADE DO FRUTO	Somente intensa
CARVALHO	Sem tanino
PESO/CORPO	Gama completa: leve a encorpado
CARBONATAÇÃO	Gama completa: tranquilo a espumante

NOMES ALMISCARADOS

A Moscatel, em português e espanhol, é conhecida como Muscat em francês, e pode até ser um aduetivo quando outras castas apresentam um aroma floral, como a Chardonnay Musqué. Mas o Muscadet, um vinho branco do norte da França, não tem nenhuma relação de parentesco nem qualquer semelhança aromática.

DE ONDE É?

Os gregos antigos já conheciam o potencial da Moscatel para produzir vinhos excelentes e ela pode ser ancestral de muitas das melhores uvas. A Moscatel não é uma casta única, mas uma família de uvas com mais de 100 variantes, muitas delas cultivadas para serem consumidas frescas ou em passas em todo o Mediterrâneo. A maioria das Moscatéis é branca, mas algumas são roxas e usadas para vinho tinto. Os vinhos feitos com estas uvas aromáticas são comuns no sul da Europa e também são encontrados no Novo Mundo.

OUTRAS IMPORTANTES REGIÕES DE MOSCATEL

1 FRANÇA	Rhône, Languedoc-Roussillon (doce), Alsácia (seco)
2 PORTUGAL	Setúbal, Douro
3 AUSTRÁLIA	Victoria: Rutherglen Outros estados: Nova Gales do Sul, Austrália Meridional
4 EUA	Califórnia
5 GRÉCIA	Samos, Patras, Rodes

ZUMBIDOS NOS VINHEDOS

O nome Moscato pode parecer uma referência ao almíscar, o ingrediente do perfume. Textos antigos sugerem que o nome Moscatel refere-se aos insetos atraídos pelo perfume das frutas durante o amadurecimento. Esses insetos pertencem ao gênero Musca, daí o nome Moscatel.

ARQUÉTIPOS:

MOSCATO ITALIANO

Piemonte, Itália: 100% Moscato Bianco
Baixo teor alcoólico, doce, espumante e de sabor fresco — menos de 10% de álcool — em Asti.

ARQUÉTIPO:

MOSCATEL ESPANHOL

Andaluzia, Espanha: 100% Moscatel de Alexandria
De uvas passificadas, com alto teor alcoólico, doce e fortificado — mais de 15% de álcool — em Jerez e Málaga.

CABERNET SAUVIGNON

A Cabernet Sauvignon é a uva vinífera mais plantada do mundo. Seus frutos pequenos e de casca grossa resultam em resíduos sólidos mais escuros e mosto menos claro. Nos vinhos tintos, isso resulta em mais cor, sabor e taninos, sobretudo em vinhedos premium de baixo rendimento.

UVA TINTA PARA VINHOS TINTOS
AROMAS DE FRUTAS NEGRAS

A UVA DE CORTE PERFEITA

Rica em conservantes naturais, a Cabernet Sauvignon pode ser adstringente, mas sua resistência à oxidação é ideal para vinhos de guarda premium. A intensidade de cor, sabor e tanino da Cabernet Sauvignon produz vinhos magros e agressivos, mas é perfeita para blends com uvas mais delicadas. Quando dominante, a Cabernet Sauvignon é amenizada com vinhos mais frutados de uvas mais carnudas, como Merlot ou Shiraz. Em proporções menores, pode dar densidade e potencial de guarda a vinhos feitos com uvas de casca mais fina, como Merlot, Sangiovese ou Malbec.

ESTILOS DE CABERNET SAUVIGNON

Os vinhos desta uva se enquadram nas categorias sensoriais abaixo.

ATRIBUTO	GAMA
COR	Somente tinto
INTENSIDADE DA COR	Gama parcial: média a alta
TEOR DE AÇÚCAR	Somente seco
ACIDEZ	Gama parcial: acidulado a aciduloso
INTENSIDADE DO FRUTO	Somente intensa
CARVALHO	Gama completa: sem madeira a notas intensas de carvalho
PESO/CORPO	Gama parcial: corpo médio a encorpado
TANINO	Gama parcial: aveludado a rascante

BLENDS MISTERIOSOS

Alguns dos melhores vinhos feitos com Cabernet Sauvignon não mencionam o nome da uva no rótulo frontal. Clássicos europeus como Bordeaux e Bolgheri raramente fazem menção à Cabernet, mas blends internacionais só podem nomear uma uva se o vinho contiver pelo menos 75% da casta.

DE ONDE É?

A Cabernet Sauvignon é originária de Bordeaux, onde historicamente dominou o blend nos vinhos mais prestigiados da principal região vinícola da França. Seu sabor denso e capacidade de maturar com elegância lhe renderam um papel nos melhores vinhos tintos de muitos países. No Novo Mundo, produz os tintos mais caros e colecionáveis dos EUA, Chile e África do Sul, muitas vezes blends inspirados no Bordeaux.

ARQUÉTIPO:

BORDEAUX TINTO FRANCÊS

Blends escuros e intensos, com notas intensas de carvalho e muito tanino.

Em geral, domina os blends nas denominações premium mais quentes: Haut-Médoc, Margaux, Pauillac, St-Estèphe, St-Julien, Moulis.

Em geral, tem um papel coadjuvante em denominações modestas e mais frias: Bordeaux, Graves, St-Émilion.

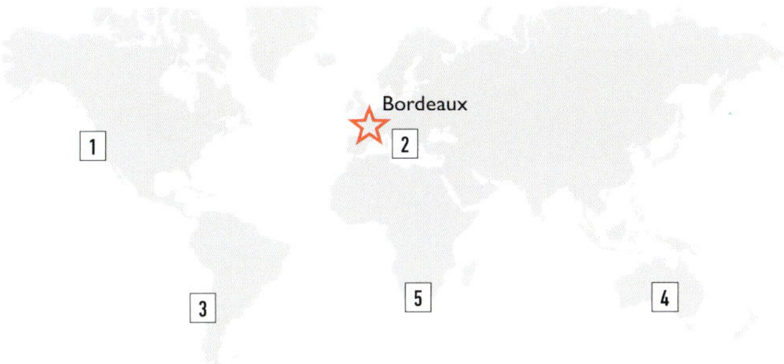

OUTRAS IMPORTANTES REGIÕES DE CABERNET SAUVIGNON

1 EUA	Califórnia: Napa Valley, Sonoma, Paso Robles Washington: Columbia Valley
2 ITÁLIA	Toscana, Trentino
3 CHILE	Vale do Maipo, Valle del Rapel, Aconcágua
4 AUSTRÁLIA	Austrália Meridional: Coonawarra
5 ÁFRICA DO SUL	Região Costeira, Stellenbosch, Paarl

UMA UVA QUE ADORA O SOL

Os vinhedos da Cabernet Sauvignon brotam mais tarde na primavera do que a maioria das castas de Bordeaux, e seus frutos demoram mais para amadurecer no outono. Seus pequenos frutos de casca grossa precisam de muito sol para desenvolver todo o seu potencial de cor e sabor.

MERLOT

Se a Cabernet Sauvignon de Bordeaux é um super-herói musculoso, a Merlot é o herói ágil e versátil com um nome melhor. Vinhos feitos com esta casta em geral são menos escuros, tânicos ou intensos que os Cabernet Sauvignon. São mais delicados e aveludados, com notas frutadas mais voluptuosas — de modo que o Merlot jovem é mais agradável.

UVA TINTA PARA VINHOS TINTOS
AROMAS DE FRUTAS NEGRAS

O PREÇO DA POPULARIDADE

A Merlot agrada tanto que não raro é usada para produzir em grande escala vinhos de mesa para consumo diário, e sua reputação sofreu um pouco devido às versões mais baratas. Mas, plantada em vinhedos de primeira linha e vinificada segundo rigorosos padrões, a Merlot produz vinhos com força e elegância incríveis. Em Bordeaux, esta uva tende a ser relegada a terras menos valorizadas, mas vinhos "cult" 100% Merlot, como o lendário Château Pétrus, alcançam preços mais elevados do que seus rivais à base de Cabernet, provando que esta casta é uma das melhores uvas tintas do mundo.

ESTILOS DE MERLOT

Os vinhos desta uva se enquadram nas categorias sensoriais abaixo.

ATRIBUTO	GAMA
COR	Somente tinto
INTENSIDADE DA COR	Gama parcial: moderada a intensa
TEOR DE AÇÚCAR	Somente seco
ACIDEZ	Gama completa: baixa a aciduloso
INTENSIDADE DO FRUTO	Gama parcial: média a intensa
CARVALHO	Gama completa: sem madeira a notas intensas de carvalho
PESO/CORPO	Gama parcial: corpo médio a encorpado
TANINO	Gama completa: nenhum a rascante

PARA BEBER JÁ

A Merlot costuma ser ofuscada pela Cabernet Sauvignon porque seus vinhos são mais delicados, leves e não amadurecem tão bem. Mas, em um mundo que valoriza o prazer imediato, as supostas fraquezas da Merlot na verdade são seus pontos fortes.

DE ONDE É?

A Merlot e a Cabernet Sauvignon são primas da região de Bordeaux com aromáticos semelhantes, mas potência, cor e aderência tânica diferentes. Em Bordeaux, a Merlot é de longe a mais plantada das duas porque amadurece muito antes, o que reduz os custos. Mas esta uva brilha nas Américas, produzindo vinhos tintos suntuosos e fáceis de beber, levando seu nome no rótulo, desde o Chile, no sul, até a Califórnia e Washington, no norte.

ARQUÉTIPO:

BORDEAUX TINTO FRANCÊS

Blends saborosos e de corpo médio com taninos delicados e notas leves de carvalho.

Em geral, domina blends em denominações modestas e mais frias: Bordeaux, Graves, St-Émilion, Pomerol.

Em geral, tem um papel coadjuvante nas denominações premium mais quentes: Haut-Médoc, Margaux, Pauillac, St-Estèphe, St-Julien, Moulis.

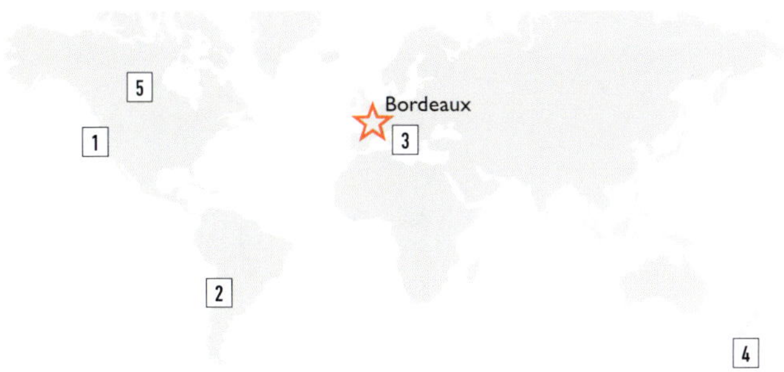

OUTRAS IMPORTANTES REGIÕES DE MERLOT

1 EUA	Califórnia: Napa Valley, Sonoma Washington: Columbia Valley
2 CHILE	Vale do Maipo, Valle del Rapel, Aconcágua
3 ITÁLIA	Norte da Itália, Toscana
4 NOVA ZELÂNDIA	Hawkes Bay, Marlborough
5 CANADÁ	Okanagan Valley, Península do Niágara

FRÁGIL, MAS GENEROSA

As cascas mais finas e os cachos mais soltos da Merlot fazem com que ela seja mais frágil no vinhedo do que outras castas de Bordeaux, como a Cabernet Sauvignon, mas essa desvantagem é mais do que compensada por sua maturação precoce e generosos rendimentos por videira.

PINOT NOIR

A Pinot Noir é o oposto da Cabernet Sauvignon. A Pinot Noir tem a casca fina e produz vinhos muito mais leves e pálidos que não funcionam tão bem em blends e são mais apreciados jovens. A Cabernet Sauvignon precisa de mais calor para maturar completamente, enquanto a Pinot Noir precisa de mais frio para reter seu sedutor charme terroso, que se perde em lugares onde fica madura e frutada demais.

UVA TINTA PARA VINHOS TINTOS

NOTAS DE FRUTAS VERMELHAS

GAMA DE SABORES

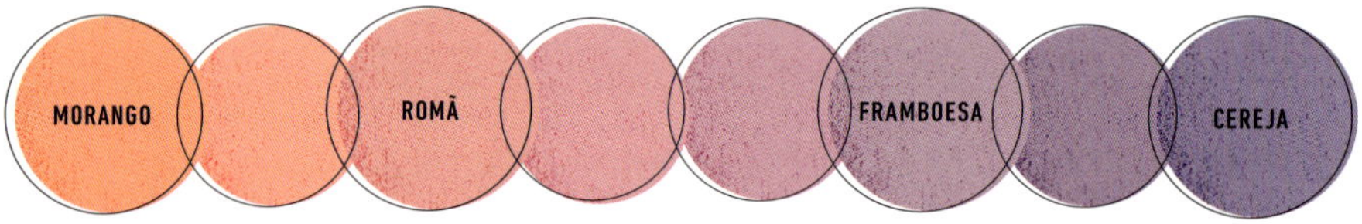

BAIXA MATURAÇÃO/ CLIMA FRIO

ALTA MATURAÇÃO/ CLIMA QUENTE

ELEGÂNCIA E SEDUÇÃO

A Pinot Noir é a rival mais próxima da Cabernet Sauvignon na disputa pela coroa dos vinhos tintos e, na opinião de muitos, chega a produzir vinhos superiores. Enquanto a Cabernet Sauvignon tem um desempenho confiável em muitas regiões vinícolas e se diferencia por sua potência, a Pinot Noir é mais volúvel e seduz por sua elegância. Este vinho tinto aparentemente mais fraco só brilha em algumas regiões e pode decepcionar em condições não adequadas. Mas, quando a Pinot Noir brilha, produz vinhos espetaculares que tocam a alma de uma maneira que a Cabernet Sauvignon não faz.

ESTILOS DE PINOT NOIR

Os vinhos desta uva se enquadram nas categorias sensoriais abaixo

ATRIBUTO	GAMA
COR	Somente tinto
INTENSIDADE DA COR	Gama parcial: pálida a moderada
TEOR DE AÇÚCAR	Somente seco
ACIDEZ	Gama completa: baixa a aciduloso
INTENSIDADE DO FRUTO	Gama parcial: média a intensa
CARVALHO	Gama completa: sem madeira a notas intensas de carvalho
PESO/CORPO	Gama parcial: corpo médio a encorpado
TANINO	Gama parcial: nenhum a aveludado

IMPRESSÃO DIGITAL

O termo *terroir* foi cunhado na Borgonha para denotar a capacidade peculiar da Pinot Noir de apresentar nuances distintas de sabor em cada lugar onde é cultivada. Cada aspecto de um vinhedo — como o tipo de solo e a orientação de sua encosta — pode criar um sabor reconhecível, uma característica distintiva da terra, capturada no vinho.

DE ONDE É?

Pode-se dizer que a Pinot Noir é a uva vinífera original; é a uva tinta da Borgonha, onde o vinho premium nasceu na França medieval. A Pinot Noir prefere condições mais frias do que a maioria das uvas tintas e é frágil demais para ser cultivada em grande escala. Fora da Borgonha, produz vinhos excepcionais apenas em algumas pequenas regiões como Oregon e Califórnia, nos EUA, Nova Zelândia, sudeste da Austrália, Alemanha e norte da Itália.

ARQUÉTIPO:

BORGONHA TINTO FRANCÊS

Todos os vinhos tintos da Borgonha, tirando o Beaujolais, são 100% Pinot Noir.

Em geral leve, pálido e aciduloso em denominações modestas: vilas de Bourgogne, Mercurey e Côte de Beaune, como Santenay e Chorey-lès-Beaune.

Mais rico, escuro e fragrante em denominações premium: a maioria das vilas de Côte de Nuits, como Gevrey-Chambertin, Nuits-St-Georges, e algumas vilas de Côte de Beaune, como Volnay e Pommard.

A Pinot Noir também é uma das três uvas cultivadas na região de Champagne.

OUTRAS IMPORTANTES REGIÕES DE PINOT NOIR

1 EUA	Califórnia: Sonoma, Santa Barbara, Monterey Oregon: Willamette Valley
2 ALEMANHA	Pfalz, Baden, Rheingau
3 NOVA ZELÂNDIA	Central Otago, Martinborough, Marlborough
4 ITÁLIA	Trentino-Alto Ádige
5 AUSTRÁLIA	Yarra Valley, Adelaide Hills, Tasmânia
6 ÁFRICA DO SUL	Franschoek, Walker Bay, Costa Sul do Cabo
7 CANADÁ	Península do Niágara, Okanagan Valley

O TRABALHO DURO COMPENSA

A Pinot Noir é uma casta de maturação precoce que prefere regiões mais frias, onde seu último estágio de maturação é mais lento. As melhores variantes desta casta são de baixo rendimento e de difícil cultivo, mas os resultados valem o esforço.

SYRAH/SHIRAZ

Esta uva do Rhône, chamada de Syrah na França ou Shiraz no hemisfério sul, é uma potência. Seus vinhos rivalizam com o Cabernet Sauvignon em intensidade, profundidade e potencial de guarda graças a seus frutos igualmente pequenos com casca grossa e escura. A Syrah precisa de muito sol para amadurecer completamente, mas seu caráter frutado e suculento dispensa blends com outras uvas.

UVA TINTA PARA VINHOS TINTOS
NOTAS DE FRUTAS COM ESPECIARIAS

DANDO MAIS COR E SABOR

A Syrah, com suas notas de especiarias, cor azulada e taninos conservantes, é usada para intensificar uvas mais delicadas ou pálidas. Apesar de ser deliciosa e equilibrada por si só, seu impacto pode ser atenuado com um pouco de outras uvas. No Rhône, a maior parte do cultivo de Syrah é tradicionalmente usada para intensificar a Grenache, mais pálida.

Em denominações menores, a Syrah pode ser arredondada com um pouco de uvas brancas locais. O Syrah varietal (100% Syrah) é mais comum no Novo Mundo, onde é conhecido como Shiraz.

GAMA DE ESTILOS DE SYRAH/SHIRAZ

Os vinhos desta uva se enquadram nas categorias sensoriais abaixo.

ATRIBUTO	GAMA
COR	Somente tinto
INTENSIDADE DA COR	Gama parcial: moderada a intensa
TEOR DE AÇÚCAR	Gama parcial: seco a ligeiramente doce
ACIDEZ	Gama completa: baixa a aciduloso
INTENSIDADE DO FRUTO	Gama parcial: média a intensa
CARVALHO	Gama completa: sem madeira a notas intensas de carvalho
PESO/CORPO	Gama parcial: corpo médio a encorpado
TANINO	Gama completa: nenhum a rascante

APIMENTADA

Muitos vinhos Syrah têm um aroma peculiar, que remete a pimenta. Em regiões frias e com baixa maturação, pode ter um aroma de pimenta-verde em conserva, mas com mais sol, o aroma é de pimenta-do-reino moída, que pode dar vontade de espirrar. Mas, nos níveis de maturação mais elevados, esse aroma fica menos proeminente.

DE ONDE É?

A Syrah vem do sul da França, onde é usada sobretudo como *vin médecin*, fortalecendo blends no sul do Vale do Rhône. Também produz seus próprios vinhos em algumas pequenas denominações ao norte, nas encostas íngremes do Rhône, como o Crozes-Hermitage aciduloso e o Côte-Rôtie picante, mas são raros e caros. No Novo Mundo, especialmente na Austrália, onde é conhecida como Shiraz, a Syrah se destaca em vinhos mais compotados.

ARQUÉTIPO:

TINTOS FRANCESES DO NORTE DO RHÔNE

Vinhos à base de Syrah do norte do Vale do Rhône — 80–100%; vinhos tintos escuros e tânicos com intensos aromáticos apimentados.

Denominações modestas: Crozes- Hermitage, St-Joseph.

Denominações premium: Hermitage, Côte-Rôtie, Cornas.

OUTRAS IMPORTANTES REGIÕES DE SYRAH/SHIRAZ

1 AUSTRÁLIA	Austrália Meridional: Barossa, McLaren Vale Outros estados: Victoria, Nova Gales do Sul, Austrália Ocidental
2 EUA	Califórnia: Napa Valley, Sonoma, Santa Barbara Washington: Columbia Valley
3 ÁFRICA DO SUL	Região Costeira, Paarl, Stellenbosch
4 CHILE	Vale do Maipo, Valle del Rapel, Aconcágua
5 ESPANHA	Castela-La Mancha, Catalunha
6 CANADÁ	Okanagan Valley

DERRUBANDO O MITO PERSA

O nome Shiraz, o outro nome da Syrah, levou muitos a concluir que a videira se originou na cidade iraniana de Shiraz, onde as uvas são mais cultivadas para produzir passas do que vinho. Mas testes de DNA revelaram que esta uva provém do sudeste da França.

GRENACHE/GARNACHA

Esta uva versátil e de alto rendimento pode produzir vinhos tintos de bom custo-benefício e fáceis de beber, bem como rosés vibrantes e convidativos. Mas também pode produzir tintos premium ricos e concentrados, com saborosos aromáticos condimentados e teor alcoólico alto. Como o Grenache oxida facilmente, ficando alaranjado, é comum misturá-lo com um pouco de uvas mais escuras do Rhône, como Syrah ou Mourvèdre, para ajudar na preservação.

UVA TINTA PARA VINHOS TINTOS
NOTAS DE FRUTAS COM ESPECIARIAS

MUITO PLANTADA, MAS POUCO CITADA

Os vinhos Grenache têm sabores de frutas vermelhas maduras, como geleia de morango, muitas vezes com toques de pimenta-branca e presunto defumado. Fora da Espanha, onde é chamada de Garnacha, esta uva raramente é citada nos rótulos. Muitos Grenache franceses famosos não mencionam as uvas por tradição, e seus vinhos menos ambiciosos têm marcas genéricas. A maioria dos Grenache são vinhos de corte com uvas do Rhône, como Syrah e Mourvèdre, e podem não atingir o mínimo de 75% para constar no rótulo.

ESTILOS DE GRENACHE/GARNACHA

Os vinhos desta uva se enquadram nas categorias sensoriais abaixo.

ATRIBUTO	GAMA
COR	Gama parcial: rosa a vermelho
INTENSIDADE DA COR	Gama parcial: pálida a moderada
TEOR DE AÇÚCAR	Gama parcial: seco a ligeiramente doce
ACIDEZ	Gama parcial: baixa a acidulado
INTENSIDADE DO FRUTO	Gama parcial: média a intensa
CARVALHO	Gama completa: sem madeira a notas intensas de carvalho
PESO/CORPO	Gama completa: leve a encorpado
TANINO	Gama parcial: nenhum a aveludado

ROSÉS SECOS

Além de seu status de estrela dos tintos, a Grenache é a melhor uva do mundo para produzir rosés secos graças a seus sabores frescos e vigorosos de morango. Não é por acaso que os rosés secos são especialidades da terra natal desta uva no sul da França, em regiões como Rhône e Provença, bem como no nordeste da Espanha.

DE ONDE É?

Esta uva tem origens na árida região de Aragão, na Espanha, onde é chamada de Garnacha, mas se destaca como Grenache no sul do Vale do Rhône, na França. A maioria dos vinhos Grenache franceses são blends, em geral com Syrah e Mourvèdre, em vinhos do Rhône como Châteauneuf-du-Pape e Côtes du Rhône, e com outras uvas espanholas como Carignan, em Languedoc e Roussillon. Fora da Europa, a Grenache cresce na Califórnia e África do Sul, mas tem mais relevância na Austrália, em blends ao estilo do Rhône rotulados como GSM — Grenache, Shiraz e Mourvèdre.

ARQUÉTIPOS:

BLENDS FRANCESES DO RHÔNE

Blends à base de Grenache do sul do Vale do Rhône — mais de 70%; vinhos tintos de textura rica com sabores carnudos e notas de pimenta.

Denominação regional modesta: Côtes du Rhône.

Denominações premium em nível de vila: Châteauneuf-du-Pape, Gigondas, Vacqueyras.

Rosés secos de corpo médio com notas de frutas silvestres frescas.

Denominação regional modesta: Côtes du Rhône.

Denominações premium em nível de vila: Tavel (somente rosé).

OUTRAS IMPORTANTES REGIÕES DE GRENACHE/GARNACHA

1 ESPANHA	Catalunha, Aragão, Navarra
2 FRANÇA (OUTRAS)	Languedoc, Roussillon, Provença
3 AUSTRÁLIA	Austrália Meridional: McLaren Vale, Barossa Outros estados: Nova Gales do Sul, Victoria
4 EUA	Califórnia
5 ÁFRICA DO SUL	Região Costeira

VIDEIRA CACHEADA

A Grenache é conhecida por sua tendência natural de produzir muitos e grandes cachos. Ao contrário da maioria das uvas tintas, seus vinhos costumam ser mais claros quando a Grenache é cultivada em regiões mais quentes e mais escuros em zonas mais frias.

OUTRAS UVAS FRANCESAS

Devido à história complexa do vinho (p.168), as uvas de herança francesa têm muito mais influência do que as de outros lugares. Tanto que sete das dez principais uvas destacadas até agora são nativas da França e todas produzem famosos vinhos premium. Mas vale a pena conhecer também algumas outras uvas francesas menos conhecidas, como as listadas aqui.

EM CASA E NO EXTERIOR

As uvas da França se estendem além dos próprios vinhedos. Quase todos os melhores vinhos produzidos fora da Europa usam uvas de origem francesa.

CHENIN BLANC (OU STEEN)

A Chenin Blanc é uma uva antiga do Vale do Loire também muito cultivada na África do Sul. Esta videira subestimada é econômica e pode tolerar climas quentes e frios. A Chenin Blanc rivaliza com o talento épico da Riesling para fazer vinhos doces e com pouco álcool e supera a impressionante versatilidade da Chardonnay, produzindo vinhos espumantes excepcionais nas regiões mais frias e excelentes brancos secos e amadeirados nas mais quentes.

UVA BRANCA PARA VINHOS BRANCOS
NOTAS DE MAÇÃ

ARQUÉTIPO:

VOUVRAY FRANCÊS

Vouvray: 100% Chenin Blanc. Em geral, brancos leves meio-secos e sem carvalho, mas também vinhos espumantes secos e vinhos de sobremesa doces e botritizados.

Savennières: 100% Chenin Blanc. Vinhos brancos ultra-secos e de corpo médio.

VIOGNIER

A Viognier já foi uma das uvas mais obscuras da França, mas ganhou fama internacional ao ser adotada em regiões do Novo Mundo como Austrália e Califórnia. Seus vinhos são quase tão fragrantes e florais quanto o Moscatel e compartilham a capacidade do Chardonnay de fazer vinhos com uma textura rica e que amadurecem bem em carvalho. A Viognier também é usada no blend de vinhos tintos baseados em Syrah (ou Shiraz).

UVA BRANCA PARA VINHOS BRANCOS
NOTAS FLORAIS

ARQUÉTIPO:

CONDRIEU FRANCÊS

Condrieu: 100% Viognier. Vinhos brancos secos e encorpados com aroma floral inebriante, muitas vezes amadeirados.

Côte Rôtie (tinto): <5% Viognier. Um pouco de Viognier nestes Syrah tintos adiciona fragrância e aprofunda e estabiliza sua cor vermelha.

CABERNET FRANC

A Cabernet Franc é uma uva antiga do Vale do Loire que produz tintos leves e acidulosos, mas é mais conhecida por seu papel em blends tintos estilo Bordeaux e por ser um dos "pais" genéticos da melhor uva para vinho tinto do mundo, a Cabernet Sauvignon. Os varietais de Cabernet Franc lembram sua famosa descendente, mas tendem a ser mais leves, pálidos, ácidos e herbáceos. No Novo Mundo, pode produzir tintos mais ricos e muito satisfatórios.

UVA TINTA PARA VINHOS TINTOS
NOTAS DE FRUTAS NEGRAS

ARQUÉTIPO:
CHINON E BORDEAUX FRANCESES

Chinon e Bourgueil: 100% Cabernet Franc. Tintos pálidos, acidulosos e leves.

Cabernet d'Anjou: Principalmente Cabernet Franc. Rosés secos e leves.

Bordeaux, St-Émilion, e Pomerol: Usado nestes blends tintos secos, em geral menos de 25%.

GAMAY

A Gamay é tão prolífica e fácil de cultivar que quase suplantou a Pinot Noir na Borgonha do século 14. Foi proibida na maior parte da região em 1395 por seus vinhos leves e frutados serem considerados inferiores. Mas a Gamay ainda prospera na sub-região do Beaujolais, onde os solos graníticos aprofundam sua cor e seu sabor. Fora da França, a Gamay é cultivada na Suíça, no Canadá e no estado australiano de Victoria.

UVA TINTA PARA VINHOS TINTOS
NOTAS DE FRUTAS VERMELHAS

ARQUÉTIPO:
BEAUJOLAIS FRANCÊS

Beaujolais, Beaujolais-Villages: 100% Gamay. Vinhos tintos secos, leves, com pouco tanino e aromas frutados.

St Amour, Brouilly, Morgon, e Moulin-à-Vent: 100% Gamay. Dez chamadas *cru villages* de Beaujolais produzem vinhos Gamay mais austeros e concentrados.

MALBEC (OU CÔT)

A Malbec já foi muito cultivada no sudoeste da França, mas, por não maturar bem na região, foi suplantada por outras uvas. Continua sendo a principal uva de Cahors e usada em blends tintos de Bordeaux, mas é mais conhecida como uma importante uva de vinhos argentinos. Enquanto os Malbec franceses tendem a ser fluidos e rústicos, as versões argentinas são mais ricas, escuras e de sabor mais intenso, com notas de beterraba grelhada e violetas.

UVA TINTA PARA VINHOS TINTOS
NOTAS DE FRUTAS NEGRAS

ARQUÉTIPO:
CAHORS FRANCESES

Cahors: Mínimo 70% Malbec. Vinhos tintos secos, de corpo médio, com taninos firmes e acidez acentuada.

Bordeaux, Bourg, e Blaye: Usado nestes blends tintos secos, em geral menos de 5%.

AS MELHORES UVAS DA ITÁLIA E ESPANHA

A Itália é o maior produtor mundial de vinho em volume e a Espanha ocupa o primeiro lugar em área de vinhedos. Mas as uvas italianas e espanholas não têm a fama das uvas francesas, e apenas uma pequena fração das uvas viníferas cultivadas no Novo Mundo tem raízes na Itália ou Espanha. Das castas reconhecidas no mercado internacional de vinhos, estas cinco são as principais.

FOCO DILUÍDO PELA DIVERSIDADE

A Itália cultiva comercialmente mais de 350 uvas viníferas, mas essa grande quantidade dificulta o reconhecimento mundial de uvas específicas.

ALBARIÑO (OU ALVARINHO)

A Albariño é a melhor uva branca da Espanha, nativa da região fria do noroeste da Galícia. Seu nome "branca do Reno" evoca a Riesling, sendo que as duas uvas apresentam um aroma delicado, porém penetrante, e um final persistente. Mas não há relação genética entre as duas. A Albariño também é cultivada no norte de Portugal, onde é conhecida como Alvarinho, e é cada vez mais plantada em regiões do Novo Mundo, como Califórnia e Austrália.

UVA BRANCA PARA VINHOS BRANCOS
NOTAS DE MAÇÃ

ARQUÉTIPOS:

ALBARIÑO RÍAS BAIXAS ESPANHOL

Albariño Rías Baixas: 100% Albariño. Vinhos brancos de corpo leve a médio, secos e sem carvalho.

Observação: Vinhos de Rías Baixas que não especificam a uva Albariño podem conter outras castas locais ou ser blends de várias uvas.

PROSECCO (OU GLERA)

Perto de Veneza, no norte da Itália, as colinas de Prosecco deram nome a uma casta de uva e aos vinhos espumantes frescos e frutados feitos com ela. Enquanto grande parte dos espumantes é produzida com uvas também usadas para vinhos tranquilos, a maioria esmagadora da Prosecco é transformada em espumante. Em 2009, a Prosecco foi formalmente renomeada como "Glera" para proteger o nome Prosecco como uma denominação de origem controlada.

UVA BRANCA PARA VINHOS BRANCOS
NOTAS DE MAÇÃ

ARQUÉTIPO:

PROSECCO ITALIANO

Prosecco: Mínimo 85% Glera. Vinhos espumantes leves e de sabor delicado, em geral com um toque de doçura.

NEBBIOLO

UVA TINTA PARA VINHOS TINTOS
NOTAS DE FRUTAS COM ESPECIARIAS

A Nebbiolo, nativa do frio e nebuloso Piemonte, é a resposta italiana ao Pinot Noir. As duas videiras são de cultivo difícil e produzem vinhos pálidos e terrosos, que amadurecem com elegância. A Nebbiolo combina notas de frutas vermelhas e negras, com uma profusão de aromas não frutados, como pétalas de rosa, cardamomo e até asfalto. Mas, ao contrário da Pinot Noir, ainda não produz vinhos de classe mundial em outros países.

ARQUÉTIPOS:

BAROLO E BARBARESCO ITALIANOS

Barolo: 100% Nebbiolo. Vinhos tintos ultra-secos e encorpados, com sabores terrosos e muita acidez, tanino e álcool.

Barbaresco: 100% Nebbiolo. Similar ao Barolo, mas em geral um pouco mais leve e delicado.

SANGIOVESE

UVA TINTA PARA VINHOS TINTOS
NOTAS DE FRUTAS VERMELHAS

A principal uva de vinho tinto da Itália é a Sangiovese, apesar de representar apenas 8% da área de vinhedos. É a uva dominante da Toscana, onde a maioria dos "rossos" são Sangiovese puros ou blends à base de Sangiovese. São vinhos acidulosos, tânicos e terrosos, com sabores marcantes de cerejas vermelhas azedas, mas, por acastanhar rapidamente, é comum misturar uvas mais escuras. A Sangiovese raramente é cultivada fora da Itália.

ARQUÉTIPOS:

CHIANTI E BRUNELLO DI MONTALCINO ITALIANOS

Chianti e Chianti Classico: Mínimo de 70% Sangiovese. Vinhos tintos ultra-secos, de corpo médio, cor pálida e acidulosos.

Brunello di Montalcino: 100% Sangiovese Grosso. Denominação menor para vinhos premium feitos apenas com um clone superior.

TEMPRANILLO (OU TINTA RORIZ, ARAGONÊS)

UVA TINTA PARA VINHOS TINTOS
NOTAS DE FRUTAS NEGRAS

A Tempranillo é a melhor uva vinífera da Espanha e o principal ingrediente de muitos de seus melhores tintos. Sua alta acidez e taninos dão bons vinhos de guarda, e muitos dos melhores vinhos são bem evoluídos antes da comercialização. Seu perfil de frutas negras escuras é apreciado por quem gosta de tintos, dos mais encorpados aos mais leves. Não é muito cultivada fora da Espanha e de Portugal.

ARQUÉTIPOS:

RIOJA E RIBERA DEL DUERO ESPANHÓIS

Ribera del Duero (mínimo 75% Tempranillo) e Rioja (blends à base de Tempranillo): Vinhos tintos de corpo médio, amadeirados, taninos firmes e sabor intenso.

Toro: 100% Tinta de Toro. Denominação menor de vinhos feitos exclusivamente com um clone local superior de Tempranillo.

O MELHOR DAS OUTRAS REGIÕES

Sua jornada no mundo dos vinhos pode passar por várias outras uvas fascinantes, como as da tabela abaixo. Os países com maior proliferação de uvas viníferas autóctones são aqueles onde as uvas são cultivadas há mais tempo e que têm condições climáticas favoráveis às videiras. Por exemplo, a Itália é o maior produtor de vinho do mundo, com mais de 300 uvas viníferas cultivadas. Mas, como a maioria das zonas vinícolas cultiva as próprias uvas locais, estas castas raramente ganham fama mundial e dificilmente são plantadas longe de casa.

	UVA	REGIÃO DE ORIGEM	DENOMINAÇÕES FAMOSAS
UVAS PARA VINHO BRANCO	Gewurztraminer	Pfalz, Alemanha	Alsácia; Califórnia
	Grüner Veltliner	Baixa Áustria	Wachau; Kamtal
	Macabeo	Catalunha, Espanha	Cava; Penedès; Rioja; Languedoc; Roussillon
	Malvasia	Monemvasia, Grécia	Madeira; Itália; Espanha; Portugal
	Pinot Blanc	Borgonha, França	Alsácia; Alemanha; Itália
	Semillon	Bordeaux, França	Sauternes; Barsac; Austrália
	Torrontés	La Rioja, Argentina	Mendoza; La Rioja
UVAS PARA VINHO TINTO	Aglianico	Campânia, Itália	Taurasi; Vulture
	Barbera	Piemonte, Itália	Alba; Asti; Langhe
	Carménère	Bordeaux, França	Chile
	Corvina	Veneto, Itália	Valpolicella; Bardolino
	Dolcetto	Piemonte, Itália	Alba; Asti; Langhe; Dogliani
	Monastrell	Valência, Espanha	Bandol; Vale do Rhône; Jumila; Yecla; Alicante
	Montepulciano	Abruzzi, Itália	Abruzzo
	Negroamaro	Apúlia, Itália	Salice Salentino; Copertino; Squinzano
	Nero d'Avola	Sicília, Itália	Sicília
	Petite Sirah	Rhône-Alpes, França	Califórnia; Austrália; Languedoc
	Petit Verdot	Bordeaux, França	Bordeaux; Califórnia; Espanha
	Pinotage	África do Sul	Stellenbosch; Paarl
	Zinfandel	Croácia	Califórnia; Apúlia; sul da Itália

OUTRAS UVAS DISTINTAS

Espanha, Portugal e Grécia, como a Itália, têm dezenas de uvas viníferas próprias, mas que raramente são cultivadas fora de suas zonas de origem. Por razões históricas, as uvas francesas predominam nos vinhedos do Novo Mundo.

ESTILOS TÍPICOS	OUTROS NOMES
Brancos pungentes e florais	Traminer
Brancos leves e acidulados	
Vinhos brancos ou espumantes secos	Viura, Macabeu
De sobremesa com notas de nozes & brancos leves	Malmsey
Brancos leves e acidulados	Pinot Bianco
Podem ser secos ou totalmente doces	
Vinhos brancos secos e aromáticos	
Tintos fortes e picantes	
Tintos acidulosos e de corpo médio	
Tintos fortes e herbáceos	
Tintos frutados, leves a encorpados	
Tintos frutados e leves	
Tintos escuros e fortes	Mourvèdre; Mataro
Tintos acidulados e de corpo médio	
Tintos escuros e fortes	
Tintos acidulados e de corpo médio	Calabrese
Tintos fortes e tânicos	Durif
Tintos fortes e tânicos	Cabernet Gernischt
Tintos fortes e carnudos	Hermitage
Tintos fortes e compotados	Primitivo

RESUMO DO CAPÍTULO

Veja abaixo alguns pontos importantes abordados neste capítulo.

- O nome das uvas nos rótulos dos vinhos são **cepas** da espécie ***Vitis vinifera***.
- As uvas são adequadas para vinificação devido a seus **níveis altos de açúcar e água**.
- A **Chardonnay** adapta-se a climas variados e todo país produtor de vinho cultiva pelo menos um pouco desta uva popular.
- Devido à sua acidez acentuada e ao seu aroma pungente, o **Sauvignon Blanc** é mais identificável do que a maioria dos vinhos brancos.
- A **Riesling** alemã é considerada por muitos a melhor uva vinífera do mundo, mas causa confusão porque pode variar de seca a doce.
- A **Pinot Gris** é capaz de produzir vinhos ricos e maduros, mas é muito mais popular no estilo **Pinot Grigio**, mais leve e vibrante.
- O **Moscatel** tem vários estilos, mas quase todos são doces e têm notas intensas de flores.
- A **Cabernet Sauvignon** é a mais famosa das castas de Bordeaux para vinhos tintos. Os tintos mais caros e com maior potencial de guarda tendem a ser feitos com esta casta.
- A **Merlot** é mais conhecida por vinhos de baixo custo, mas é capaz de fazer vinhos potentes e elegantes quando não usada na produção de massa.
- A **Pinot Noir** rivaliza com a Cabernet Sauvignon na disputa pela coroa dos vinhos tintos e pode chegar a produzir vinhos superiores.
- A **Syrah**, ou **Shiraz**, produz vinhos de sabor intenso e com a **estrutura tânica** necessária para ter grande potencial de guarda.
- A **Grenache** pode produzir tintos robustos, carnudos e intensos apesar de sua cor pálida. Podem apresentar **aromas condimentados** como pimenta-branca e até presunto defumado.
- Fora da **Europa**, onde as regiões geralmente cultivam as próprias castas **autóctones**, as uvas viníferas de **origem francesa** dominam o **Novo Mundo**.

REGIÕES VINÍCOLAS IMPORTANTES

AS PRINCIPAIS ZONAS VINÍCOLAS DO MUNDO O vinho pode ser produzido em qualquer lugar onde as uvas cresçam, mas os melhores vinhos do mundo provêm de poucas regiões. As zonas vinícolas clássicas da Europa possuem algumas condições ideais — verões secos e ensolarados e invernos amenos —, o que oferece um grande potencial de vinificação. Não faltam uvas autóctones locais e nem todos os vinhos são feitos de castas famosas. Nas Américas e no hemisfério sul, os vinhedos variam da ensolarada África do Sul ao gélido Canadá. O vinho tem o poder de nos transportar em uma viagem a locais exóticos com o puxar de uma rolha.

REGIÕES VINÍCOLAS DA EUROPA

A complexa geografia das denominações de vinho do mundo renderia vários livros, mas, para a maioria dos apreciadores de vinho, basta conhecer as regiões produtoras mais importantes. A Europa lidera a produção global e seus mapas de denominações são especialmente complexos devido à sua longa história vinícola e às complicadas legislações de cada país.

DOMÍNIO DO VELHO MUNDO

A Europa Ocidental passou séculos produzindo os melhores vinhos do mundo e ainda produz o maior volume. França, Itália e Espanha são os três maiores produtores mundiais, apesar de serem minúsculos ao lado de muitos países do Novo Mundo. Outros quatro países europeus produzem e exportam vinho suficiente para ganhar destaque no mercado global: sobretudo Alemanha e Portugal, mas também Grécia e Áustria. A proliferação de castas de uva autóctones nestas nações europeias pode confundir os consumidores, assim como as leis de rotulagem que diferem do resto do mundo, com muito mais foco na denominação. Como muitos vinhos europeus levam o nome de sua região de origem — como Champagne e Chianti —, não da uva, vale a pena familiarizar-se com a geografia do Velho Mundo.

LÍDERES EUROPEUS

A maior parte do vinho do mundo é produzida em seu território original, a Europa. Nove países da União Europeia estão entre os vinte maiores produtores de vinho do mundo. Entre eles, sete têm destaque no mercado global: França, Itália, Espanha, Alemanha e Portugal e, em menor medida, Áustria e Grécia. O consumo de vinho per capita também é mais alto na Europa, mas está em declínio. Devido à alta da demanda global, o foco está se voltando aos mercados de exportação.

▲ 1° LUGAR EM FAMA, 2° LUGAR EM VOLUME

A França lidera em reconhecimento de nome, com vinhos como Champagne, Bordeaux e Borgonha atingindo preços altíssimos. É a segunda maior produtora de vinho do mundo em volume.

▲ VINHEDOS POR TODA PARTE

A Espanha ocupa o terceiro lugar em produção total, mas lidera em área cultivada. Muitos vinicultores só estão começando a exportar seus vinhos para fora da Europa e as exportações dobraram desde a virada do século 21.

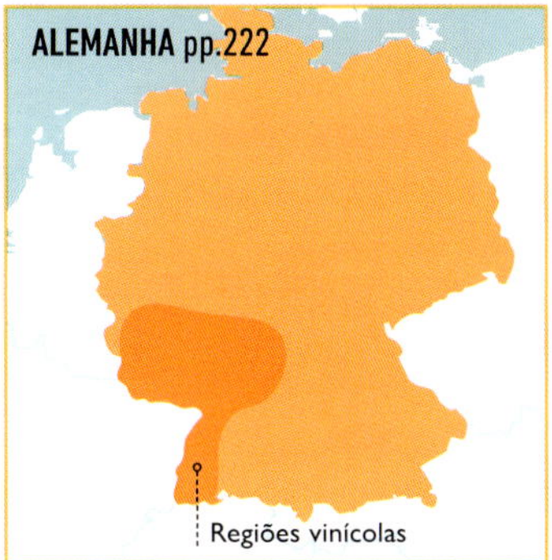

▸ BLOCO ORIENTAL

As montanhas da Áustria no oeste não são adequadas para as uvas, então os vinhos são feitos somente no terço mais a leste. Está na 17ª posição entre as nações produtoras de vinho.

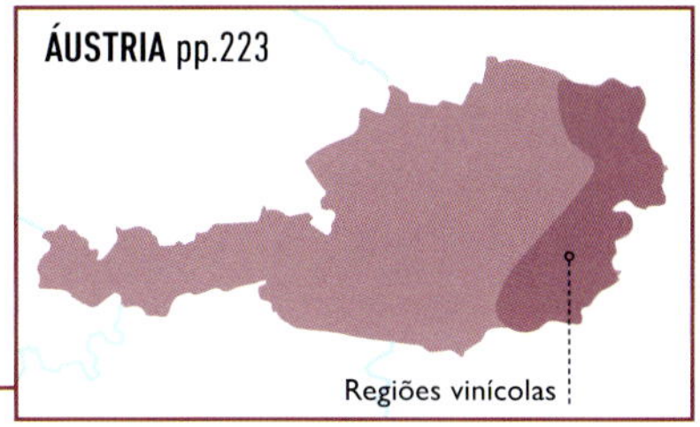

◂ DOSE DUPLA

A Alemanha é a 10º maior produtora de vinho do mundo, produzindo sobretudo vinhos brancos. Mas o país consome mais do dobro do vinho que produz.

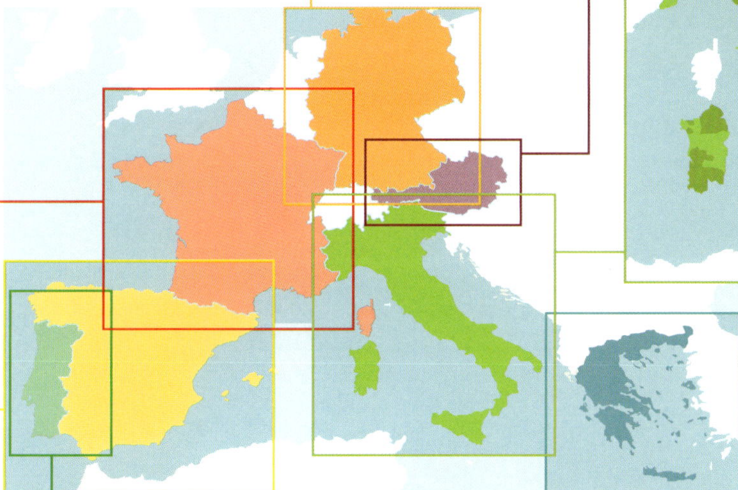

▲ LÍDER GLOBAL

A Itália é a líder global em produção total de vinho e a maior parte é produzida com uvas autóctones. Apesar de ser menor que o estado de Minas Gerais, todas as suas 20 regiões produzem vinho.

◂ MUITO MAIS DO QUE O PORTO

Apesar de minúsculo, Portugal é o 11º maior produtor de vinho do mundo. É famoso por seus vinhos fortificados, mas o mundo está descobrindo seus outros estilos.

▸ POTENCIAL DA UVA

A maior parte dos terrenos aráveis da Grécia é favorável ao cultivo de uvas, que produzem vinho e passas. Fica em 18º lugar na produção global de vinho.

FRANÇA: BORGONHA

A região da Borgonha (Bourgogne em francês), no centro da França, é famosa por seus vinhos expressivos e sensoriais e uvas autóctones extraordinárias. Seus vinhos são varietais: Chardonnay para os brancos e Pinot Noir para os tintos, exceto no distrito de Beaujolais. Os melhores Borgonhas são amadurecidos em barricas de carvalho novo e famosos por suas qualidades gastronômicas e características de clima frio.

HISTÓRICO

A história deste vinho tem raízes na Borgonha medieval e a região continua notoriamente complexa.

As complexidades de geologia, história e legislação resultaram em cem subdenominações, rótulos complicados e vinhedos com dezenas de donos. Mas a enorme demanda coloca os melhores vinhos da Borgonha entre os mais caros do mundo. A hierarquia de denominações da Borgonha, onde os vinhos das menores regiões têm o maior potencial de qualidade, serve de modelo para a legislação de toda a Europa. Na maioria das regiões, as menores denominações são no nível de *village*, mas a Borgonha reconhece até vinhedos individuais. Os vinhedos superiores podem ser classificados como *premier cru* ou *grand cru*, algo como "primeira classe" e "classe superior", respectivamente.

DISTRITOS VINÍCOLAS DA BORGONHA

- **Borgonha** Vinhos simples com este nome podem ser cultivados em qualquer lugar da região. Os Chardonnay brancos crocantes e secos são chamados de blanc, e os Pinot Noir tintos pálidos e terrosos, de *rouge*.
- **Chablis** O distrito mais frio da Borgonha cultiva apenas Chardonnay e é famoso por seus vinhos brancos secos e acidulosos, em geral sem madeira.
- **Côte d'Or** Os melhores Borgonhas vêm de vilas famosas, como Chassagne-Montrachet e Chambolle-Musigny, nesta escarpa ensolarada ao sul de Dijon.
- **Côte Chalonnaise** Esta região menos conhecida produz poucos e bons vinhos brancos e tintos a preços razoáveis, sob denominações village como Rully e Mercurey.
- **Mâconnais** Esta grande e produtiva região produz principalmente Chardonnay — desde o refrescante Mâcon, com bom custo-benefício, ao opulento Pouilly-Fuissé.
- **Beaujolais** Apenas uvas Gamay são cultivadas aqui para fazer tintos Beaujolais leves, frutados, com bom custo-benefício e em geral sem madeira.

BORGONHA EM RESUMO

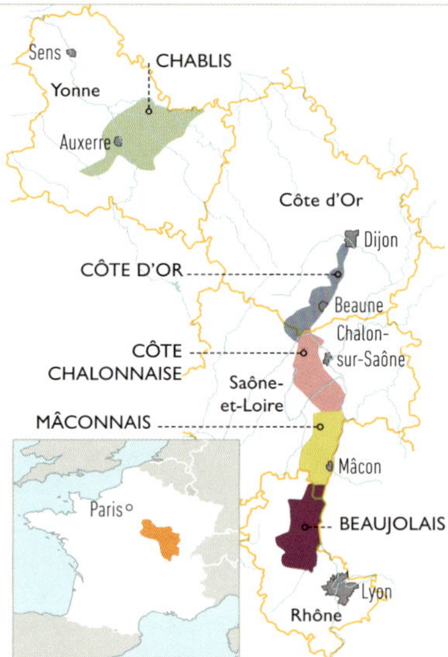

Região de clima frio no centro-leste da França

VINHOS POPULARES

Borgonha: brancos e tintos regionais básicos.
Mâcon, Chablis: brancos crocantes e límpidos.
Mercurey, Santenay: tintos acidulosos e terrosos.
Beaujolais: tintos leves e frutados.

VINHOS PRESTIGIADOS

Meursault, Puligny-Montrachet: brancos tostados e ricos.
Vosne-Romanée, Gevrey-Chambertin: tintos sedosos e terrosos.

FRANÇA: CHAMPAGNE

A região de Champagne produz os melhores vinhos espumantes do mundo, equilibrando opulência e austeridade. Em sua maioria, são vinhos muito secos com o termo brut no rótulo indicando ausência de doçura e todos têm pouco álcool e alta acidez. As uvas Chardonnay e Pinot Noir da vizinha Borgonha são cultivadas aqui, bem como a Pinot Meunier, uma uva local da mesma família que amadurece bem antes.

HISTÓRICO

Nas proximidades de Paris, Champagne é muito fria em comparação com outras regiões vinícolas e seus vinhos espumantes são uma adaptação criativa às condições climáticas adversas.

As uvas são colhidas bem abaixo da maturação padrão e usadas para fazer um vinho base branco e tranquilo, muito leve, seco e azedo. Açúcar é adicionado para a segunda fermentação e a carbonatação natural resultante fica retida na garrafa. Os vinhos são amadurecidos sobre as borras, por meses ou anos, e ficam com um sabor tostado. Em sua maioria são blends de uvas tintas e brancas, mas as cascas são descartadas antes para produzir vinhos brancos. Como o sabor da uva varia muito de ano para ano, diversas safras são misturadas para manter um padrão.

ESTILOS DE ESPUMANTES DE CHAMPAGNE

- **Champagne não safrado** Os champanhes simples são blends de diferentes safras e uvas e passam ao menos 15 meses amadurecendo antes da comercialização.
- **Champagne vintage** Nomear um ano no rótulo indica um "cuvée de luxo" feito com uma única colheita. Esses vinhos amadurecem por mais tempo com as borras — pelo menos 3 anos — antes da comercialização.
- **Champagne rosé** Em geral secos e deliciosos, muitas vezes com um toque de Pinot Noir tinto no estágio final da vinificação para aprofundar sua cor e sabor.

TERMOS EM RÓTULOS DE CHAMPAGNE

- ***Brut*, *extra-dry*, and *demi-sec*** Termos legais referentes ao nível de açúcar para vinhos muito secos, ligeiramente doces e muito doces, respectivamente.
- ***Blanc de blancs*** Esta categoria feita apenas com Chardonnay é um vinho premium com excepcional potencial de amadurecimento e significa "vinho branco feito com uvas brancas".

CHAMPAGNE EM RESUMO

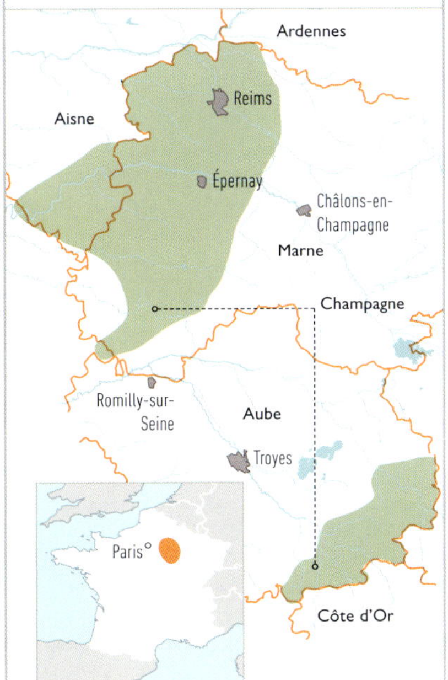

Região de clima frio do norte da França

VINHOS POPULARES

Champagne não safrado: espumantes brancos secos.

VINHOS PRESTIGIADOS

Rosé: rosés espumantes secos.

Vintage: espumantes premium intensos.

***Blanc de blancs*:** espumante branco com grande potencial de guarda.

FRANÇA: BORDEAUX

Bordeaux é a maior região vinícola da França e produz o vinho tinto mais influente do mundo. A denominação leva o nome do porto de Bordeaux, capital histórica da Aquitânia. A maioria dos vinhos da região é tinta e a tradição de amadurecer os melhores em barricas de carvalho novo foi adotada mundialmente. A região criou muitas outras práticas para melhorar a qualidade, como o "engarrafamento na propriedade" e o status especial de grand cru às melhores vinícolas.

HISTÓRICO

A norma é o blend de várias uvas, e os melhores vinhos são amadurecidos em barricas de carvalho novo.

Os vinhos de Bordeaux são feitos com até 15 uvas locais, mas seus vinhos secos se baseiam em uma das três uvas famosas: Cabernet Sauvignon, Merlot ou Sauvignon Blanc. A Cabernet Sauvignon é cultivada nos melhores vinhedos da Margem Esquerda do estuário de Gironde, enquanto a Merlot, mais fácil de amadurecer, é a mais versátil e domina os vinhos simples, mas também pode produzir vinhos excepcionais na Margem Direita do rio. Bordeaux produz poucos vinhos brancos, a maioria blends secos à base de Sauvignon Blanc, com exceção dos deliciosos vinhos de sobremesa de Sauternes, à base de Semillon. Para proteger a região das mudanças climáticas, seis novas uvas receberam um estatuto provisório, ainda em fase experimental.

DISTRITOS VINÍCOLAS DE BORDEAUX

- **Bordeaux** Esta denominação regional básica inclui vinhos tintos secos, brancos e rosés cultivados na região — em geral tintos à base de Merlot e brancos à base de Sauvignon Blanc. Os brancos Entre-Deux-Mers e os tintos de Bourg e Blaye são de estilo semelhante.
- **Médoc** Este distrito da Margem Esquerda do rio é a melhor região para a Cabernet Sauvignon, onde domina o blend de tintos, sobretudo em vilas como Margaux, St-Estèphe, Pauillac e St-Julien.
- **Graves** Esta região da Margem Esquerda produz tintos e brancos. Os tintos em geral têm partes quase iguais de Merlot e Cabernet Sauvignon.
- **Margem Direita** Várias pequenas denominações são famosas pelos tintos excepcionais à base de Merlot, como Pomerol e St-Émilion.
- **Sauternes e Barsac** Estes vinhos doces da região de Graves, feitos com uvas Semillon murchas, são o padrão para vinhos de sobremesa suntuosos e amadeirados.

BORDEAUX EM RESUMO

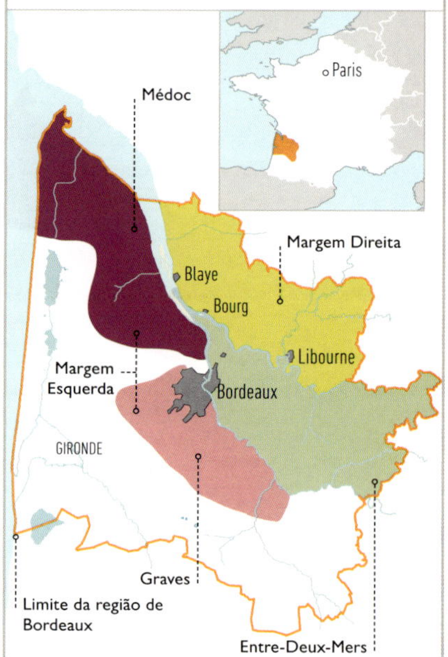

Região de clima moderado do sudoeste da França

VINHOS POPULARES

Bordeaux, Graves: tintos e brancos secos de corpo médio. **Médoc:** tintos secos superiores.

VINHOS PRESTIGIADOS

Pauillac, Margaux: tintos intensos e tânicos. **Pomerol, St-Émilion:** tintos mais delicados e carnudos. **Sauternes:** brancos amadeirados encorpados e doces.

FRANÇA: VALE DO LOIRE

O rio mais longo da França é o Loire, ladeado por regiões vinícolas de clima frio em seu trajeto em direção ao mar, a oeste. As uvas não amadurecem com facilidade nesta região do norte, famosa por seus vinhos brancos leves e espumantes.

HISTÓRICO

Cada uma das três zonas climáticas do Loire favorece uvas diferentes. As melhores denominações do Loire são Sancerre e Pouilly-Fumé. Produzem vinhos brancos secos, sem madeira, feitos com 100% de Sauvignon Blanc, a mais famosa das uvas autóctones do Loire. Rio abaixo, a zona mais quente é perfeita para a Chenin Blanc, outra casta local cujos vinhos brancos, como o Vouvray, variam de ultra-secos a doces como sobremesa. Os melhores vinhos tintos e rosés desta região são feitos com Cabernet Franc, uma uva autóctone do Loire, mas muito mais famosa em Bordeaux. E, mais perto do mar, as uvas Mélon produzem um Muscadet branco, seco e vibrante.

PRINCIPAIS ESTILOS DE VINHO DO VALE DO LOIRE

- **Sancerre e Pouilly-Fumé** Estes vinhos brancos secos, ácidos e sem madeira limpam o paladar e são os arquétipos da maioria dos Sauvignon Blanc modernos.
- **Vouvray e Montlouis** Estes Chenin Blanc brancos podem ser secos ou doces, tranquilos ou espumantes, mas os mais populares são os *demi-sec* ligeiramente doces.
- **Chinon e Bourgueil** Estes tintos pálidos e herbáceos feitos com Cabernet Franc são muito leves, muito acidulosos e muito secos.
- **Savennières** Raros vinhos brancos de Chenin Blanc, totalmente secos e de grande complexidade.
- **Coteaux de Layon e Bonnezeaux** Estes suntuosos vinhos de sobremesa de colheita tardia são feitos com uvas Chenin Blanc murchas.

VALE DO LOIRE EM RESUMO

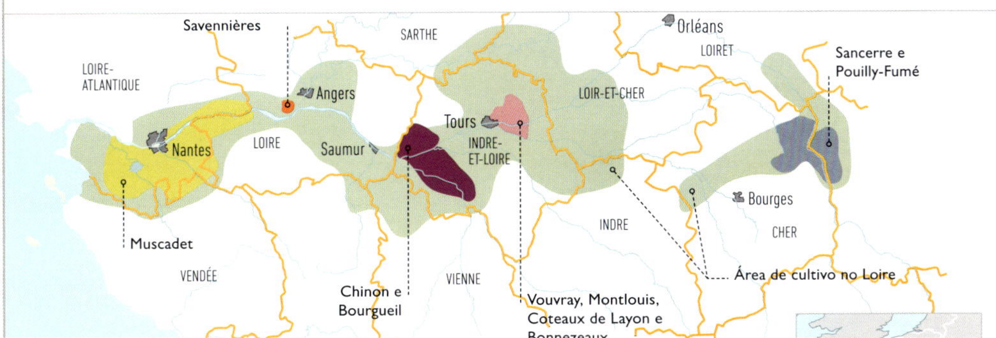

Região de clima frio no centro-oeste da França

VINHOS POPULARES

Muscadet: brancos leves, secos e sutis.

Vouvray: brancos ligeiramente doces.

Rosé d'Anjou: rosés ligeiramente doces.

VINHOS PRESTIGIADOS

Sancerre, Pouilly-Fumé: brancos herbáceos e acidulosos.

Chinon, Bourgueil: tintos leves e acidulados.

Vouvray, Montlouis: brancos ligeiramente doces.

Coteaux de Layon, Bonnezeaux: vinhos doces de sobremesa.

FRANÇA: VALE DO RHÔNE

O Vale do Rhône é uma região do sul da França conhecida pelos tintos robustos e rosés secos. O Rhône não tem a fama de Bordeaux ou da Borgonha, mas o Novo Mundo adotou e popularizou uvas do Rhône como Syrah e Grenache (ou Shiraz e Garnacha), que se dão bem climas quentes e secos. Os vinhos do Rhône têm um perfil de sabor de especiarias, com grandes diferenças entre os do norte e do sul.

HISTÓRICO

Ao sul de Lyon, os vinhedos do norte do Rhône se agarram em encostas pedregosas do rio que desce dos Alpes; mas, ao se aproximar do Mediterrâneo, o terreno do vale fica mais plano e amplo.

A grande maioria dos vinhedos fica nas planícies quentes e pedregosas do sul do Rhône, onde são produzidos vinhos com bom custo-benefício em grande quantidade. A Grenache espanhola, de alto rendimento, é a mais cultivada, mas muitas outras de origem francesa — como Syrah e Mourvèdre — entram em blends para realçar a cor e o sabor. O norte do Rhône produz os melhores vinhos e em pequenas quantidades, devido à dificuldade de cultivo. A Syrah é a única uva tinta plantada nas denominações do norte do Rhône.

VALE DO RHÔNE EM RESUMO

Região de clima quente do sudeste da França

VINHOS POPULARES

Côtes du Rhône Rouge: tintos saborosos com notas de especiarias.

Côtes du Rhône Rosé: rosés secos.

VINHOS PRESTIGIADOS

Châteauneuf-du-Pape: tintos potentes com notas de especiarias.

Hermitage, Côte-Rôtie: tintos intensos com notas de pimenta.

DENOMINAÇÕES DO SUL DO VALE DO RHÔNE

- **Côtes du Rhône** Esta denominação básica é conhecida por seus blends tintos saborosos e de bom custo-benefício à base de Grenache e também inclui brancos secos e rosés. Os vinhos de comunas superiores são rotulados como Côtes du Rhône-Villages.
- **Châteauneuf-du-Pape e Gigondas** Estas prestigiadas denominações de village incluem os melhores blends à base de Grenache da região: tintos encorpados com aromáticos intensos e notas de especiarias.
- **Tavel** Esta denominação produz apenas rosés secos à base de Grenache, alguns dos melhores do mundo.
- **Muscat de Beaumes-de-Venise** Vinhos de sobremesa Vin Doux Naturel muito doces e fragrantes.

DENOMINAÇÕES DO NORTE DO VALE DO RHÔNE

- **Hermitage, Côte-Rôtie, e Cornas** Estes vinhos prestigiados são ícones dos vinhos de Syrah — vinhos intensos e escuros, com sabor picante.
- **Crozes-Hermitage e St-Joseph** Vinhos à base de Syrah mais leves e de preço mais acessível, geralmente mais acidulosos e terrosos.
- **Condrieu** Esta denominação de vinho branco produz pequenas quantidades de vinho Viognier carnudo, floral e amadeirado.

FRANÇA: ALSÁCIA

A Alsácia, uma região pitoresca na fronteira oriental da França com a Alemanha, sempre teve seu território contestado e seus vinhos refletem as influências culturais francesas e alemãs. Este paraíso do vinho branco combina sol em abundância de dia para desenvolver sabores aromáticos com noites frias para reter uma acidez refrescante, mas fica muito ao norte para produzir tintos excepcionais.

HISTÓRICO

A influência alemã é clara nos vinhos da Alsácia graças às suas garrafas afiladas ao estilo do Reno e aos rótulos que especificam as castas de uva.

Uvas germânicas fragrantes, como Riesling e Gewürztraminer, estão entre as especialidades da região. Mas a maioria dos vinhedos cultiva uvas francesas, como Pinot Gris, Pinot Blanc e Pinot Noir. Os estilos de vinho refletem a influência das duas culturas. Os vinhos da Alsácia são mais secos e fortes que os alemães, em um estilo gastronômico inspirado em vinhos brancos franceses, como Chablis e Sancerre. Embora a tradição seja produzir brancos mais secos, muitos vinhos modernos apresentam uma doçura um pouco mais marcante.

PRINCIPAIS ESTILOS DE VINHO DA ALSÁCIA

- **Pinot Blanc e Pinot Auxerrois** As duas uvas podem ser chamadas de Pinot Blanc na Alsácia e são usadas em blends. Estes brancos casuais secos e de corpo médio evocam o Chardonnay sem madeira.
- **Riesling** A nobre Riesling alemã tem estilo mais forte e seco na França, produzindo brancos com fragrância penetrante, gastronômicos e com grande potencial de guarda.
- **Pinot Gris** Esta variante pálida da Pinot Noir produz vinhos opulentos e com notas de pêssego na Alsácia que são mais encorpados, mais aromáticos e muitas vezes mais doces do que os feitos na Itália com a Pinot Grigio.
- **Gewurztraminer** Esta uva de origem austríaca é famosa por sua fragrância floral tipo Moscatel. Produz vinhos brancos densos e saborosos, que podem ser totalmente secos ou ligeiramente doces.
- **Pinot Noir** Pouquíssimos vinhos da Alsácia são tintos, e apenas a elegante e terrosa Pinot Noir da Borgonha pode ser usada.

ALSÁCIA EM RESUMO

Região de clima frio do nordeste da França

VINHOS POPULARES

Pinot Blanc: brancos delicados e sem carvalho.

Blends brancos: brancos fragrantes e ligeiramente doces.

VINHOS PRESTIGIADOS

Riesling: brancos acidulosos e secos.

Pinot Gris: brancos opulentos e com notas de pêssego.

ITÁLIA: TOSCANA

A Toscana é uma região de colinas na costa mediterrânea da Itália. Esta grande extensão de terra arável em um país montanhoso é a principal região produtora de vinho da Itália, que, por sua vez, é a maior produtora mundial em volume. O último meio século redirecionou o foco da produção do volume à qualidade.

HISTÓRICO

O vinho toscano é em grande parte tinto e quase todos são blends baseados na Sangiovese da região.

O vinho mais famoso da Toscana é o Chianti, de sua maior denominação. Esta zona central tem muitos subdistritos, dos quais o Chianti Classico — no coração de Chianti, entre Florença e Siena — é o mais conhecido. Mais ao sul, a cidade de Montalcino, no topo de uma colina, é famosa pelo clone de Sangiovese, o Brunello, de casca mais grossa e que gera vinhos mais profundos, escuros e com grande potencial de guarda.

AS MELHORES DENOMINAÇÕES DE VINHO DA TOSCANA

- **Chianti e Chianti Classico** Estes tintos secos de corpo médio são produzidos em grande parte com a Sangiovese. Pálidos, acidulosos e tânicos, estes vinhos gastronômicos são os mais famosos da Itália.
- **Brunello di Montalcino e Rosso di Montalcino** Feitos 100% com um clone de Sangiovese, estes tintos têm mais cor, sabor e corpo. Brunellos são vinhos premium amadurecidos; Rossos são mais jovens.
- **Toscana Rosso** Uma categoria ampla e pouco regulamentada que pode variar de tintos simples a luxuosos. Em geral são feitos com Sangiovese.
- **Vernaccia di San Gimignano** Estes brancos vibrantes e sem madeira são secos, acidulosos e leves.

TERMOS DA TOSCANA

- ***Riserva*** Termo legal para vinhos com mais tempo de amadurecimento.
- **Supertoscano** Termo informal para vinhos de prestígio não tradicionais, muitas vezes usando uvas francesas, mas que passou a referir-se a blends toscanos.

TOSCANA EM RESUMO

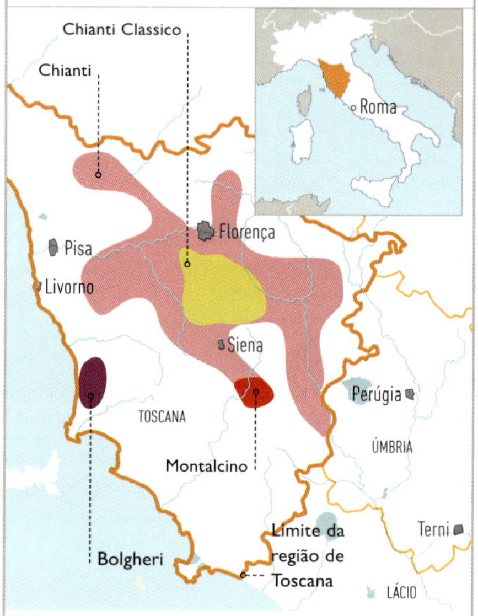

Região de clima moderado do centro da Itália

VINHOS POPULARES:

Chianti: blends tintos acidulosos e secos à base de Sangiovese. **Toscana Rosso:** Remete ao Chianti, mas mais moderno — em geral mais frutado e com uvas mais maduras.

VINHOS PRESTIGIADOS:

Brunello di Montalcino: tintos amadurecidos e intensos, feitos com um tipo superior de Sangiovese (Brunello). **Bolgheri:** tintos fortes, muitas vezes blends de Cabernet Sauvignon e Merlot com Sangiovese; o lar dos supertoscanos originais.

ITÁLIA: PIEMONTE

Piemonte tem a tradição mais antiga de bons vinhos na Itália, influenciada pela proximidade com a França, pioneira em priorizar a qualidade à quantidade. Cercada por montanhas ao norte, oeste e sul, seu nome significa "sopé". Os nevoeiros frequentes e os dias nublados dificultam a maturação das uvas, e os vinhedos nas encostas, que recebem mais sol, são essenciais neste ambiente desafiador.

HISTÓRICO

O vinho mais famoso da gélida Piemonte é o doce e espumoso Asti.

Com seu primo frisante Moscato d'Asti, é a referência global em vinhos Moscatel fragrantes e deliciosos. Piemonte se destaca com dois tintos épicos: Barolo e Barbaresco, que levam nomes de cidades vizinhas e 100% de uvas Nebbiolo. Esta uva só amadurece a contento nas encostas voltadas ao sol, de modo que duas outras uvas tintas locais, Barbera e Dolcetto, são menos plantadas. Antes, as duas só produziam vinhos jovens e simples, mas os melhores Barberas passaram a rivalizar com os excelentes Nebbiolos. Menos conhecidos são os brancos secos do Piemonte: o Gavi, magro e aciduloso, e o Arneis, delicado e fragrante.

ESTILOS DE VINHO TINTO DO PIEMONTE

- **Barolo e Barbaresco** Estes tintos tânicos premium têm grande potencial de guarda e são feitos com uvas Nebbiolo. Austeros, terrosos e potentes, estão entre os mais respeitados da Itália.
- **Barbera d'Alba e Barbera d'Asti** Tintos de corpo médio e alta acidez feitos com uvas Barbera, que vão de refrescantes, combinando com frutos do mar, a vinhos luxuosos densos e amadeirados.
- **Dolcetto** Estes tintos de corpo médio feitos com uvas Dolcetto em geral são frutados e de sabor fresco, com acidez leve e cor púrpura viva.

ESTILOS DE VINHOS BRANCOS DO PIEMONTE

- **Asti e Moscato d'Asti** Vinhos doces espumantes e frisantes feitos com a uva Moscato Bianco. A fermentação é interrompida e o estilo resultante é basicamente metade vinho espumante, metade suco de uva branca.
- **Gavi** Brancos sutis e secos feitos com uvas Cortese.
- **Arneis** Brancos secos e fragrantes feitos com uvas Arneis.

PIEMONTE EM RESUMO

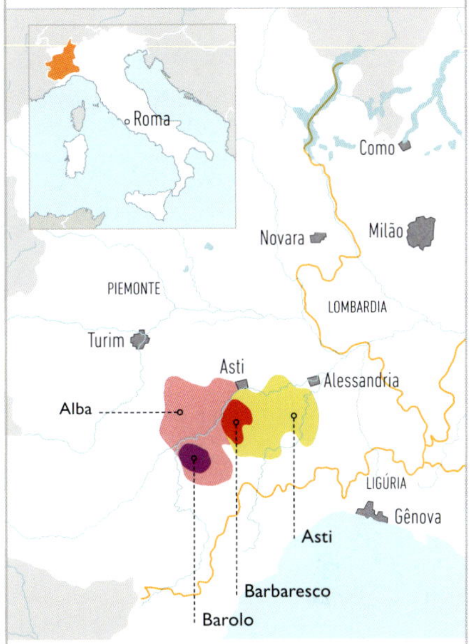

Região de clima moderado do noroeste da Itália

VINHOS POPULARES:

Asti: Moscatel doce e espumante.

Barbera: tintos acidulosos e de corpo médio.

Dolcetto: tintos jovens, delicados e frutados.

VINHOS PRESTIGIADOS:

Barolo: tintos Nebbiolo tânicos e encorpados que pedem amadurecimento.

Barbaresco: remete ao Barolo, mas um pouco mais leve e vibrante.

ITÁLIA: TRIVENETO

A herança cultural de Triveneto — as regiões do nordeste italiano de Veneto, Friúli-Venezia Giulia e Trentino-Alto Ádige — é refletida em seus vinhos. Este trio circunda Veneza, incluindo planícies costeiras férteis ao sul e vales alpinos ao norte. Na Itália, a maioria das videiras de tradição francesa é cultivada no Triveneto, muitas há séculos, e os rótulos em geral incluem as uvas e a denominação, ao estilo da Alemanha e do Novo Mundo.

HISTÓRICO

O clima do Triveneto favorece os vinhos brancos, e as exportações mais famosas da região — Pinot Grigio e Prosecco — são leves e de sabor fresco.

As regiões baixas produzem brancos peculiares, como o Friulano floral e o Soave, com notas de nozes, de uvas Garganega; mas uvas francesas como Pinot Grigio, Chardonnay e Pinot Bianco dominam nas montanhas do Alto Ádige e Trentino. Os tintos mais populares do Triveneto são os Valpolicellas frutados de Verona, mas a região também produz excelentes tintos de corpo médio com uvas autóctones, como Lagrein e Refosco, e uvas francesas, como Merlot e Pinot Noir.

PRINCIPAIS ESTILOS BRANCOS DO NORDESTE DA ITÁLIA

- **Pinot Grigio** Venezie e as regiões mais frias de Trentino e Alto Ádige são famosas por seus Pinot Grigios leves e delicados, mas os vinhedos mais quentes de Friúli fazem variações mais fortes e amadeiradas.
- **Prosecco** Este espumante leve e meio-seco provém do sopé de Veneto, ao norte de Veneza, mas pode ser produzido em grande parte do Triveneto.
- **Friulano** Os vinhos secos e vibrantes desta uva fragrante eram conhecidos como Tocai, mas mudaram de nome em respeito à região húngara de Tokaj.

PRINCIPAIS ESTILOS TINTOS DO NORDESTE DA ITÁLIA

- **Valpolicella** Os arredores de Verona produzem blends deliciosos à base da uva Corvina, desde vinhos simples e de bom custo-benefício até vinhos premium mais densos.
- **Amarone della Valpolicella** Esta variante luxuosa do Valpolicella é feita secando as uvas por um mês ou mais antes da vinificação — um dos vinhos mais fortes da Itália.
- **Merlot e Pinot Noir** O norte da Itália é mais conhecido pelos brancos, mas também produz muitos tintos leves e refrescantes de clima frio, em geral rotulados com a uva e a denominação, ao estilo da Alemanha e do Novo Mundo.

TRIVENETO EM RESUMO

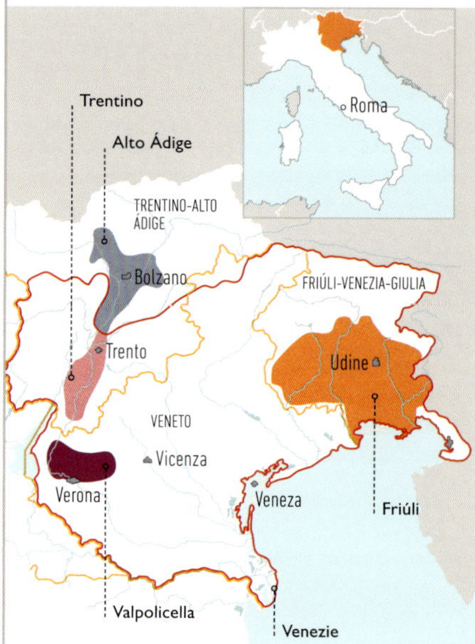

Região de clima frio do nordeste da Itália

VINHOS POPULARES

Pinot Grigio delle Venezie: brancos claros e sem carvalho.

Prosecco: vinhos espumantes leves.

Valpolicella: tintos leves e frutados.

VINHOS PRESTIGIADOS

Amarone: tintos intensos e passificados.

ITÁLIA: O SUL

O sul da Itália era conhecido por tintos anônimos e baratos, mas uma zona vinícola de qualidade e grande potencial está surgindo na região. Séculos de pobreza moldaram sua cultura vitivinícola, privilegiando a quantidade à qualidade. Durante a maior parte do século 20, cerca de 90% do vinho da região era vendido a granel e leis eram burladas para manter a mediocridade dos vinhos.

HISTÓRICO

A maioria dos vinhos do sul montanhoso da Itália especifica a uva no rótulo.

Nápoles polariza a região, mas a cultura e a economia se baseiam na agricultura e na pesca. Em sua maioria, os vinhos do sul da Itália são tintos e têm um perfil de sabor adequado à culinária local, não importa a uva, produzindo tintos acidulosos e secos, com sabores frutados e notas de especiarias. Mas os raros vinhos brancos da região também se destacam por seu caráter aromático incomum.

PRINCIPAIS UVAS TINTAS DO SUL DA ITÁLIA

- **Aglianico** Esta uva milenar produz vinhos pungentes que combinam potência e elegância em denominações como Taurasi, na Campânia, e Aglianico delle Vulture, em Basilicata.
- **Montepulciano** Esta uva produtiva de Abruzzo é famosa por seus tintos de corpo médio fáceis de beber, mas vinhos premium mais fortes são muito promissores.
- **Negroamaro** A uva "preta e amarga" da Púglia é conhecida por sua cor escura e seus taninos, que conferem aos vinhos premium da região de Salento um grande potencial de amadurecimento.
- **Nero d'Avola** A uva tinta mais aromática da Sicília tende a ser vendida sob seu próprio nome e, como a Syrah, produz vinhos de intensidade incomum.
- **Primitivo** Conhecida como Zinfandel na Califórnia, esta uva croata é muito plantada na Púglia, produzindo vinhos mais leves, acidulosos, que combinam com frutos do mar.

PRINCIPAIS UVAS BRANCAS DO SUL DA ITÁLIA

- **Fiano** Esta uva da Campânia produz vinhos brancos secos com peso que remetem aos do Rhône e aromáticos florais.
- **Inzolia** Esta uva siciliana produz vinhos vigorosos e acidulosos, em vinhedos frios de montanha, que remetem ao Sauvignon Blanc.

SUL DA ITÁLIA EM RESUMO

Região de clima quente do sul da Itália

VINHOS POPULARES

Montepulciano: tintos delicados e frutados.

Nero d'Avola: tintos acidulosos e aromáticos.

Primitivo: tintos acidulados e terrosos.

VINHOS PRESTIGIADOS

Taurasi: tintos intensos com notas de especiarias.

Fiano: brancos ricos e fragrantes.

ESPANHA

A Espanha tem mais tradição de vitivinicultura do que a maior parte da França, mas demorou para se modernizar e se voltar à qualidade. Com a adesão à União Europeia, a Espanha passou a produzir vinhos de classe mundial, e muitos combinam tradições do Velho Mundo com técnicas do Novo Mundo para aumentar seu apelo internacional. Vinhos espanhóis modestos, tintos e brancos, oferecem um excelente custo-benefício, denominações mais sofisticadas como Priorat e Ribera del Duero chegam a rivalizar com a Borgonha francesa e o Barolo italiano.

HISTÓRICO

Da ensolarada Andaluzia à fria Galícia, a Espanha conta com uma geografia variada e adequada a vinhedos e uvas autóctones nobres. A Tempranillo tinta e a Albariña branca são aclamadas por vinhos como Rioja e Ribera del Duero, Toro e Rías Baixas, ao norte. A leste, tintas autóctones, como Garnacha e Monastrell, cobrem as costas do Mediterrâneo, de Valência a Barcelona. Condições climáticas difíceis geram vinhos únicos, como o Txakoli basco efervescente com uvas menos maduras e o Jerez com uvas secas e notas de nozes. Em outros lugares, os espanhóis seguem a inspiração internacional — aplicando os métodos do Champagne francês a uvas catalãs para produzir o Cava espumante, por exemplo.

PRINCIPAIS ESTILOS DE VINHO TINTO DA ESPANHA

- **Rioja** Os tintos espanhóis mais famosos são blends de Tempranillo de corpo médio desta zona fria ao sul de Bilbao, em geral deixados para amadurecer em barricas por mais tempo.
- **Ribera del Duero e Toro** A Tempranillo é a principal uva da região mais quente de Castilla y León, produzindo vinhos mais densos e fortes nestas denominações às margens do rio Douro.
- **Priorat e Montsant** Estas zonas perto de Barcelona produzem blends de tinto com Garnacha e Cariñena de vinhas velhas. Os Priorats têm mais potência e prestígio, e os Montsants têm bom custo-benefício.
- **Tempranillo, Garnacha, e Monastrell** É comum encontrar estas três uvas espanholas em vinhos simples rotulados por uva, sobretudo do centro da Espanha.

PRINCIPAIS ESTILOS DE VINHO BRANCO DA ESPANHA

- **Cava** Este espumante popular da região de Penedés, na Catalunha, é feito com uvas brancas espanholas, mas fermentado em garrafa e amadurecido sobre as borras, ao estilo de Champagne.
- **Albariño** Este branco revigorante da zona costeira galega de Rías Baixas cai bem com frutos do mar e combina o frescor do Pinot Grigio com a elegância do Chablis.
- **Jerez-Xérès-Sherry** A gama mais diversificada de vinhos fortificados do mundo é feita com uvas brancas da Andaluzia e vai do Manzanilla crocante e ultra-seco ao Moscatel escuro e passificado.

QUALIDADE E MATURIDADE

Os viticultores espanhóis julgam os vinhos por sua intensidade e amadurecem os melhores vinhos por mais tempo em barricas antes da comercialização. Esta prática das regiões vinícolas tintas da Europa foi regulamentada na Espanha. Os produtores dos melhores vinhos ganham o direito de usar três termos honoríficos de classificação ascendente — *crianza*, *reserva* e *gran reserva* — para indicar vinhos de qualidade superior que passaram mais tempo amadurecendo em barricas de carvalho e garrafas. Muitos destes vinhos amadurecem mais que o tempo mínimo legal e são lançados ao se aproximar do seu auge, até 5–10 anos após a colheita para os melhores vinhos.

ESPANHA EM RESUMO

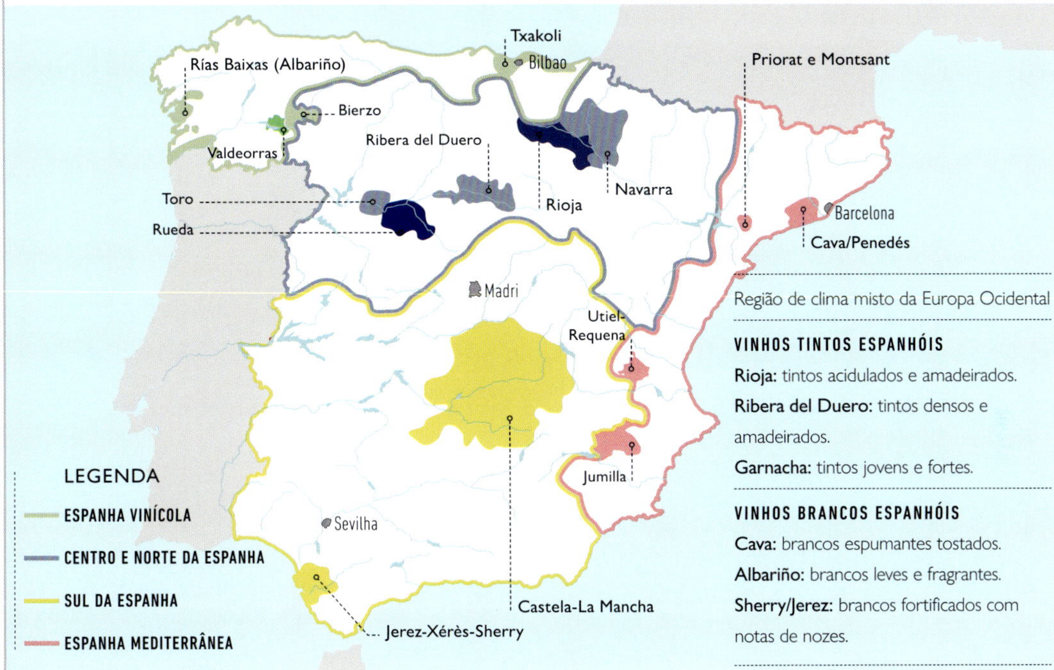

Região de clima misto da Europa Ocidental

VINHOS TINTOS ESPANHÓIS

Rioja: tintos acidulados e amadeirados.

Ribera del Duero: tintos densos e amadeirados.

Garnacha: tintos jovens e fortes.

VINHOS BRANCOS ESPANHÓIS

Cava: brancos espumantes tostados.

Albariño: brancos leves e fragrantes.

Sherry/Jerez: brancos fortificados com notas de nozes.

ESPANHA VINÍCOLA

A região vinícola mais fria da Espanha fica na costa atlântica. Os melhores vinhos da região são brancos secos, acidulosos e com pouco álcool, que raramente são amadurecidos. Os mais famosos são os delicados e aromáticos Albariños galegos de Rías Baixas. Menos comuns são os vinhos Txakoli com características de cidra e efervescentes do País Basco e os fragrantes vinhos Godello de Valdeorras. As uvas tintas não amadurecem bem aqui, exceto a Mencía de Bierzo.

CENTRO E NORTE DA ESPANHA

Os melhores tintos da Espanha são quase todos à base da Tempranillo das regiões ao norte de Madri. A Rioja produz os tintos mais emblemáticos do país e foi a primeira região espanhola a adotar o amadurecimento em barricas. A vizinha Navarra produz os melhores rosés secos do país ao norte da região da Garnacha, em Aragão. Ao sul e a oeste, cruzando as montanhas, o planalto castelhano permite uma maior maturação da Tempranillo, em Ribera del Duero e Toro, para produzir tintos mais densos e escuros, e Rueda produz brancos vigorosos à base de Verdejo.

SUL DA ESPANHA

A maioria dos vinhos premium são brancos fortificados da costa da Andaluzia. Os melhores são os Jerez da região homônima — do Manzanilla pálido e ultra-seco ao Moscatel escuro, doce e licoroso. Castela-La Mancha, ao sul de Madri, produz a maioria dos vinhos espanhóis simples.

ESPANHA MEDITERRÂNEA

Os vinhos mais famosos da costa mediterrânea, mais amena, vêm da Catalunha, ao norte. O Cava, o espumante número um do mundo, é produzido em Penedés, também famoso por seus brancos e tintos rotulados por uva. Priorat e Montsant produzem alguns dos tintos mais fortes do país, blends à base da antiga Garnacha. Mais ao sul, tintos à base de Monastrell são produzidos na denominação Jumilla de Múrcia e os vinhos compotados Utiel-Requena de Valência usam a uva Bobal.

ALEMANHA

A Alemanha tem tradição em vinhos de qualidade desde a Idade Média e, até um século atrás, seus vinhos brancos estavam entre os melhores do mundo. O clima rigoroso levou gerações de vinicultores a focar o aperfeiçoamento de vinhos da uva Riesling, resistente ao frio. Hoje, os alemães preferem Rieslings secos, mas os mercados de exportação preferem o estilo levemente adocicado e com baixo teor alcoólico, tradicionalmente associado aos vinhos alemães.

HISTÓRICO

Mosel e Rheingau, as regiões vinícolas de qualidade originais da Alemanha, agora dividem espaço com as emergentes Pfalz, Nahe e Rheinhessen.

O clima frio do país produz uvas acidulosas e com baixo teor de açúcar, que nem sempre amadurecem a ponto de produzir vinhos secos e equilibrados. Como a doçura e o sabor da uva são valorizados, a Alemanha desenvolveu seu sistema de rotulagem *Prädikat* em torno dessas propriedades. Os melhores vinhos são classificados de acordo com a maturação das uvas, medida em termos de teor de açúcar na colheita (veja abaixo). Os graus de maturação podem variar muito — conforme a localização do vinhedo e de uma safra à outra.

PRINCIPAIS REGIÕES DE VINHO BRANCO DA ALEMANHA

- **Mosel** A região vinícola mais fria da Alemanha produz alguns vinhos mais delicados. A maioria é doce e ácida e tem menos que 10% de álcool.
- **Rheingau** Esta zona mais quente permite uma maior maturação das uvas. Muitos vinhos são leves, doces e ácidos ou totalmente doces, mas alguns estilos modernos são mais encorpados e ultra-secos.

TERMOS EM RÓTULOS ALEMÃES

- ***Kabinett*, *Spätlese*, e *Auslese*** Indicando vinhos *Prädikat*, ou vinhos de qualidade regulamentada, de maturação modesta, superior e excepcional, respectivamente, estes termos em geral são encontrados em vinhos que variam de ligeiramente doces a completamente doces. Também podem constar em vinhos secos, já que se referem à doçura da uva, ou álcool potencial, não à doçura do vinho após a fermentação.
- ***Beerenauslese* e *Eiswein*** Estes vinhos doces *Prädikat* são feitos com uvas de colheita tardia com teores crescentes de açúcar. O estágio final é o icewine, feito com uvas colhidas no inverno.
- ***Trocken* e *halbtrocken*** Significando respectivamente seco e meio-seco, estes termos indicam a doçura do vinho e são usados em vinhos com pouquíssimo açúcar perceptível.

ALEMANHA EM RESUMO

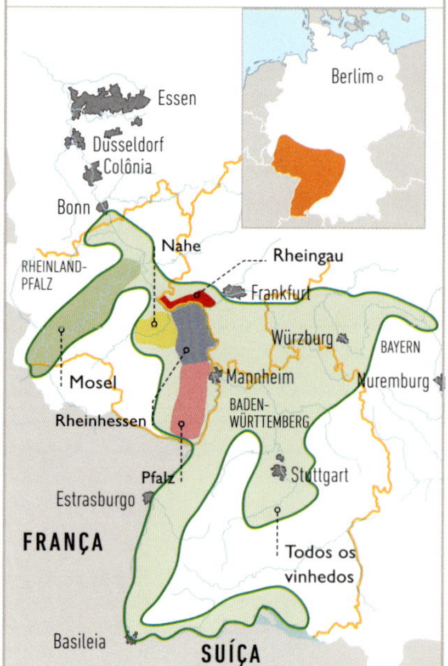

Região de clima frio do norte da Europa

VINHOS PRESTIGIADOS

Riesling do Mosel: brancos ligeiramente doces com notas de maçã.

Riesling de Rheingau: brancos mais densos com notas de pêssego.

OUTROS ESTILOS ALEMÃES

Spätburgunder: tintos leves de Pinot Noir.

Müller-Thurgau: brancos jovens e pujantes.

ÁUSTRIA

A Áustria é um país de língua alemã, mas seus vinhos têm uma identidade distinta devido à geografia única e ao uso de castas autóctones. A maior parte das uvas é cultivada na Baixa Áustria (Niederösterreich), ao longo da fronteira com a Hungria e a Eslováquia. Na Áustria, o clima frio e continental favorece a produção de brancos, mas as uvas amadurecem mais facilmente do que na Alemanha, gerando vinhos mais fortes e geralmente secos.

HISTÓRICO

A maioria dos vinhos austríacos leva o nome da uva e a Grüner Veltliner é a variedade dominante.

Seus vinhos agradam os fãs de Sauvignon Blanc e Riesling seco, por serem acidulados com aromas folhosos, mas os melhores vinhedos podem produzir vinhos com a riqueza da rainha Chardonnay. As principais uvas tintas da Áustria, Zweigelt e Blaufränkisch, produzem tintos peculiares de corpo médio. Mas a Áustria se destaca por seus suntuosos vinhos de sobremesa. Estes vinhos opulentos e com notas de mel seguem um sistema baseado no *Prädikat* alemão, que indica graus crescentes de doçura e concentração, do *Spätlese* ligeiramente doce em diante.

PRINCIPAIS ESTILOS DE VINHO BRANCO DA ÁUSTRIA

- **Grüner Veltliner** Esta uva é rara fora da Áustria. Seus vinhos brancos sem carvalho têm um aroma herbáceo e podem variar de frutados fáceis de beber a vinhos complexos com grande potencial de guarda à altura dos brancos da Borgonha.
- **Riesling** A Riesling não é a uva mais plantada da Áustria, mas produz alguns dos vinhos mais interessantes do país, em geral secos e de corpo médio, em um estilo semelhante ao da Alsácia.
- **Weissburgunder e Grauburgunder** São os nomes alemães para as uvas francesas Pinot Bianco e Pinot Grigio, que produzem vinhos brancos delicados e secos na Áustria.

OUTROS ESTILOS DE VINHO DA ÁUSTRIA

- **Zweigelt e Blaufränkisch** Estes tintos resistentes ao frio são parentes que produzem vinhos surpreendentemente robustos e saborosos com álcool moderado.
- ***Eiswein* e *Ausbruch*** Com um clima mais ameno que o da Alemanha, a Áustria utiliza uvas e técnicas semelhantes para produzir vinhos de sobremesa hiperdoces e é especializada em icewines, feitos com uvas colhidas no inverno.

ÁUSTRIA EM RESUMO

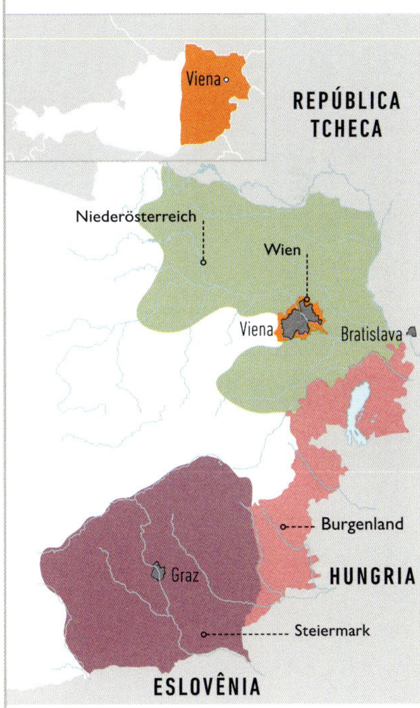

Região de clima frio do norte da Europa

OS MELHORES VINHOS BRANCOS

Grüner Veltliner: brancos leves e herbáceos.

Riesling: brancos acidulados e secos.

OUTROS ESTILOS DE VINHO

Zweigelt: tintos vibrantes e acidulados.

***Eiswein*:** vinhos de sobremesa doces e licorosos.

PORTUGAL

Portugal é um país pequeno com uma notável variedade de uvas autóctones. Quando os varietais de uvas famosas estavam na moda nas décadas de 1980 e 1990, Portugal ficou em desvantagem: suas uvas não tinham renome mundial e eram mais intercaladas no vinhedo do que misturadas na vinícola. Por outro lado, o isolamento de Portugal ajudou a preservar um tesouro de diversidade vitivinícola.

HISTÓRICO

Os vinhos fortificados foram por muito tempo os únicos vinhos portugueses reconhecidos mundialmente e, até recentemente, era raro encontrar outros vinhos portugueses fora do país.

O Porto doce, produzido no Vale do Douro, no norte de Portugal, era o vinho de sobremesa favorito do mundo. Menos conhecido, mas de tradição e qualidade similares, o Madeira nasceu em uma ilha tropical portuguesa. Os únicos outros vinhos portugueses com presença global eram os rosés acessíveis, casuais e ligeiramente doces do Minho, de marcas de massa como Mateus e Lancers. Hoje há um interesse crescente pelos vinhos peculiares do país — desde o Vinho Verde branco, delicadamente frisante, até os tintos mais densos do Dão e Alentejo.

VINHOS FORTIFICADOS DE PORTUGAL

- **Porto** Os fortes e doces vinhos do Porto do Vale do Douro são fortificados durante a fermentação com destilado vínico. A grande maioria são blends tintos, com seis ou mais uvas portuguesas e espanholas.
- **Madeira** O outro importante vinho fortificado português leva o nome da ilha tropical onde é produzido. Estes vinhos acidulosos com notas de nozes variam do seco ao totalmente doce e são feitos com uvas brancas e tintas.

OUTROS ESTILOS DE VINHO DE PORTUGAL

- **Vinho Verde** Estes vinhos leves e refrescantes acidulosos têm leve efervescência e bom custo-benefício. Podem ser brancos, rosados ou tintos, mas são chamados de "verdes" por serem de uma região muito arborizada.
- **Alentejo/Tejo** Estas regiões mais quentes ao sul produzem vinhos mais fortes, com uvas mais maduras — em geral tintos secos com a uva no rótulo.
- **Douro** Estes vinhos tintos secos do Porto são produzidos com as mesmas uvas que o vinho do Porto, com um sabor vibrante e cor profunda.

PORTUGAL EM RESUMO

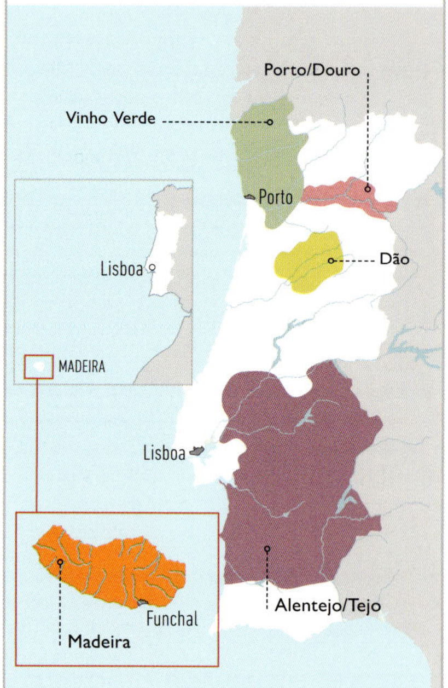

Região de clima misto da Europa Ocidental

MELHORES VINHOS PADRÃO

Vinho Verde: brancos claros com leve efervescência.

Alentejo: tintos profundos e acidulados.

MELHORES VINHOS FORTIFICADOS

Porto: tintos doces e licorosos.

Madeira: brancos doces e ácidos com notas de nozes.

GRÉCIA

A Grécia Antiga foi importante na difusão de videiras e melhorias na vinificação por todo o Mediterrâneo, mas a cultura vitivinícola da região se estagnou durante os séculos de domínio dos turcos otomanos. Foi só quando o país ingressou na Comunidade Econômica Europeia em 1981 que o vinho premium grego tornou-se uma realidade.

HISTÓRICO

A maior parte da costa da Grécia tem um clima mediterrâneo ensolarado e, como a Itália, o país tem centenas de castas autóctones.

Embora a maioria seja cultivada como uvas de mesa ou para passas, algumas dezenas ganharam fama por produzir vinhos excelentes, como a Assyrtiko branca, das ilhas do sul, e a Agiorgitiko tinta, do norte do continente. Em termos numéricos, alguns produtores de grande escala dominam a produção, e os mercados de exportação ainda focam estilos tradicionais, como o Retsina ou os doces Moscatel e Mavrodaphne. Mas pequenos vinicultores estão apresentando ao mundo novos sabores da Grécia, a maioria na forma de vinhos secos e acidulados, adequados à culinária mediterrânea da região.

PRINCIPAIS ESTILOS DE VINHO SECO DA GRÉCIA

- **Assyrtiko** Os brancos secos e acidulosos de Santorini baseiam-se nesta uva resistente e lembram o Sauvignon Blanc francês.
- **Moschofilero** Esta uva rosada fragrante é cultivada na península do Peloponeso, onde produz brancos carnudos com aromas florais exóticos.
- **Xynomavro** Plantada no centro e norte da Grécia, o nome desta uva tânica significa "tinto azedo" e prospera em Naoussa e Amynteo.
- **Agiorgitiko** Esta uva produz os tintos de Nemea, acidulados e de corpo médio, e é comparada à Sangiovese italiana por ser um vinho gastronômico e versátil.

PRINCIPAIS ESTILOS DE VINHOS DOCES DA GRÉCIA

- **Moscatel e Mavrodaphne** O Moscatel branco e o Mavrodaphne tinto, abundantes na Grécia, em geral são vinhos fortificados feitos ao estilo do Porto.

GRÉCIA EM RESUMO

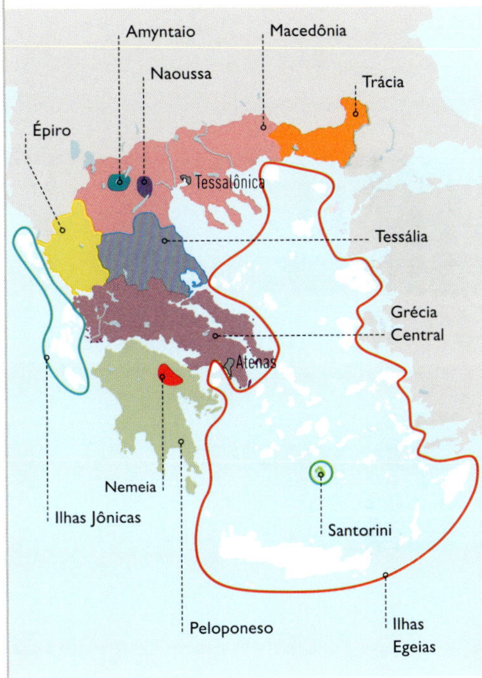

Região de clima quente da Europa Mediterrânea

VINHOS BRANCOS EMERGENTES

Santorini: brancos revigorantes e acidulosos.

Moschofilero: brancos aromáticos e florais.

VINHOS TINTOS EMERGENTES

Xynomavro: tintos secos tânicos.

Nemea: tintos acidulados de corpo médio.

REGIÕES VINÍCOLAS FORA DA EUROPA

As regiões vinícolas do Novo Mundo ficam em zonas propícias a vinhedos nos hemisférios ocidental e sul. Não é tão necessário aprender a geografia vinícola dessas regiões, já que em geral suas denominações são menos numerosas, mais extensas e de legislação muito mais simples do que na Europa. No Novo Mundo, os vinhos tendem a ser rotulados por uva e menos castas são cultivadas, o que facilita entender o rótulo. Por outro lado, isso pode dificultar a diferenciação dos vinhos e limita a diversidade de sabores.

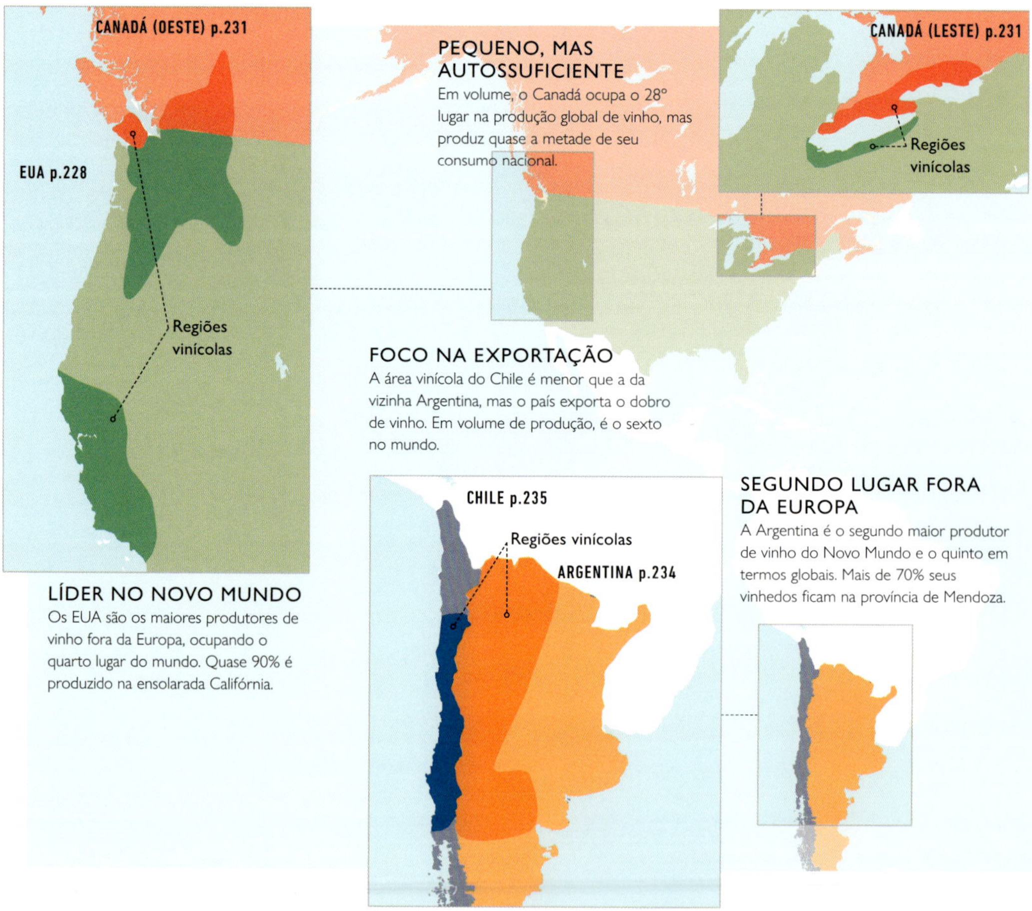

PEQUENO, MAS AUTOSSUFICIENTE

Em volume, o Canadá ocupa o 28° lugar na produção global de vinho, mas produz quase a metade de seu consumo nacional.

FOCO NA EXPORTAÇÃO

A área vinícola do Chile é menor que a da vizinha Argentina, mas o país exporta o dobro de vinho. Em volume de produção, é o sexto no mundo.

LÍDER NO NOVO MUNDO

Os EUA são os maiores produtores de vinho fora da Europa, ocupando o quarto lugar do mundo. Quase 90% é produzido na ensolarada Califórnia.

SEGUNDO LUGAR FORA DA EUROPA

A Argentina é o segundo maior produtor de vinho do Novo Mundo e o quinto em termos globais. Mais de 70% seus vinhedos ficam na província de Mendoza.

ADMIRÁVEL MUNDO NOVO

As antigas colônias tendem a ser maiores que as nações europeias, mas em geral produzem menos vinho. Os EUA lideram o grupo como o quarto maior produtor mundial, porém mais de 85% de sua produção é consumida localmente. Argentina, Chile, Austrália e África do Sul estão entre os top 10 e têm uma presença crescente nos mercados de exportação. A Nova Zelândia produz um volume muito menor, mas tem mais importância internacional do que muitos rivais maiores. O total do Canadá é ainda menor e pouco é exportado, mas o país produz icewines de classe mundial e faz parte do lucrativo mercado norte-americano de vinhos premium.

RECÉM-CHEGADOS CÉLEBRES

Estas sete nações do Novo Mundo estão entre as principais regiões vinícolas do mundo devido à sua importância no mercado global. A China, a Rússia e o Brasil produzem individualmente mais vinho do que a Nova Zelândia ou o Canadá, mas são menos reconhecidos no mundo.

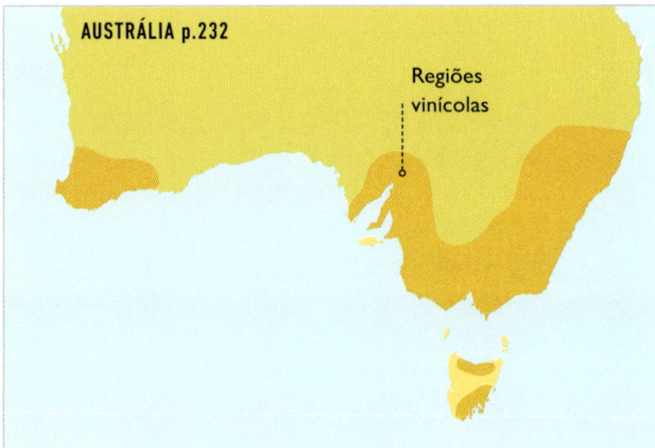

UMA PIONEIRA AO SUL DO EQUADOR

A Austrália é o sétimo maior produtor de vinho do planeta e um importante centro de pesquisa e inovação no Novo Mundo. Suas regiões vinícolas ficam na fria costa meridional.

A NOVATA

A Nova Zelândia mal aparecia no radar do mundo do vinho até seus Marlborough Sauvignon Blanc ganharem fama na década de 1990. Hoje, ocupa o 16º lugar na produção mundial.

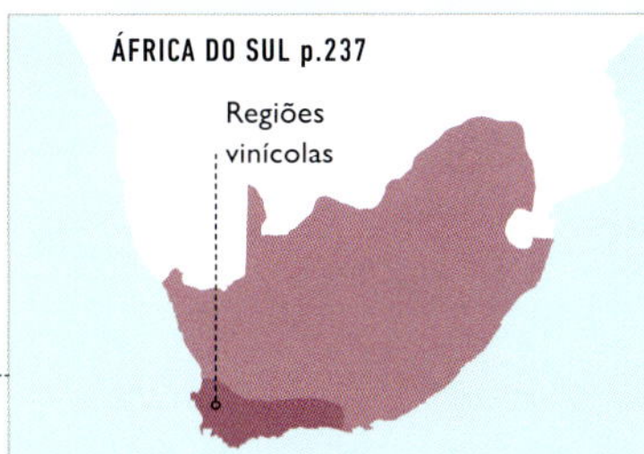

DE CABO, MAS NÃO A RABO

Pouquíssimo vinho é produzido no continente africano, mas a região do Cabo Ocidental, na África do Sul, tem um clima ideal para o cultivo de uvas. O país é o nono maior produtor de vinho do mundo.

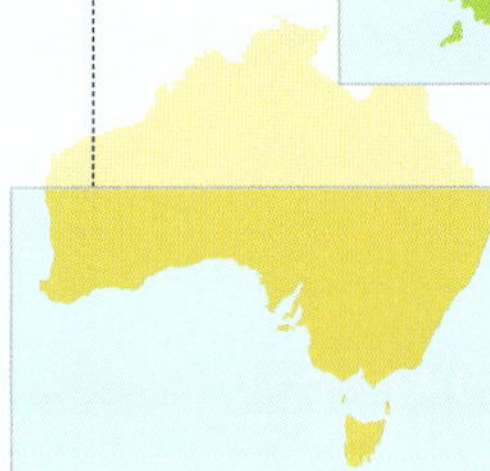

EUA: CALIFÓRNIA

A Califórnia produz mais vinho do que qualquer país vinícola do Novo Mundo. Só França, Itália e Espanha produzem um volume maior do que os EUA no qual quase 90% dos vinhos vêm da Califórnia. Muito sol e poucas chuvas resultam em uvas excepcionalmente maduras com sabor marcante e textura rica — as marcas registradas do vinho californiano.

HISTÓRICO

Os vinhos da Califórnia têm se mostrado promissores desde meados do século 19, mas passaram cem anos sem progredir muito.

Uma praga de insetos na virada do século 20 devastou os vinhedos e a Lei Seca proibiu a produção de vinho de 1920 a 1933. Os vinhos a granel se recuperaram no pós-guerra e foi só na década de 1970 que os vinhos de qualidade ressurgiram com força. Os vinicultores da Califórnia e os consumidores americanos têm impulsionado o boom global que revolucionou o mundo dos vinhos. Hoje, o estado produz alguns dos melhores vinhos do mundo.

O amplo Vale Central da Califórnia produz vinhos modestos, sendo quente demais para vinhos de qualidade. As melhores zonas vinícolas ficam na costa norte da Califórnia, acima e abaixo da Baía de São Francisco, onde a maturação das frutas é desacelerada pelo ar frio do Pacífico.

A Costa Norte inclui as denominações de vinho mais famosas e históricas, como Napa Valley e Russian River Valley. A Costa Central se estende ao sul, de São Francisco a Santa Barbara, incluindo zonas vinícolas emergentes como Paso Robles e Monterey.

PRINCIPAIS ESTILOS DE VINHO TINTO DA CALIFÓRNIA

- **Cabernet Sauvignon e blends** Esta uva se deleita no sol da Califórnia, produzindo vinhos de classe mundial em zonas protegidas como Napa Valley e Paso Robles.
- **Zinfandel** Este estilo americano resulta do clima quente e é rico em cor e álcool, com sabores como frutas silvestres assadas, sobretudo em áreas de vinhas mais velhas, como Lodi e Dry Creek.
- **Merlot** Em lugares como o Napa Valley, esta uva subestimada brilha, produzindo tintos ricos, saborosos e aveludados.
- **Pinot Noir** Esta uva de casca fina adora regiões costeiras frias como Sonoma, Santa Barbara e Monterey, produzindo vinhos sedutores de corpo médio.

PRINCIPAIS ESTILOS DE VINHO BRANCO DA CALIFÓRNIA

- **Chardonnay** A principal uva branca da Califórnia produz vinhos carnudos e frutados, sobretudo em zonas frias como Sonoma e Santa Barbara, com ou sem notas de carvalho.
- **Sauvignon Blanc** Às vezes rotulados como Fumé Blanc, estes vinhos tendem a ser menos ácidos e herbáceos do que em outros países.

NOVOS NOMES MUNDIAIS

Todos os rótulos incluem a denominação, mas, no Brasil e na maioria dos países do Novo Mundo, a uva é o principal indicador de estilo. Os vitivinicultores do Novo Mundo se basearam nos clássicos europeus para decidir as castas e as técnicas de vinificação, mas muitos países não adotaram o sistema europeu de nomear vinhos com base na região. As leis brasileiras seguem um modelo semelhante ao europeu, sobretudo o sistema de indicação de procedência e denominação de origem, que protege a origem dos vinhos e assegura padrões específicos de produção. Fora dessas regiões, as leis permitem experimentação e flexibilidade em termos de variedades de uvas e estilos de vinificação.

CALIFÓRNIA EM RESUMO

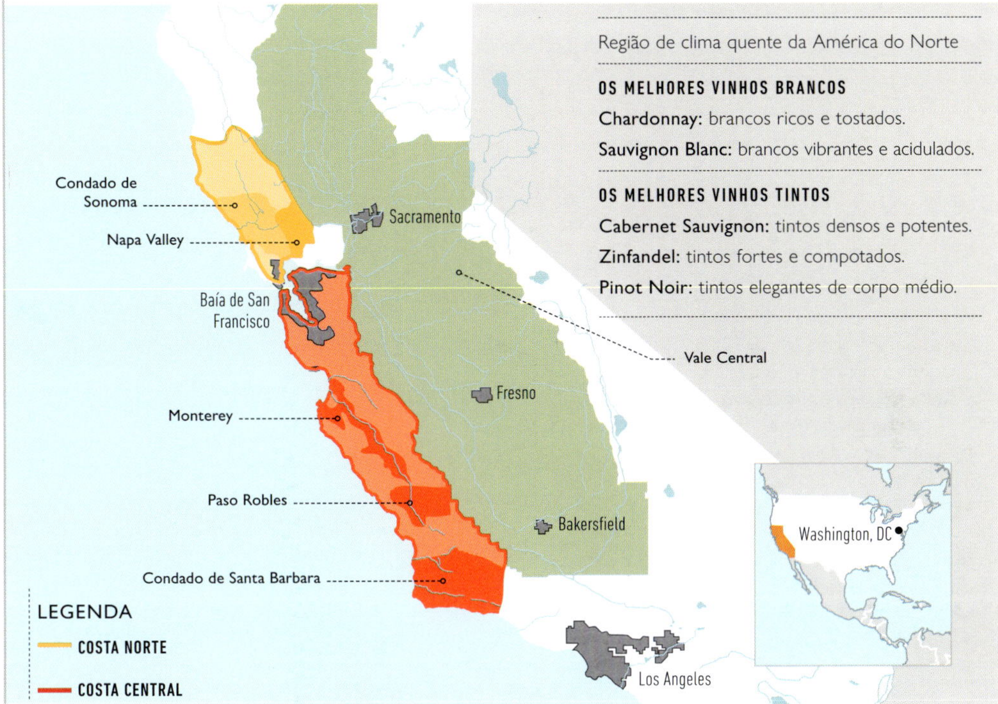

Região de clima quente da América do Norte

OS MELHORES VINHOS BRANCOS

Chardonnay: brancos ricos e tostados.

Sauvignon Blanc: brancos vibrantes e acidulados.

OS MELHORES VINHOS TINTOS

Cabernet Sauvignon: tintos densos e potentes.

Zinfandel: tintos fortes e compotados.

Pinot Noir: tintos elegantes de corpo médio.

COSTA NORTE

Esta prestigiada zona vinícola inclui quatro condados ao norte da Baía de São Francisco: Sonoma e Mendocino, no litoral, e os condados de Napa e Lake, mais para o interior.

Sonoma é o maior condado da Costa Norte, com a maior variação climática. Zonas nubladas próximas à água, como Russian River Valley e Carneros, produzem estilos de vinho de clima frio, como Chardonnay, Pinot Noir e espumantes. Denominações do interior como Alexander Valley e Dry Creek Valley são mais quentes e famosas pelos tintos mais encorpados, como Cabernet Sauvignon e Zinfandel.

Napa Valley é bem menor que Sonoma, mas tem mais vinhedos e é mais famoso pelos vinhos premium. Protegido por uma cadeia de montanhas, Napa é mais quente, com clima adequado às uvas tintas. A Cabernet Sauvignon e a Merlot adoram as condições da região e são muito usadas em blends em zonas planas de fundo de vale, como Rutherford, e em zonas mais íngremes, como Howell Mountain e Stags Leap District.

Mendocino Seu clima e a geografia se assemelham aos de Sonoma, mas seus vinhedos são mais esparsos.

Lake County Seu clima é parecido com o norte de Napa Valley.

COSTA CENTRAL

Muito citada como uma denominação regional em rótulos, a Costa Central se estende ao sul, da Baía de San Francisco a Santa Barbara. Apesar de ficarem mais ao sul, esses vales são mais frios, porque as cordilheiras costeiras canalizam os ventos do Pacífico. Os condados de Santa Barbara, San Luis Obispo, Monterey e Santa Cruz produzem Chardonnay, Pinot Noir e Syrah excepcionais, enquanto o enclave de Paso Robles produz tintos mais intensos, como Cabernet Sauvignon e Zinfandel.

EUA: NOROESTE DO PACÍFICO

A Califórnia pode dominar a produção do país, mas o Noroeste do Pacífico também produz vinhos excepcionais. Washington e Oregon ficam lado a lado e têm extensões semelhantes, mas seus estilos de vinho são muito diferentes. Oregon é conhecido pelo Pinot Noir e Pinot Gris ultrapremium em pouca quantidade, enquanto Washington produz Merlot, Cabernet Sauvignon, Chardonnay e Riesling em maior volume e bom custo-benefício.

HISTÓRICO

A divisão estilística reflete a geografia da região, com o leste e o oeste separados pelas Cordilheiras das Cascatas.

A principal região vinícola do Oregon, o Willamette Valley, ao sul da badalada Portland, fica entre Cascatas e a costa. O frio é perfeito para cultivar Pinot Noir, uma uva inconstante e de difícil manejo, mas valiosa quando aperfeiçoada.

A principal região vinícola de Washington é o Columbia Valley, perto das cidades pecuaristas de Yakima e Walla Walla, no "lado seco" oriental das Cascatas, onde a irrigação possibilita cultivar as uvas na planície árida. De dia, o sol e o calor amadurecem as uvas tintas de casca grossa e, de noite, o frio do deserto permite que as uvas brancas retenham uma acidez vibrante.

PRINCIPAIS ESTILOS TINTOS DO NOROESTE DO PACÍFICO

- **Oregon Pinot Noir** O Pinot Noir de Willamette Valley é uma das melhores expressões desta uva fora da região de Borgonha, na França.
- **Washington Merlot** Esta casta produz vinhos potentes em Columbia Valley, contrariando a reputação "delicada e frutada" da uva.
- **Washington Syrah** Syrahs excepcionais e encorpados são feitos no centro de Washington, com cores profundas e forte caráter aromático.

PRINCIPAIS ESTILOS BRANCOS DO NOROESTE DO PACÍFICO

- **Oregon Pinot Gris** Produz vinhos de corpo médio, sem carvalho e secos. A maioria é mais encorpada que o Pinot Grigio italiano, mas mais delicada que o Pinot Gris francês.
- **Riesling de Washington** Washington produz belos Chardonnay e Sauvignon Blanc, mas seu Riesling é especial, geralmente ao estilo alemão levemente adocicado.

NOROESTE DO PACÍFICO EM RESUMO

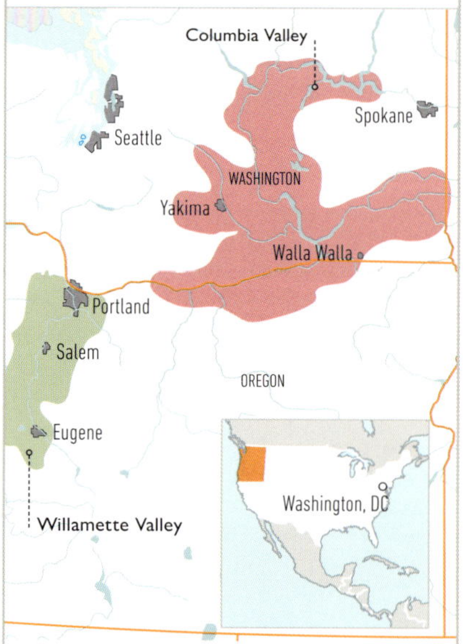

Região de clima misto da América do Norte

VINHOS POPULARES

Washington Riesling: brancos ligeiramente doces.

Oregon Pinot Gris: brancos secos e sem carvalho.

VINHOS PRESTIGIADOS

Oregon Pinot Noir: tintos sedosos e de corpo médio.

Washington Syrah: tintos intensos com notas de pimenta.

CANADÁ

O Canadá surpreende por sua produção vinícola próspera. Apesar de exportar muito pouco, o país produz cerca da metade do vinho que consome. O estilo mais prestigiado é seu suntuoso icewine, inspirado nos vinhos de sobremesa alemães e austríacos. É feito com uvas bem maduras, cujo mosto é concentrado por congelamento e as uvas são colhidas só no inverno.

HISTÓRICO

A maioria das videiras não sobrevive mais de um ou dois dias abaixo de –10°C, e apenas algumas regiões ao sul do Canadá têm invernos suficientemente amenos para cultivar uva.

Os melhores vinhos canadenses começaram a ser produzidos na Península do Niágara, em Ontário, entre os Grandes Lagos. Hoje, a costa oeste da Colúmbia Britânica também empolga, com o Okanagan Valley produzindo vinhos excepcionais aos pés das Montanhas Rochosas. Embora as duas regiões sejam conhecidas por especialidades de clima frio, como Riesling e Pinot Noir, o oeste consegue amadurecer uvas que requerem mais sol e calor, como Cabernet Sauvignon e Syrah.

PRINCIPAIS ESTILOS DE VINHO DO CANADÁ

- **Icewine** Estes extraordinários vinhos de sobremesa são concentrados por congelamento, deixando as uvas na videira até janeiro.
- **Riesling** Esta uva branca alemã de clima frio se adapta às condições canadenses e o vinho tem um estilo leve, doce e ácido de inspiração alemã.
- **Cabernet Franc** Esta prima de casca mais fina da Cabernet Sauvignon produz tintos vigorosos de corpo médio e com notas de cedro.
- **Pinot Gris** A Pinot Gris adora o sol e o frio do Canadá e segue mais o estilo rico do Pinot Gris alsaciano do que o Pinot Grigio italiano, mais leve.
- **Pinot Noir** Os tintos mais claros desta casta exigente são apaixonantes e brilham em Ontário e na Colúmbia Britânica.
- **Syrah** É mais comum ver esta casta em climas mais quentes, mas a Colúmbia Britânica produz tintos excelentes, intensos e fragrantes

CANADÁ EM RESUMO

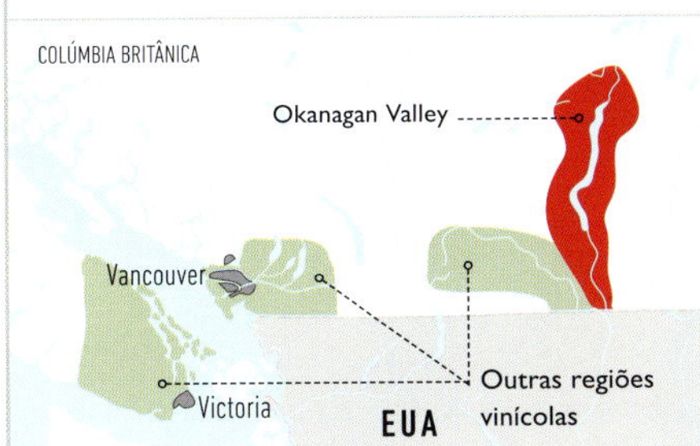

Região de clima frio da América do Norte

VINHOS POPULARES

Riesling: brancos ligeiramente doces.

Chardonnay: brancos secos de corpo médio.

Cabernet Franc: tintos acidulados e de corpo médio.

VINHOS PRESTIGIADOS

Icewine: vinhos de sobremesa doces e licorosos.

AUSTRÁLIA

A maior parte da Austrália é quente demais para cultivar uvas, mas muitas regiões ao sul têm um clima mediterrâneo favorável. Muitas inovações no cultivo de uvas e na produção de vinho foram criadas aqui. Essas inovações foram difundidas por vinicultores australianos que prestam consultoria em outros países do hemisfério norte quando seus vinhedos estão dormentes no inverno.

INDICAÇÕES GEOGRÁFICAS

Muitos dos vinhos mais populares da Austrália são rotulados sob uma única denominação genérica — Sudeste da Austrália — que abrange vinhedos de cinco estados e cerca de 90% dos vinhedos do país. Mas os vinhos premium em geral são rotulados sob nomes de denominações menores, seguindo o modelo do "quanto menor melhor", que domina a indústria vinícola.

HISTÓRICO

A Austrália está no top 10 da produção global de vinho, mas, por ser pouco populosa, se volta mais às exportações do que a maioria das nações do Novo Mundo.

Em geral, os melhores vinhos provêm de áreas mais frias nas montanhas ou na costa, com a maioria em um raio de 300km da costa entre Sydney e Adelaide. Vinhos simples são mais cultivados em zonas mais quentes e irrigadas no interior, como as planícies da bacia de drenagem do Murray River.

Muitas uvas de tradição europeia são cultivadas no país, incluindo Chardonnay e Cabernet Sauvignon. Mas a mais plantada é a variedade francesa Shiraz (ou Syrah), que se adapta bem a climas quentes. Os vinhos australianos costumam ser rotulados por uva de acordo com a norma do Novo Mundo. Os seus blends também apresentam as uvas em ordem de importância.

AUSTRÁLIA EM RESUMO

Região de clima quente do hemisfério sul

OS MELHORES VINHOS BRANCOS

Chardonnay: brancos ricos e frutados.

Riesling: brancos acidulosos e secos.

OS MELHORES VINHOS TINTOS

Shiraz: tintos escuros e compotados.

Grenache: tintos fortes e com notas de passas.

AUSTRÁLIA OCIDENTAL

A Austrália Ocidental é um estado enorme que cobre o terço ocidental do continente. Apenas uma pequena área costeira, perto de Perth, é adequada para a viticultura, e essa região remota abriga mais pequenos vinicultores independentes do que grandes conglomerados vinícolas. Os melhores vinhos são da região de Margaret River, famosa por seus excelentes Chardonnay e Shiraz.

AUSTRÁLIA MERIDIONAL

Muitas das denominações mais respeitadas da Austrália ficam perto de Adelaide. O canto sudeste da Austrália Meridional tem regiões vinícolas de prestígio na costa e vinhedos voltados ao volume irrigados pelo Murray River. Barossa e McLaren Vale se destacam como produtores de Shiraz, enquanto o Clare Valley, mais frio, produz um impressionante Riesling seco. Ao sul, Coonawarra e Limestone Coast produzem alguns dos melhores Cabernet Sauvignon e Chardonnay do país.

PRINCIPAIS ESTILOS TINTOS DA AUSTRÁLIA

- **Shiraz** O apelido australiano do Syrah francês produz vinhos fortes, escuros e saborosos, variando de divertidos e frutados a melancólicos e intensos.
- **Blends de Grenache** Outras variedades do Rhône também prosperam aqui, como a Grenache, comum nos blends GSM com um pouco de Shiraz e Mourvèdre no modelo da Côtes du Rhône francesa.
- **Cabernet Sauvignon e blends** A Cabernet Sauvignon é menos cultivada aqui do que em outras regiões do Novo Mundo e produz vinhos mais leves e acidulados. Muitas vezes mesclado com Shiraz.

PRINCIPAIS ESTILOS BRANCOS DA AUSTRÁLIA

- **Chardonnay** A geografia diversificada propicia uma variedade de Chardonnays – desde os acidulados de clima frio até os suntuosos de clima quente –, muitos sem carvalho ou feitos sem carvalho novo.
- **Riesling** Em geral secos e acidulosos, no estilo francês da Alsácia, com aromáticos excepcionais de limão e maçã verde.
- **Semillon** Famosa por produzir o melhor vinho doce da França, o Sauternes, essa uva produz muitos brancos na Austrália – do ultra-seco ao doce e licoroso, do vibrante e sem madeira ao tostado e fermentado em barril.

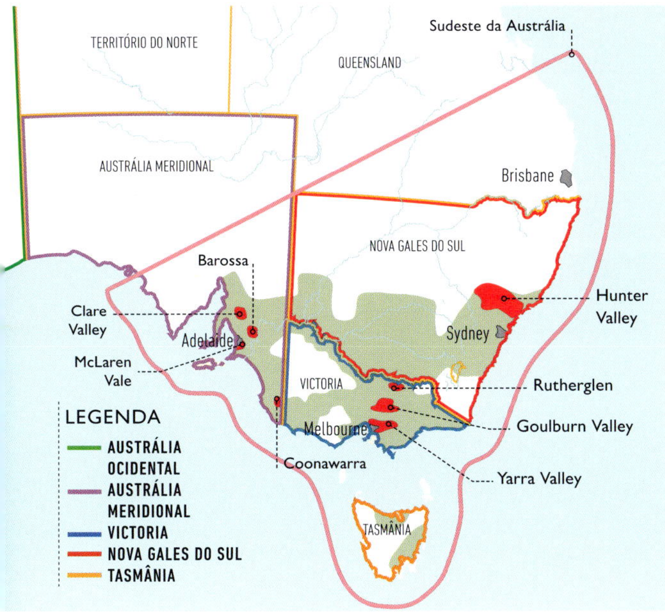

NOVA GALES DO SUL

Hunter Valley, perto de Sydney, foi a primeira região a mostrar potencial para vinhos premium, de modo que a Nova Gales do Sul tem a maior tradição vinícola no país. A área produz excelentes Chardonnay e Shiraz e um Semillon único. A maior parte da produção vem da bacia irrigada de Murray-Darling, mas bons vinhos também são produzidos nas frias colinas da Cordilheira Australiana, em denominações menores como Mudgee e Hilltops.

TASMÂNIA

O menor e mais frio estado da Austrália é a Tasmânia, uma ilha no gélido oceano Antártico. A região é conhecida pelos vinhos brancos, como Chardonnay e Riesling, e vem ganhando fama pelos excelentes vinhos espumantes e Pinot Noir.

VICTORIA

Este estado continental ao sul é o mais frio da Austrália e se especializa em estilos de clima frio, como vinhos brancos e espumantes. As zonas costeiras ao redor de Melbourne, como Yarra Valley e a Mornington Peninsula, são ideais para uvas que adoram o frio, como Pinot Noir e Chardonnay. Os vales montanhosos da Cordilheira Australiana, como Goulburn, produzem excelentes brancos e tintos secos em vários estilos. Cidades do nordeste como Rutherglen são famosas por seus vinhos de sobremesa doces e fortificados, inspirados no Porto e no Jerez.

UVA SUBESTIMADA

Grande parte do Novo Mundo faz do Sauvignon Blanc seu principal vinho branco seco e sem madeira, mas a Austrália se volta ao Riesling, com alguns dos vinhos secos mais empolgantes feitos com esta uva subestimada.

ARGENTINA

A maior região vinícola da América Latina fica na província de Mendoza. Ao lado dos Andes, as planícies elevadas de Cuyo produzem vinhos tintos densos e exuberantes apreciados na América do Sul, mas descobertos pelo resto do mundo apenas nos últimos 30 anos. No clima desértico de Mendoza, as uvas de casca escura têm o calor diurno e a luz solar dos quais precisam para amadurecer. À noite, as temperaturas despencam, retardando o processo e retendo a acidez para produzir vinhos equilibrados.

HISTÓRICO

A Argentina demorou a exportar seus vinhos para fora da América do Sul.

Como suas principais castas de uva não eram conhecidas, não foi fácil conquistar a confiança dos consumidores globais. A uva número 1 da Argentina, a Malbec, não tem uma grande presença fora da Argentina. Por não amadurecer bem na França, sua terra natal, ela raramente é cultivada. A Torrontés branca é uma uva local descendente de castas europeias, mas sem raízes no Velho Mundo. Na Argentina, as duas uvas têm um desempenho brilhante, produzindo vinhos com grande personalidade e complexidade.

PRINCIPAIS ESTILOS DE VINHO DA ARGENTINA

- **Malbec** Estes tintos saborosos são escuros e ricos, com aromas florais e terrosos. Seus vinhos premium são densos e com carvalho, e os simples tendem a ser leves e frescos.
- **Bonarda** Esta variedade tinta mais leve não tem relação genética com a Bonarda do norte da Itália. Produz vinhos delicados, frutados e acessíveis ao paladar.
- **Torrontés** Estes vinhos brancos com aroma floral tendem a ser secos e sem madeira, mas têm um aroma distinto que lembra o Moscatel.
- **Castas internacionais** O clima da Argentina é adequado ao cultivo de uvas e, nos últimos anos, houve mais experimentações com uvas famosas como Chardonnay e Cabernet Sauvignon.

ARGENTINA EM RESUMO

Região de clima quente do hemisfério sul

VINHOS BRANCOS POPULARES

Torrontés: brancos secos e fragrantes.

VINHOS TINTOS POPULARES

Malbec: tintos escuros e intensos.

Bonarda: tintos mais leves e frutados.

CHILE

O Chile produz vinho desde a chegada dos espanhóis, mas só recentemente ganhou fama por seus vinhos de classe mundial. O país se estende por milhares de quilômetros, espremido entre o oceano Pacífico e os picos dos Andes. Sua região vinícola ocupa uma série de vales temperados em torno da capital, Santiago, desfrutando de meses de céu azul no verão e invernos amenos.

HISTÓRICO

Castas francesas foram introduzidas no Chile no século 19 e hoje Cabernet Sauvignon, Merlot e Sauvignon Blanc dominam as exportações chilenas, ao lado do Chardonnay.

O Chile também cultiva uma uva que só é encontrada lá: a Carménère. Apreciada por seu sabor intenso, esta uva tinta de Bordeaux quase desapareceu da França no final do século 19, mas foi encontrada um século depois no Chile, intercalada e confundida com sua prima, a Merlot.

Com muito sol de dia, noites frias e uma estação de crescimento longa e seca, os vinhedos chilenos raramente enfrentam o clima úmido e as pragas de insetos de outras regiões. A geografia do Chile, o baixo custo de terras e a mão de obra atraíram capital internacional e expertise em vinificação na década de 1990, em grande parte na forma de joint ventures, e a qualidade decolou.

PRINCIPAIS ESTILOS DE VINHO DO CHILE

- **Carménère** A uva emblemática do Chile lembra a Merlot e a Cabernet Sauvignon, produzindo vinhos escuros, intensos, herbáceos e com grande potencial de qualidade.
- **Cabernet Sauvignon, Merlot e blends ao estilo de Bordeaux** O Chile produz vinhos excepcionais com estas castas e os melhores incluem blends de regiões como os vales do Maipo, Rapel e Aconcágua. Em comparação com outros vinhos do Novo Mundo, eles tendem a seguir o estilo do vinho gastronômico francês.
- **Chardonnay e Sauvignon** As uvas brancas se dão bem nas regiões chilenas próximas à fria costa do Pacífico, como o Vale de Casablanca. Os Chardonnays tendem a ser crocantes e refrescantes, e os vinhos premium são mais amadeirados. A Sauvignon Blanc também se destaca, produzindo vinhos vigorosos e acidulosos, remetendo ao estilo herbáceo e sem madeira neozelandês.

CHILE EM RESUMO

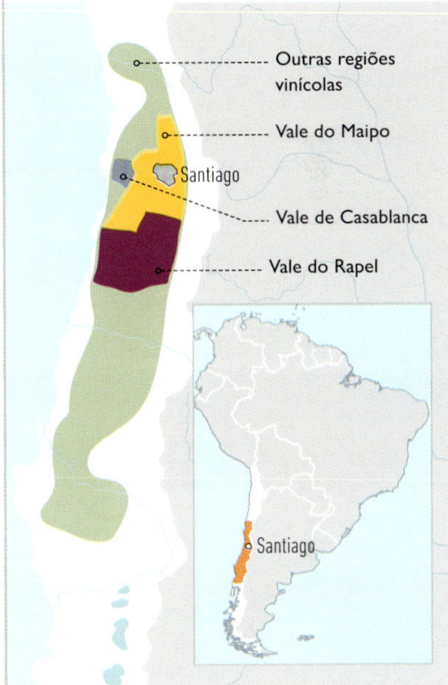

Região de clima misto do hemisfério sul

VINHOS POPULARES

Merlot: tintos secos de corpo médio.

Chardonnay: brancos secos de corpo médio.

VINHOS PRESTIGIADOS

Carménère: tintos escuros e aromáticos.

Cabernet Sauvignon: tintos intensos com potencial de guarda.

NOVA ZELÂNDIA

Apesar da fama internacional por conta de seus vinhos brancos refrescantes, a indústria vinícola neozelandesa é muito mais jovem do que a de seus concorrentes do Novo Mundo. Cultivos comerciais surgiram nos anos 1970 em uma reestruturação econômica e, uma década depois, nasceu um estilo que alçou a Nova Zelândia ao estrelato global: o Sauvignon Blanc de Marlborough. Acidulosos, secos e cítricos, estes vinhos seguem o modelo de Sancerre do Vale do Loire, mas com exuberantes aromas tropicais e herbáceos.

HISTÓRICO

A Nova Zelândia se destaca no Novo Mundo porque suas regiões vinícolas têm um clima mais frio, mais semelhante ao das zonas frias e úmidas da Europa do que às áreas quentes e secas dos EUA, Austrália e América do Sul.

Isso leva os vinhos neozelandeses a se destacarem, combinando o caráter limpo e frutado do Novo Mundo com a acidez revigorante e o caráter gastronômico do Velho Mundo. O enorme sucesso do Sauvignon Blanc neozelandês aumentou o interesse do mundo por outras regiões de cultivo de clima frio do país e por vinhos brancos secos e acidulosos fermentados em tanques de aço inoxidável.

PRINCIPAIS TIPOS DE VINHO BRANCO DA NOVA ZELÂNDIA

- **Sauvignon Blanc** Sem carvalho e tartáricos, estes brancos secos e de corpo médio têm aromas intensos cítricos e de ervas verdes. O estilo de Marlborough tornou-se uma referência internacional para a uva.
- **Chardonnay** Esta uva tem um desempenho brilhante nas zonas costeiras do país, sobretudo na costa sudeste da Ilha do Norte. Seus vinhos têm um toque ácido de maçã verde e podem ser com ou sem carvalho.

PRINCIPAIS TIPOS DE VINHO TINTO DA NOVA ZELÂNDIA

- **Pinot Noir** A Nova Zelândia é uma das poucas regiões do mundo onde esta uva volúvel produz vinhos de classe mundial, sobretudo em Central Otago, na Ilha do Sul.

NOVA ZELÂNDIA EM RESUMO

Região de clima frio do hemisfério sul

VINHOS BRANCOS POPULARES

Sauvignon Blanc: brancos acidulosos e sem carvalho.

Chardonnay: brancos secos e acidulados.

VINHOS TINTOS POPULARES

Pinot Noir: tintos pálidos e acidulados.

ÁFRICA DO SUL

O continente africano é quente demais para produzir bons vinhos, mas a região do Cabo Ocidental, na África do Sul, tem um clima mediterrâneo. Esta área foi uma das primeiras no Novo Mundo a explorar a produção de bons vinhos no final do século 17 e se destacou no início do século 19. Mas o século 20 viu um grande revés no vinho sul-africano. Devido a pragas de insetos, a produção se voltou a vinhos a granel e grande parte do vinho do país passou décadas sendo destilado para fazer brandy barato.

HISTÓRICO

Até o fim do Apartheid, nos anos 1990, embargos comerciais fecharam muitos mercados de exportação bem no início do boom global do vinho.

Hoje, o mundo reconhece o caráter distintivo e o potencial de qualidade dos vinhos sul-africanos, de rara complexidade. A produção em volume é feita em vales ensolarados do interior, enquanto a vinificação premium se concentra em zonas costeiras mais frias. Apesar do calor, os vinhos da África do Sul tendem a ser mais gastronômicos e menos frutados do que em outras regiões do Novo Mundo.

PRINCIPAIS ESTILOS DE VINHO TINTO DA ÁFRICA DO SUL

- **Pinotage** Esta casta emblemática da África do Sul resultou do cruzamento da Pinot Noir com uma uva do Rhône obscura, mas produtiva, chamada Cinsaut. A Pinotage produz tintos intensos, com aroma defumado e carnudo.
- **Cabernet Sauvignon e blends** Os vinhos sul-africanos à base de Cabernet têm um caráter terroso, sobretudo em Stellenbosch e Paarl.

PRINCIPAIS ESTILOS DE VINHO BRANCO DA ÁFRICA DO SUL

- **Chenin Blanc** Esta uva do Vale do Loire produz estilos empolgantes — desde leves e doces até encorpados, secos e fermentados em barricas.
- **Chardonnay e Sauvignon Blanc** Estas uvas se dão bem em zonas mais frias, produzindo vinhos crocantes e secos.

ÁFRICA DO SUL EM RESUMO

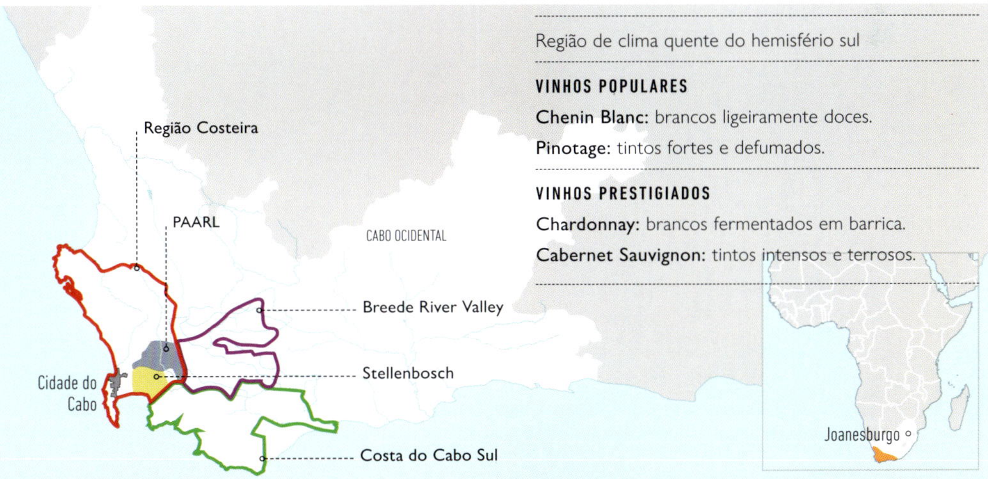

Região de clima quente do hemisfério sul

VINHOS POPULARES

Chenin Blanc: brancos ligeiramente doces.

Pinotage: tintos fortes e defumados.

VINHOS PRESTIGIADOS

Chardonnay: brancos fermentados em barrica.

Cabernet Sauvignon: tintos intensos e terrosos.

SEJA UM VERDADEIRO APRECIADOR DE VINHOS

É normal ficar confuso ao tentar aprender mais sobre vinhos. Concentre-se nos conceitos básicos, não nos detalhes, e confie nos seus sentidos.

CONFIE NAS SUAS PAPILAS GUSTATIVAS

- **Siga as suas preferências** Não se sinta pressionado a ter preferências "sofisticadas". A única pessoa que vale a pena impressionar é você mesmo.
- **Mantenha a mente aberta** As percepções do vinho mudam com a comida, a temperatura e até com o seu humor, então sempre dê aos vinhos uma segunda chance.
- **Não há regras** Não se deixe restringir por regras conservadoras. Vinho no café da manhã? Vinho com gelo? Misturar dois vinhos? Não tem problema!
- **Tente coisas novas** Você só vai saber se gosta depois de provar, então não deixe que suas preferências restrinjam suas experiências.
- **Não se preocupe com os detalhes** É fácil se perder nas minúcias do vinho, mas isso pode interferir no seu prazer.

APRENDA A DESCREVER O VINHO

- **Use uma linguagem simples** As características mais importantes podem ser resumidas em alguns termos básicos e concretos.
- **Um sentido de cada vez** Lembre que usamos todos os nossos sentidos, menos a audição, para "sentir" um vinho.
- **Avalie características sensoriais** Classifique, de baixo a alto, cor e intensidade da cor, doçura e acidez, notas do fruto e do carvalho, peso e tanino.
- **Não se preocupe em descrever aromas** Identificar sabores e aromas requer prática. Basta avaliar sua intensidade e categorias gerais.
- **Observe altos e baixos** A maioria dos vinhos fica no meio termo na maioria das características, mas as qualidades fora da média são mais marcantes e úteis.

FIQUE À VONTADE NA HORA DE COMPRAR

- **Julgue os livros pela capa** A embalagem costuma indicar a filosofia e o público-alvo do vinicultor.
- **Analise os números** Alguns números, como idade, preço e teor alcoólico de um vinho, podem dizer muito sobre seu estilo.
- **Leia as letras miúdas** Familiarizar-se com os dois formatos principais de rotulagem vai ajudar nas decisões de compra.
- **Atenha-se ao seu orçamento** Você não precisa gastar muito para beber bem. Considere vinhos incomuns ou pechinchas em caixas de 3 litros.
- **Peça ajuda sem abrir mão do controle** Peça sugestões, mas lembre-se que quem decide é você.

EXPLORE A GAMA COMPLETA DE ESTILOS DE VINHO

- **Peça em taça sempre que puder** Restaurantes são uma boa oportunidade de provar vinhos diferentes sem se comprometer com uma garrafa inteira.
- **Saia de sua zona de conforto** A maioria das pessoas começa com um estilo de vinho favorito, mas você pode se surpreender com o que encontrar.
- **Não julgue pelo primeiro gole** A acidez do vinho pode chocar o paladar no início. O segundo e terceiro goles dão uma ideia melhor dos atributos de um vinho.
- **Saboreie novos vinhos com calma** Dê um ou dois minutos de sua atenção e registre-os em seu banco de dados mental para referência futura.
- **Use suas próprias palavras** Descrever um vinho em palavras facilitará lembrar dele depois. Não precisa usar jargões do vinho nem falar em voz alta.

SINTA O GOSTO DO SOL NA TAÇA

- **Faça a "engenharia reversa" começando pelo teor alcoólico** Nos vinhos secos, o teor alcoólico é um indicador razoavelmente preciso de maturação das uvas, sendo que a norma é 13,5%.
- **Procure mais vigor em vinhos mais fortes** Quanto maior o teor alcoólico de um vinho seco, maiores as chances de ele ser mais intenso e ter amadurecido em carvalho.
- **Procure mais refrescância em vinhos mais leves** Quanto menor o teor alcoólico de um vinho seco, maiores as chances de ele ter um sabor mais delicado e apresentar uma acidez revigorante.
- **Cheire o espectro de maturação** Aromas herbáceos e terrosos são mais frequentes em vinhos de clima frio, enquanto os vinhos de clima quente têm aromas de frutas com especiarias mais semelhantes a sobremesas.
- **Não se deixe enganar pelos vinhos doces** O teor alcoólico não é um bom indicador para categorias especiais, como vinhos de sobremesa e vinhos fortificados.

BRINQUE COM A COMIDA E O VINHO

- **Coloque o vinho em seu devido lugar** Os vinhos são mais adequados para papéis coadjuvantes do que para serem a estrela do show, então deixe os sabores dos alimentos ocuparem o centro das atenções.
- **Encontre o match** Tente escolher vinhos que correspondam a uma característica dominante do prato, como textura, aroma ou sabor.
- **Considere a química alimentar** Escolha vinhos acidulados para alimentos salgados e vinhos doces para alimentos açucarados.
- **Cuidado com o picante** Não se esqueça que o álcool amplifica a "ardência" dos alimentos picantes, enquanto os vinhos mais leves domam as chamas.
- **Desafie as regras** O vinho é seu e você deve beber o que quiser, mesmo se não se enquadrar nas orientações habituais.

TESTE SEUS CONHECIMENTOS

- **Quais vinhos não são totalmente secos?** Vinhos com alguma doçura, em geral, são brancos com baixo teor alcoólico, e os com mais açúcar, em geral, vêm em garrafas pequenas.
- **Quais vinhos têm notas de carvalho?** Vinhos mais velhos e caros têm mais chances de apresentar o sabor advindo das barricas de carvalho.
- **Quais vinhos têm a acidez mais intensa?** Vinhos mais jovens, com teor alcoólico mais baixo ou provenientes de regiões mais frias, costumam ser mais ácidos.
- **Quais vinhos são mais gastronômicos?** Muitos vinhos europeus podem ter uma acidez um pouco agressiva demais ou ser secos demais para que sejam tomados sozinhos, porque são feitos para servir com alimentos salgados.
- **Quais vinhos terão o sabor mais forte?** Vinhos de regiões quentes com alto teor alcoólico costumam apresentar aromas muito pronunciados de frutos e do carvalho, especialmente os das Américas e do hemisfério sul.

RELAXE E APROVEITE

- **Deixe de lado o pedantismo e a ostentação** É uma grande injustiça que algo tão inerentemente relaxante e social como o vinho seja associado com rigor e formalidade.
- **Viva indiretamente por meio das uvas** O aroma do vinho evoca sua região e cultura de origem — feche os olhos, inspire os aromas e deixe-se transportar.
- **Pule a lição de casa tradicional** Não se preocupe em decorar montanhas de informações sobre vinhos. Se quiser saber alguma coisa, basta pesquisar.
- **Viva o momento** O vinho nos lembra que qualquer tempo passado com amigos e família é uma ocasião a ser celebrada.
- **Um brinde ao seu sucesso!** Você se propôs a aprender sobre um tema complicado e aprendeu alguns truques. Um brinde a uma longa vida comendo bem e bebendo melhor!

GLOSSÁRIO

Ácido, acidez: Presença perceptível do gosto azedo; um dos seis gostos básicos detectados pelas papilas gustativas da língua.

Acidulado: Vinho com acidez equilibrada e agradável, que contribui para o frescor.

Aciduloso: Vinhos que apresentam um alto teor de acidez agressiva.

Aço inoxidável: Material utilizado na maioria dos tanques modernos de fermentação; em vinhos brancos, termo para descrever um estilo sem madeira.

Adstringência: No vinho, o efeito de secura e ressecamento de boca causado pelos taninos presentes na casca da uva e que suprimem a salivação.

Álcool potencial: Teor de açúcar das uvas antes da fermentação, definindo o máximo de teor alcoólico possível nos vinhos elaborados a partir delas.

Álcool: Etanol, o componente psicoativo em bebidas alcoólicas como o vinho; um composto orgânico derivado do açúcar produzido pelo metabolismo de culturas vivas de levedura.

Amadurecimento: Estágio da vinificação no qual o vinho é deixado em barris, tanques ou garrafas após a fermentação.

Amadurecimento em adega: Amadurecimento em garrafa; guarda e evolução do vinho por compradores após o lançamento do vinho.

Amadurecimento em barrica: Prática comum na produção do vinho tinto, na qual vinhos jovens e frescos são armazenados em barris de carvalho após a fermentação por um período de semanas a anos.

Amargo, amargor: Um dos seis gostos básicos detectados pelas papilas gustativas da língua (como o lúpulo da cerveja); muitas vezes confundido com a sensação de secura (adstringência) do tanino no vinho (como no chá preto).

Amarronzado, escurecido: No vinho, um sinal visível de envelhecimento e oxidação.

Antioxidante: Substância que inibe a oxidação ou suas propriedades, como é o caso dos compostos fenólicos da casca da uva, como o tanino.

Aperitivo: Bebida alcoólica destinada a despertar o apetite antes das refeições. Muitos vinhos leves são servidos como aperitivos, mas o termo "vinhos aperitivos" também pode se referir a bebidas aromatizadas e fortificadas à base de vinho, como os Vermutes, o Lillet ou o Dubonnet.

Aroma, aromático: Componentes do vinho sentidos pelo nariz que transmitem sensações tanto de odor quanto de sabor; sua presença em vinhos fragrantes.

Arquétipo: Conjunto de características ideais que representam a essência ou o estilo distintivo de um determinado tipo de vinho.

Autóctone: Originário de uma determinada região.

Azedo: Ver **Ácido**.

Barrica: Recipientes de carvalho em formato cilíndrico e abaulado utilizados na maturação ou fermentação do vinho.

Barrica bordalesa: Barrica de vinho tradicional de estilo francês com capacidade de 225 litros; associado a estilos nos quais os compostos do carvalho são incorporados no processo de amadurecimento.

Barrica neutra: Barrica de carvalho que foi utilizada para armazenar vinho por pelo menos três anos ou três usos, reduzindo sua capacidade de conferir novos sabores e aromas advindos do carvalho.

Barricado, amadeirado: Aromas resultantes do contato do vinho com barricas novas de carvalho ou agentes aromatizantes de carvalho durante a vinificação. Vinhos que apresentam aromas advindos das barricas de carvalho são chamados de amadeirados, mas os sabores e aromas não são necessariamente de madeira.

Bebidas destiladas: Bebidas com alto teor alcoólico, como conhaque e uísque, feitas a partir de produtos fermentados com baixo teor alcoólico, como vinho e cerveja, por meio da vaporização do álcool e condensação em outro recipiente.

Biodinâmico: Uma forma de agricultura natural que mantém a inter-relação do ecossistema, incluindo solo, plantas e animais; também é um rigoroso sistema de certificação agrícola que proíbe o uso de tratamentos não nativos e sintéticos nas vinhas e organiza o cultivo em torno dos ciclos lunares e astrais.

Blend: Vinho feito a partir de variedades diferentes de uvas. Também conhecido como vinho de corte.

Bold: Termo usado para designar um vinho de aroma ou sabor intenso.

Borra, depósito, sedimento: Um precipitado sólido que se deposita a partir de um líquido.

***Brut*:** Termo regulamentado presente no rótulo para vinhos espumantes que não apresentam doçura perceptível; um nível mais seco do que o seco, ou *sec*, no Brasil.

Câmara de aromas: A parte superior do bojo da taça que permanece vazia para permitir a agitação e concentrar os aromas do vinho.

Carbonatado: Vinho borbulhante, que libera dióxido de carbono quando aberto.

Carvalho novo: Barris ou produtos de carvalho que não tiveram contato prévio com o vinho; os sabores e aromas transmitidos por eles.

Casta de uva: Casta cultivada da espécie de uva *Vitis vinifera*; inclui os muitos tipos de uva usados na vinificação.

Colheita tardia: Termo de rotulagem utilizado para vinhos doces, indicando que a fruta foi deixada mais tempo na videira para ficar mais doce e mais madura.

Complexo: Termo usado para designar as sensações simultâneas no vinho; geralmente se refere à presença de muitos aromas e sabores agradáveis, especialmente os produzidos durante a fermentação ou amadurecimento.

Compostos de cor: Componentes fenólicos do vinho, como os taninos derivados da casca da uva, que conferem cor e sabor aos vinhos tintos e rosés.

Compostos fenólicos: Compostos de cor e sabor encontrados na casca da uva, como taninos e antocianinos; muitos são antioxidantes com propriedades conservantes naturais.

Compotado: Vinhos com aromas e sabores que remetem a frutas cozidas ou adoçadas.

Concentração por congelamento: Reduzir o teor de água de um líquido congelando-o e removendo seus cristais de gelo sólidos, como no caso do icewine.

Concentrado: Vinhos com intensidade acima da média de aromas e sabores olfativos; normalmente se refere a frutas em vez de madeira.

Condensar: Em química, a transformação do gás em líquido. O oposto de evaporar.

Conservante: Substância que retarda a deterioração e a oxidação; pode ser naturalmente presente no vinho, como os taninos, ou um aditivo, como o dióxido de enxofre.

Contaminação por cortiça, *bouchonné*: Deterioração detectável do vinho causada pelo contato com a cortiça natural; em geral, há presença de TCA (2-4-6 tricloroanisol), um composto que confere ao vinho um cheiro desagradável de mofo.

Corpo: Termo para descrever a textura do vinho, normalmente influenciado pelo teor alcoólico. Veja **Peso**.

Corpo médio: Vinhos de textura moderada, nem leves nem pesados, associados a vinhos com teor alcoólico de 13% a 14%.

***Crianza*:** Termo presente no rótulo regulamentado na Espanha para designar vinhos amadurecidos de boa qualidade; o nível mais baixo de uma hierarquia que inclui o *reserva* e o *gran reserva*.

Crocante: Termo descritivo para vinhos que apresentam um padrão, moderadamente acre, de acidez picante.

***Cru*:** Termo de vinho francês usado para designar locais que produzem vinhos superiores, normalmente qualificados como *grand cru*, no nível superior, ou *premier cru*, um nível abaixo. Muitas vezes traduzido como "crescido", seu significado está mais próximo de "classificação", e sua complexidade resulta de critérios diferentes de acordo com a região, aplicados com rigor variável.

***Cuvée*:** Termo usado para designar um determinado lote, muitas vezes necessário para esclarecer quando mais de um lote é feito com a mesma denominação e variedade de uva; da palavra francesa para cuba ou tanque. Em algumas regiões, um uso mais restrito indica um vinho de corte.

Decantação: Processo utilizado para retirar o vinho da garrafa (geralmente para um recipiente conhecido como *decanter*) antes de ser servido, seja para separar um vinho tinto mais velho de seus sedimentos ou para aerar um vinho mais jovem.

Delicado, manso: Vinhos com baixo teor de tanino adstringente; também aplicado a vinhos com baixo teor de acidez.

***Demi-sec*:** Termo presente no rótulo regulamentado na França para vinhos que apresentam uma doçura marcante, geralmente vinhos com doçura e acidez equilibradas.

Denominação: Uma declaração formal da região de origem que indica onde as uvas do vinho foram cultivadas; obrigatório em todos os rótulos de vinho.

Doce, doçura: Presença perceptível do sabor doce; um dos seis gostos básicos detectados pelas papilas gustativas da língua.

Dourado: Em alimentos, a mudança de cor associada à caramelização e às reações de Maillard em certos métodos de cozimento, como tostar, fritar e grelhar.

Encorpado: Termo usado para designar vinhos de textura mais rica do que a média. Veja **Pesado**.

Espumante: Vinho carbonatado, com bolhas.

***Estate bottled*:** Termo regulamentado presente no rótulo usado principalmente para vinhos do Novo Mundo, indicando que o vinicultor é o proprietário do vinhedo no qual as uvas foram cultivadas para produzir o vinho.

Ésteres: Compostos aromáticos voláteis que são a principal fonte de aroma e sabor em muitas frutas, bem como no vinho.

Evaporar: Em química, transformar gás em líquido. O oposto de condensar.

***Extra-dry* (Seco, ou *sec*, no Brasil):** Termo regulamentado presente no rótulo para vinhos espumantes com leve doçura perceptível; um nível acima do *brut* em termos de doçura.

Fermentação: Principal etapa da vinificação que transforma o suco em vinho; o processo pelo qual todas as bebidas alcoólicas são produzidas, no qual leveduras vivas consomem e metabolizam o açúcar, decompondo-o em álcool e dióxido de carbono.

Fermentação em barrica: Prática de vinificação de vinhos brancos, na qual o suco de uva é fermentado para produzir vinho em barris de carvalho amadurecendo sobre as borras por até um ano.

Fresco, vivo, nervoso: Vinhos que apresentam alto nível de acidez.

Frisante: Vinho ligeiramente carbonatado.

Fruta, frutado: No uso comum, fruto doce comestível, normalmente contendo sementes de uma planta que produz flores; na degustação de vinhos, aromas provenientes das uvas ou da vinificação. Quando esses aromas são proeminentes, um vinho pode ser descrito como frutado, com predominância de fruta ou de caráter frutado.

Fugaz, delicado: Um vinho com aroma ou sabor pouco intenso.

Genérico: Comum ou não exclusivo. No Novo Mundo, refere-se a vinhos que não especificam uma variedade de uva no rótulo. No Velho Mundo, refere-se aos vinhos mais básicos de uma região — como o Chianti genérico em oposição ao Chianti Classico de um subdistrito superior.

Gosto: No uso comum, todas as sensações provenientes de comer ou beber ou da atividade de degustar uma comida ou bebida; para fins de análise de vinhos, apenas as seis sensações detectáveis pelas papilas gustativas da língua.

Graduação alcoólica: O teor alcoólico do vinho. Veja **Peso**.

Grand cru*:** Uma classificação de qualidade de vinhos franceses. Veja ***Cru.

***Grand reserva*:** Termo presente no rótulo regulamentado na Espanha e América do Sul para vinhos amadurecidos de alta qualidade.

Harmonização: Escolher um vinho por combinar com um determinado alimento ou prato para realçar seus sabores.

Herbáceo: Vinhos com aromas e sabores que lembram ervas, folhas ou vegetais.

Icewine: Um vinho de sobremesa feito por meio de concentração por congelamento, colhendo uvas congeladas durante o inverno.

Jovem: Vinho não amadurecido em barrica antes do lançamento nem evoluído em garrafa depois do lançamento; normalmente aplicado a vinhos com menos de dois anos.

***Kabinett*:** Termo presente no rótulo regulamentado na Alemanha que indica um vinho superior produzido com uvas de maturação padrão; constituindo o mais baixo dos níveis de *Prädikat*, os vinhos *Kabinett* em geral são ligeiramente doces e com baixo teor alcoólico, mas alguns são mais pesados e secos.

Lactonas: Compostos voláteis aromáticos encontrados em barris de carvalho que contribuem para os sabores advindos da barrica.

Lágrimas: As gotas que se formam quando o vinho escorre pelas paredes da taça quando o vinho é girado — um indicador visível do peso do vinho. Também chamadas de "pernas".

Leve: Termo usado para designar vinhos de textura delicada, associados a vinhos com teor alcoólico inferior a 13%.

Levedura: Agente de fermentação essencial para a vinificação: organismos unicelulares microscópicos que convertem açúcar em álcool.

Linha ou identidade: Um nome de vinho específico de um determinado vinicultor, como no caso de *cuvée* ou marca específicos.

Madeirização: Alterações de sabor no vinho causadas pela exposição ao calor; o termo vem dos vinhos da Ilha da Madeira.

Maduro: Termo usado para designar um vinho em seu auge, sem a necessidade de evolução adicional.

Marca: A identidade comercial de um vinho; pode ser o nome do vinicultor ou o nome comercial de uma linha de produtos.

Maturação das uvas: O estágio final do desenvolvimento do fruto ocorre nas últimas semanas antes da colheita, quando a exposição ao sol e ao calor faz com que as uvas fiquem doces, suculentas e prontas para a colheita.

Meio-seco: Ligeiramente doce; não totalmente seco.

Mosto: Termo usado para se referir ao suco extraído das uvas antes de ser fermentado para a produção de vinho; o líquido resultante do esmagamento das uvas, contendo água, açúcar, ácidos e outras substâncias presentes na fruta.

Mousse, espuma: Termo para a carbonatação do vinho.

Novo Mundo: Termo usado para designar as regiões vinícolas das Américas e do Hemisfério Sul.

Olfatório: Relacionado com o sentido do olfato.

Orgânico: Tipo de agricultura natural e certificação agrícola que proíbe a utilização de tratamentos químicos sintéticos.

Oxidação, oxidado: A principal fonte de degradação do vinho resultante da exposição prolongada ao ar, normalmente evitada durante a vinificação; termo para descrever seus efeitos no vinho, como frescor reduzido, cor acastanhada e odor de nozes e frutas cozidas.

Paladar: Termo informal para referir-se à sensibilidade de uma pessoa a sabores e aromas ou às suas preferências de vinho.

Papilas gustativas: Mecanismo para detectar as sensações gustativas; aglomerados de nervos espalhados pela língua.

Persistência: Veja **Final de boca**.

Persistência, final de boca: Termo usado para designar o retrogosto de um vinho; a duração dessa característica desejável é útil para avaliar a qualidade do vinho.

Pesado: Vinhos com uma textura densa e envolvente; característica de vinhos com mais de 14% de álcool.

Peso: Termo para descrever a textura do vinho, percebida como espessura ou viscosidade na boca. Vinhos com mais álcool ou muito açúcar parecem mais "pesados" do que vinhos com baixo teor alcoólico e/ou mais secos.

Pontuações, notas de prova: Rankings numéricos de vinhos elaborados por revistas e críticos; em geral avaliações subjetivas em uma escala de 100 pontos.

Pouco maturado: Vinhos com características associadas à baixa maturação das uvas, como elevada acidez e aromas de folhas e ervas.

Premier cru*:** Uma classificação de qualidade de vinhos franceses. Veja ***Cru.

Produção, rendimento: Medida da produtividade de um vinhedo, normalmente em toneladas de uvas por acre ou hectolitros de suco por hectare.

Quente: Teor alcoólico excepcionalmente alto em qualquer vinho.

Rascante, áspero, duro: Presença marcante de taninos adstringentes no vinho tinto.

Refrescante: Termo utilizado para vinhos com uma acidez que proporciona uma sensação revigorante e restauradora.

***Reserva, reserve, riserva*:** Designações de rotulagem que sugerem qualidade superior; regulamentada na Espanha, Itália e América do Sul, mas sem padrões legais em outras regiões.

Ressecamento de boca: Veja **Taninos**.

Rico: Vinhos com uma sensação mais espessa ou viscosa na boca do que a média. Veja **Pesado**.

Rolha de cortiça: Peça cilíndrica de cortiça para fechar o gargalo de garrafas feita com a casca do sobreiro, a árvore da cortiça.

Rosé: Categoria de vinhos de cor rosada, produzidos a partir do breve contato do suco de uvas com a casca das uvas tintas durante a vinificação.

Sabor: No uso comum, sensações gustativas derivadas de comer e beber; na análise de vinhos, aromas que alcançam os nervos olfativos pela boca através da passagem retronasal.

***Saccharomyces*:** Gênero de leveduras que transformam açúcar em álcool; categoria de levedura utilizada para fazer vinho, cerveja e pão.

Safra: O ano de colheita das uvas de um vinho, muitas vezes incluído no rótulo do vinho.

Sal, salgado: Componente alimentar que reduz a percepção da acidez do vinho; um dos seis gostos básicos detectados pelas papilas gustativas da língua.

Sápido: Vinhos com níveis de acidez abaixo da média.

Seco, secura: Vinhos que não apresentam doçura perceptível; o oposto de doce, sendo a característica predominante na maioria dos vinhos. Muitas vezes confundido com a sensação adstringente de boca seca provocada pelos taninos nos vinhos tintos.

Sem barrica, sem carvalho: Termos descritivos para vinhos que não entram em contato com carvalho ou barris durante a vinificação ou que não apresentam presença detectável de carvalho novo no sabor e aroma.

Sensação de boca: Sensações táteis de comida e bebida sentidas na boca.

Sensação de boca seca, ou ressecamento: A sensação tátil de secura na boca provocada pelos taninos encontrados em muitos vinhos tintos.

Sensorial: Relacionado às percepções de visão, olfato, paladar, tato e audição.

***Single vineyard*:** Vinho feito com uvas cultivadas em um único vinhedo.

Sommelier: Responsável por aconselhar os clientes sobre a escolha de vinhos em um restaurante; normalmente também é a pessoa responsável pela compra dos vinhos.

***Spätlese*:** Termo presente no rótulo regulamentado na Alemanha que indica um vinho de qualidade produzido a partir de uvas de colheita tardia com maturação superior à média; o segundo mais baixo dos níveis de *Prädikat*, os vinhos *Spätlese* costumam ser ligeiramente doces e com teor alcoólico moderado, mas alguns são mais pesados e mais secos.

Sutil: Vinhos com intensidade abaixo da média de aromas e sabores olfativos.

Taninos: Composto fenólico com propriedades adstringentes, encontrado na casca da uva; atua como um conservante natural. O termo "tânico" descreve a sensação de secura na boca após a degustação de vinhos tintos.

Tátil: Relacionado com o sentido do tato.

Temperado: Categoria climática adequada para o cultivo de uvas —— nem muito frio no inverno, nem muito quente nem tropical.

Terpenos: Tipo de composto aromático responsável por aromas florais intensos em uvas como Moscato, Gewürztraminer e Riesling.

***Terroir*:** Características sensoriais no vinho específicas ao local, muitas vezes aromas terrosos distintos associados a uma determinada região ou vinhedo; também pode se referir aos aspectos geográficos ou climáticos específicos de uma região ou de um vinhedo que produzem essas características.

Terroso: Termo usado para designar vinhos com aromas que evocam a natureza e o campo, como terra úmida, rochas e folhas no chão.

Textura: Termo para descrever o corpo ou viscosidade do vinho, normalmente determinado pelo teor alcoólico. Veja **Peso**.

Tostado, tostagem: Termos descritivos para vinhos com aromas de carvalho; fragrâncias e sabores de nozes caramelizadas derivadas da "torra" da madeira durante a preparação do barril.

Tranquilo: Termo usado para vinhos que não apresentam carbonatação nem bolhas.

Umami: Uma das seis sensações detectadas pelas papilas gustativas da língua — sabor suculento causado por glutamatos e aminoácidos.

Uvas de alto rendimento para vinhos simples ou de corte: Variedade de uva capaz de produzir vinhos de boa qualidade mesmo em grandes quantidades; frequentemente usado para vinhos a granel e vinhos baratos.

Uvas de mesa: Uvas cultivadas para o consumo direto, geralmente sem sementes, suculentas e de casca fina.

Vanilina: Principal composto de sabor da baunilha, com presença marcante no carvalho e que ajuda a conferir as notas "amadeiradas" ao vinho.

Varietal: Termo utilizado no mundo do vinho para designar um vinho feito predominante ou exclusivamente com uma única variedade de uva, entre 75% e 100%, dependendo da legislação do país.

Velho Mundo: Termo usado para designar regiões vinícolas tradicionais da Europa.

***Vin Doux Naturel*:** Tipo de vinho de sobremesa francês elaborado por fortificação como processo do vinho do Porto (conhecido como *mutage* na França).

Vinho a granel: A categoria de vinhos de qualidade mais baixa, usada com frequência em blends baratos.

Vinho de mesa fino para consumo no dia a dia: Vinhos simples e a preços acessíveis; um nível acima dos vinhos a granel e dos vinhos finos mais baratos.

Vinho de sobremesa: Categoria de vinhos que apresentam doçura intensa e marcante.

Vinho fortificado: Categoria de vinhos com teor alcoólico de 15% a 20%, como Porto e Jerez, feitos com adição de destilado vínico.

Vinho premium, vinho de boutique: Vinhos superiores; de alta qualidade.

Vinhos de guarda: Vinhos que resistem à oxidação graças aos elevados níveis de conservantes naturais, como tanino ou acidez.

Vinhos gastronômicos: Termo usado para designar vinhos feitos para harmonizar bem com a comida, destacando os efeitos do sal de bloquear a acidez e de intensificar o sabor das frutas.

Vinícola própria, *estate*: Um vinhedo de propriedade do vinicultor que produz seu próprio vinho, o que lhe permite cultivar as próprias uvas em vez de adquiri-las de outro produtor, como é a prática comum.

Vinicultor: Produtor de vinho.

Vinificação: O processo de transformação de uvas frescas em vinho pela fermentação.

Viscosidade: Textura ou espessura de um líquido. Veja **Peso**.

Viticultor: Que cultiva vinhas.

***Vitis vinifera*:** Principal espécie de videira utilizada na vinificação, de origem euroasiática.

Volátil: Que evapora facilmente em temperaturas normais — uma característica de muitos componentes do vinho, particularmente o álcool e compostos aromatizantes, como ésteres.

INDÍCE REMISSIVO

Números de página em **negrito** indicam entradas principais

D

E

F

G

H

W

X

Y

Z

SOBRE A AUTORA

A sommelier **Marnie Old** traz uma abordagem inovadora ao mundo dos vinhos, com explicações interessantes, intuitivas e diretas sobre as complexidades do vinho. Atuou como diretora de enologia do conceituado French Culinary Institute e foi a primeira diretora pedagógica da American Sommelier Association. Tem uma coluna semanal sobre vinhos no *Philadelphia Inquirer* e sua série de tutoriais em vídeo Wine *Simplified* tem milhões de visualizações no YouTube. Seu primeiro livro, o popular *He Said Beer, She Said Wine*, propôs um debate divertido sobre harmonização com comida em coautoria com a lenda das cervejas Sam Calagione, fundador da Dogfish Head Craft Brewery. Marnie também escreveu, com o lendário Jean-Charles Boisset, o livro *Passion for Wine* e hoje atua como diretora de vinlightenment da Boisset Collection.

AGRADECIMENTOS DA AUTORA

Várias pessoas ajudaram a transformar este livro em realidade. Gostaria de estender meus agradecimentos a: Michael Mondavi, por todo o apoio; Jamie Goode, pelo voto de confiança; Tim Kilcullen, pelo feedback sincero; Karyn Gallagher, pelas palavras de encorajamento; Peggy Vance, por entender a proposta deste livro; Simon Murrell, pelos insights brilhantes; David Tombesi-Walton, pela paciente atenção aos detalhes; Dawn Titmus, pela excelência editorial; Glenda Fisher e Collette Sadler, pelas belas ilustrações; David Ramey, pela verificação de fatos de última hora; Eric Miller, pelos insights sobre vinificação; Josh Rosenblat e Kaleigh Smith, por serem minhas cobaias; Kevin Zraly, por me colocar neste caminho; Ewan Umholtz, por três décadas de inspiração e paciência.

Também gostaria de agradecer às empresas vinícolas que generosamente concederam permissão para reproduzir imagens de seus produtos:

Yellow Tail, Casella Wines e Deutsch Family Wine & Spirits
Bodegas Muga e Jorge Ordóñez Selections
Seaglass Wines e Trinchero Family Estates
Ramey Wine Cellars
Argyle Winery
d'Arenberg e Old Bridge Cellars
Viña Concha y Toro
J. Moreau & Fils e Boisset Collection
Château La Lagune
Tenuta di Nozzole e Kobrand Corporation
Dr. Loosen e Loosen Bros USA
Pierre Gimonnet & Fils, Terry Theise e Michael Skurnik Wines.

AGRADECIMENTOS DA DK

PRIMEIRA EDIÇÃO

A Dorling Kindersley gostaria de agradecer às seguintes pessoas pela ajuda neste projeto: Mandy Earey, Kathryn Wilding e Kate Fenton pelo design; Elizabeth Clinton pelo editorial.

A Sands Publishing Solutions gostaria de agradecer às seguintes pessoas por sua contribuição neste projeto: Natalie Godwin pela assistência no design; Hilary Bird pelo índice remissivo.

SEGUNDA EDIÇÃO

A Dorling Kindersley gostaria de agradecer a Katie Hardwicke pela revisão.

CRÉDITOS DAS IMAGENS

DK

SEGUNDA EDIÇÃO
Editor Sênior Dawn Titmus
Designer Sênior Glenda Fisher
Designer Collette Sadler
Designer de Capa Sênior Nicola Powling
Coordenadora de Capas Lucy Philpott
Editor de Produção David Almond
Controle de Produção Kariss Ainsworth
Editora-Chefe Ruth O'Rourke
Editora-Chefe de Arte Christine Keilty
Diretora de Arte Maxine Pedliham
Diretora Editorial Katie Cowan

PRIMEIRA EDIÇÃO
Editor-Chefe Dawn Henderson
Editora-Chefe de Arte Christine Keilty
Capista Sênior Nicola Powling
Editor de Produção Raymond Williams
Controle de Produção Oliver Jeffreys
Suporte Técnico de Criação Sonia Charbonnier
Editora Peggy Vance
Diretor de Design Peter Luff

Produzido pela Dorling Kindersley por **Sands Publishing Solutions**
Editor de Projetos David Tombesi-Walton
Editor de Projeto de Arte Simon Murrell

Esta edição foi publicada em 2021
Publicado pela primeira vez na Grã-Bretanha em 2014 pela Dorling Kindersley Limited
DK, 20 Vauxhall Bridge Road, London, SW1V 2SA.

The authorized representative in the EEA is Dorling Kindersley Verlag GmbH. Arnulfstr. 124, 80636 Munich, Germany

1ª edição, 2025

www.dk.com
www.globolivros.com.br

GLOBO LIVROS

GLOBO LIVROS

Editor Responsável Guilherme Samora
Editor-Assistente Renan Castro
Tradução Cristina Yamagami
Consultoria Técnica Pedro Barradas
Preparação de Texto Vivian Sbravatti
Diagramação Bianca Teodoro
Revisão Juliana Oliveira

CIP-BRASIL. CATALOGAÇÃO NA PUBLICAÇÃO
SINDICATO NACIONAL DOS EDITORES DE LIVROS, RJ

O38s

Old, Marnie
Sabores do vinho : da uva à taça / Marnie Old ; tradução Cristina Yamagami. - 1. ed. - Rio de Janeiro : Globo Livros, 2024.
256 p. (Sabores)

Tradução de: Wine : a tasting course
Inclui índice
ISBN 978-65-5987-213-8

1. Vinho - Degustação. 2. Vinho - Sabor. 3. Vinho - Aromas. I. Yamagami, Cristina. II. Título. III. Série.

24-95037 CDD: 641.22
CDU: 641.87

Meri Gleice Rodrigues de Souza - Bibliotecária - CRB-7/6439

14/11/2024 14/11/2024

Este livro foi impreso na gráfica IPSIS.
São Paulo, Brasil, janeiro de 2025.